思想
REFLEXION 8

後解嚴的台灣文學

編輯委員會

總編輯：錢永祥

編輯委員：江宜樺、沈松僑、汪宏倫
　　　　　林載爵、陳宜中、單德興

聯絡信箱：reflexion.linking@gmail.com

網址：www.linkingbooks.com.tw/reflexion/

目次

思想筆談：自由主義的處境與未來（下）

自由主義的價值意識與社會想像

自由主義注意各類制度的意義，但這類意義通常不是「中立」的理由能夠指點過問的，反而需要強大的人性理念來支持，更需要針對現代性、資本主義、乃至於國族特性與普世價值有深入的論辯。

自由主義的理念

無論政治自由主義多麼單薄，依然必須預設某種對人和社會的理解，必須最低度地假定某些公民共享的價值，並以此為基礎建構它的政治理想。

自由主義及其不滿

當今的自由主義者可能與可欲的作為就是「內外有別」：對人「政治自由主義」，對己「倫理自由主義」。

最可欲的與最相關的：今日語境下如何做政治哲學

脫離了具體情境，去抽象地談論最可欲或者最理想的政治制度反倒是容易的，難的是怎樣在複雜條件約束下思索最相關及較可欲的政治制度。

論中國自由民主的（不）可能性

從今日中國的貧富差距及其所衍生的種種社會怨懟來看，任何貨真價實的「自由民主」派，都必須高度關切社會不公正問題。否則，中國恐將永不具備自由民主的實現條件。

討論與批評

《被出賣的台灣》：葛超智其書其人與台灣民族主義

《被出賣的台灣》充滿錯誤與謊言，更不時流露政治偏見。但是由於出版的時間、作者的身分，以及其他原因，40年來時勢推移，這本書竟為宣揚台灣民族主義立下大功。

我與中國思想史研究[*]

余英時

一、從「禮壞樂崩」到「道爲天下裂」

　　春秋戰國時期諸子百家的興起是中國思想史（或哲學史）的開端，這是學術界的共識，無論在中國、日本或西方都無異議。自20世紀初葉以來，先秦諸子的研究蔚成風氣，取得了豐富的成績。1970年代至今，由於地下簡帛的大批出現，如馬王堆帛書，郭店楚簡之類，這一領域更是活躍異常。

　　這一領域雖然日新月異，論文與專書層出不窮，但從文化史的整體（holistic）觀點說，其中還有開拓的餘地。這是因爲大多數專家將注意力集中在比較具體的問題方面，如個別學說的整理、文獻的考證與斷代，以及新發現的文本的詮釋之類。至於諸子百家的興起作爲一個劃時代的歷史現象究竟應該怎樣理解？它和中國古代文化史上的大變動又是怎樣聯成一體的？這些帶有根本性質的重大問題還沒有展開充分的討論。我研究這一段思想史

---

[*]　本文爲日本中國學會第59回大會講演文（名古屋大學，2007年10月6日）。

主要是希望對這些大問題試作探求。站在史學的立場上，我自然不能憑空立說，而必須以堅實的證據為基礎。因此除了傳世已久的古文獻之外，我也盡量參考新發現的簡帛和現代專家的重要論著。但在掌握了中國基本資料的條件下，我更進一步把中國思想史的起源和其他幾個同時代的古文明作一簡略的比較，因為同一歷史現象恰好也發生它們的轉變過程之中。通過這一比較，中國文化的特色便更清楚地顯現出來了。

我早年（1947-49）讀章炳麟、梁啓超、胡適、馮友蘭等人的著作，對先秦諸子發生很大的興趣，1950年後從錢穆先生問學，在他指導下讀諸子的書，才漸漸入門。錢先生的《先秦諸子繫年》是一部現代經典，對我的啓發尤其深遠。所以1954年曾寫過一篇長文〈《先秦諸子繫年》與《十批判書》互校記〉，是關於校勘和考證的作品。1955年到美國以後我的研究領域轉到漢代，便沒有再繼續下去。

1977年我接受了台北中央研究院《中國上古史》計劃的邀約，寫〈古代知識階層的興起與發展〉一章，於是重新開始研究春秋、戰國時期文化與社會的大變動。由於題目的範圍很廣闊，我必須從整體的觀點，進行比較全面的探討。我的主題是「士」的起源及其在春秋、戰國幾百年間的流變，但順理成章地延伸到思想的領域。為什麼說是「順理成章」呢？在清理了「士」在春秋與戰國之際的新發展和他們的文化淵源之後，諸子百家的歷史背景已朗然在目：他們是「士」階層中的「創造少數」(creative minority)，所以才能應運而起，開闢了一個全新的思想世界。

我在這篇專論中特別設立「哲學的突破」(philosophic breakthrough)一節，初步討論了諸子百家出現的問題。「哲學的突破」的概念是社會學家派森斯(Talcott Parsons)提出的，他根據

韋伯對於古代四大文明——希臘、希伯萊、印度和中國——的比較研究，指出在公元前1000年之內，這四大文明恰好都經歷了一場精神覺醒的運動，思想家（或哲學家）開始以個人的身分登上了歷史舞臺。「哲學的突破」是一個具有普遍性的概念，同樣適用於中國的情形，所以我借用了它。更重要的是，它也很準確地點出了諸子百家興起的性質和歷史意義。但是必須說明：我之所以接受「突破」的說法同時也是因爲當時中國思想家中已出現了相似的意識。《莊子‧天下》篇是公認的關於綜論諸子興起的一篇文獻，其中有一段說：

> 天下大亂，聖賢不明，道德不一，天下多得一察焉以
> 自好。譬如耳目鼻口，皆有所明，不能相通。……悲夫，
> 百家往而不反，必不合矣。後世學者，不幸不見天地之
> 純，古人之大體，道術將爲天下裂。

　　這是描述古代統一的「道術」整體因「天下大亂，聖賢不明，道德不一」而分裂成「百家」。這個深刻的觀察是從莊子本人的一則寓言中得到靈感的。〈應帝王〉說到「渾沌」鑿「七竅」，結果是「日鑿一竅，七日而渾沌死。」「七竅」便是〈天下〉篇的「耳目鼻口」，「道術裂」和「渾沌死」之間的關係顯然可見。
　　「道術爲天下裂」的論斷在漢代已被普遍接受。《淮南子‧俶眞訓》說：「周室衰而王道廢，儒、墨乃始列道而議，分徒而訟」。這裡的「列道」即是「裂道」；而「儒、墨」則是泛指諸子百家，因儒、墨兩家最早出現，所以用爲代表，《鹽鐵論》中「儒墨」一詞也是同一用法。另一更重要的例證是劉向《七略》（收入《漢書藝文志》）。《七略》以〈六藝略〉爲首，繼之以〈諸

子略〉。前者是「道術」未裂以前的局面，「政」與「教」是合二為一的，所以也稱為「王官之學」，後者則是天下大亂之後，政府已守不住六經之「教」，道術散入「士」階層之手，因而有諸子之學的出現。所以他有「諸子生於王官」的論斷，又明說：「王道既微……九家之術蠭出並作，各引一端，崇其所善」。這和〈天下〉篇所謂「天下多得一察焉以自好」的說法是一致的。清代章學誠熟讀〈天下〉篇和《七略》，他研究「六經」如何演變成「諸子」，更進一步指出：「蓋自官師治教分，而文字始有私門之著述。」（《文史通義·史釋》）所謂「官師治教分」是說東周以下，王官不再能壟斷學術，「以吏為師」的老傳統已斷裂了。從此學術思想便落在「私門」之手，因而出現了「私門之著述」。諸子時代便是這樣開始的。章學誠的論述在20世紀中國思想史研究的領域中發生了重大影響，許多思想史家或哲學史家都以它為起點。

總之，無論從比較文明史的角度或中國思想史的內在脈絡上作觀察，「突破」都最能刻畫出諸子興起的基本性質，並揭示出其歷史意義。

但「哲學的突破」在中國而言又有它的文化特色，和希臘、希伯萊、印度大不相同。西方學者比較四大文明的「突破」，有人說中國「最不激烈」(least radical)，也有人說「最為保守」(most conservative)。這些「旁觀者清」的觀察很有道理，但必須對「突破」的歷史過程和實際內涵進行深入的考察，才能理解其何以如此。我在上述論文〈哲學的突破〉一節中，由於篇幅的限制，僅僅提到「突破」的背景是三代的禮樂傳統，無法詳論。春秋、戰國之際是所謂「禮壞樂崩」的時代，兩周的禮樂秩序進入逐步解體的階段。維繫著這一秩序的精神資源則來自詩、書、禮、樂，

即後來所說的「王官之學」。「突破」後的思想家不但各自「裂道而議」，鑿開「王官之學」的「渾沌」，而且對禮樂秩序本身也進行深層的反思，如孔子以「仁」來重新界定「禮」的意義，便是一個很明顯的例證。（《論語・八佾》：「人而不仁，如禮何？」）

　　1990年代晚期，我又更全面地研究了「突破」的歷史，用英文寫成一篇長文，題目是〈天人之際──試論中國思想的起源〉。正文雖早已寫成，但註釋部分因阻於朱熹的研究而未及整理。我後來只發表了一篇概要，即"Between the Heavenly and the Human"[1]。經過這第二次的深入探索，我才感覺真正把「突破」和禮樂秩序之間的關聯弄清楚了。同時我也更確定地理解到中國思想的基礎是在「突破」時期奠定的。這篇〈天人之際〉中牽涉到許多複雜的問題，這裡不能深談。讓我簡單說一個中心論點。

　　三代以來的禮樂秩序具有豐富的內涵，其中有不少合理的成分，經過「突破」的洗禮之後仍然顯出其經久的價值。但其中又包含了一支很古老、很有勢力的精神傳統，卻成為「突破」的關鍵。我指的是「巫」的傳統。古代王權的統治常藉助於「天」的力量，所以流行「天道」、「天命」等觀念。誰才知道「天道」、「天命」呢？自然是那些能在天與人之間作溝通的專家，古書上有「史」、「卜」、「祝」、「瞽」等等稱號，都是天、人或神、人之間的媒介。如果仔細分析，他們的功能也許各有不同，但為了方便起見，我一概稱之為「巫」[2]。我們稍稍研究一下古代的

1　Tu Weiming and Mary Tucker, eds., *Confucian Spirituality* (New York: The Crossroad Publishing Co., 2003)。

2　我在英文裡用"Wu-shamanism"以分別於薩滿教Shamanism；巫起源於中國或由西伯利亞傳到中國，已不可考。

「禮」（包括「樂」在內），便可發現「巫」在其中扮演著中心的角色；他們有一種特殊的能力，可以與天上的神交通，甚至可以使神「降」在他們的身上。《左傳》上常見「禮以順天，天之道也」，「夫禮，天之經也，地之義也，民之行也」之類的話。這些說法都是在「巫」的精神傳統下逐漸發展出來的，研究薩滿教的專家（如Mircea Eliade）便稱之爲「禮的神聖範式」(divine models of rituals)。可見在三代禮樂秩序中，巫的影響之大，因爲他們是「天道」的壟斷者，也只有他們才能知道「天」的意思。現代發現的大批商、周卜辭便是最確鑿的證據。

但巫在中國的起源極早，遠在三代之前。考古學上的良渚文化開始於公元前第三千紀中期，相當於傳說中五帝時代的中期。良渚文化發現帶有墓葬的祭壇，和以玉琮爲中心的禮器。玉琮是專爲祭天用的，設計的樣子是天人交流，都是在祭壇左右的墓葬中發掘出來的。這些墓與一般的集體墓葬隔開，表示墓主具有特殊的身分。考古學家斷定墓主是「巫師」，擁有神權，甚至軍權（因爲除「琮」以外，墓中還有「鉞」）。這樣看來，三代的禮樂秩序可能即源於五帝時代，巫則是中心人物。

春秋、戰國之際諸子百家便是針對著這一源遠流長的精神傳統展開他們的「哲學突破」的。諸子不論屬於哪一派，都不承認「巫」有獨霸天人交流或神人交流的權威。在《莊子·應帝王》中，有一則寓言，描寫道家大師壺子和神巫季咸之間的鬥法，結果前者勝而後者敗。這可以看作當時諸子和巫在思想上作鬥爭的暗示。大體上說，他們有兩個共同點：第一是將「道」——一種精神實體——代替了巫所信奉的「神」；第二是用「心」的神明變化代替了「巫」溝通天人或神人的神秘功能。巫爲了迎「神」，必須先將自己的身體洗得十分乾淨，以便「神」在巫的身體上暫

住(如《楚辭‧雲中君》所描寫)。現在諸子則說人必須把「心」
洗淨，「道」才能來以「心」為它的集聚之地。莊子的「心齋」
便是如此。《管子‧內業》以「心」為「精舍」，「精」即是「道」；
韓非也說「心」是「道舍」。巫之所以能通天人或神人，是經過
一番精神修煉的。現在諸子則強調「心」的修養。孟子「養浩然
之氣」是為了「不動心」，然後才能「配義於道」。荀子重視「治
氣養心」，和孟子在大方向上是一致的。《管子‧樞言》說「心
靜氣理，道乃可止」也無不同。「道」是貫通天人的，所以孟子
又說「盡心」，「知性」則「知天」；莊子也「獨與天地精神往
來」。從此，天、人之際的溝通便完全可以撇開「巫」了。

我們可以說，「哲學突破」在中國是以「心學」取代了「神
學」，中國思想的一項主要特色由此奠定。後世程、朱、陸、王
都是沿著這條路走下去的。

先秦諸子的「哲學突破」是中國思想史的真正起點，支配了
以後兩千多年的思想格局及其流變。「哲學突破」的歷史背景是
「禮壞樂崩」，也就是周代整體秩序的崩解。為了認識「突破」
是怎樣發生的和「突破」後中國思想為什麼開闢了一條獨特的途
徑，我們必不能把思想史和其他各方面的歷史隔離起來，進行孤
立的處理。政治體制、經濟型態、社會結構、宗教狀態等等變革
都是和「哲學突破」息息相關的。我研究「哲學突破」的個人體
驗大致可以總結成以下三條：

第一，如果要抓住思想史上大變動的基本面貌，我們必須具
備一種整體的觀點，從分析一個時代在各方面的變動入手，然後
層層綜合，歸宿於思想史的領域。

第二，由於觀念與價值在中國史上是由「士」這一階層闡明
(articulate)和界定(define)的，我們必須深入探究「士」的社會文

化身分的變化，然後才能真正理解他們所開創的新觀念和新價值。春秋、戰國的「士」是「游士」（雲夢秦簡中已發現了〈游士律〉）。「游」不但指「周游列國」，也指他們從以前封建制度下的固定職位中「游離」了出來，取得了自由的身分。章學誠最早發現這個現象，他認為以前政教合一（「官師治教合」），「士」為職位所限，只能想具體問題（「器」），沒有超越自己職位以外論「道」的意識（「人心無越思」）。但政教分離之後（「官師治教分」）他們才開始有自己的見解，於是「諸子紛紛，則已言道矣」。他所用「人心無越思」一語尤其有啟發性，因為「哲學突破」的另一提法是「超越突破」(transcendent breakthrough)，也就是心靈不再為現實所局限，因此發展出一個更高的超越世界（「道」），用之於反思和批判現實世界。這可以說是「游士」的主要特徵。

第三，與其他文明作大體上的比較確實大有助於闡明中國「哲學突破」的性質。無論是同中見異或異中見同都可以加深我們對中國思想起源及其特色的認識。希臘、希伯萊、印度都曾有「突破」的現象，一方面表示古代高級文明同經歷過一個精神覺醒的階段，另一方面則顯出中國走的是一條獨特的道路。這種比較並不是盲目採用西方的觀點，早在1943年聞一多已從文學的角度指出上面四大文明差不多同時唱出了各自不同的詩歌，他的「文學突破」說比西方最先討論「突破」的雅斯培(Karl Jaspers, 1949)還要早6年。聞一多是《詩經》專家，他是從中國文學起源的深入研究中得到這一看法的。

以上三點體驗不僅限於春秋、戰國之際諸子百家的興起，而且同樣適用於以下兩千年中國思想史上的幾個重大變動。事實上，我研究每一個思想變動，首先便從整體觀點追尋它的歷史背

景，盡量把思想史和其他方面的歷史發展關聯起來，其次則特別注重「士」的變化和思想的變化之間究竟有何關係。但限於時間，下面只能對幾次大變動各作一簡單的提綱，詳細的討論是不可能的。

二、個體自由與群體秩序

中國思想史上第二次大「突破」發生在漢末，一直延續到魏、晉、南北朝，即3至6世紀。我的研究見於〈漢晉之際士之新自覺及新思潮〉(1959)，〈名教危機與魏晉士風的演變〉(1979)，〈王僧虔《誡子書》與南朝清談考辨〉(1993)和英文論文〈Individualism and Neo-Taoist Movement in Wei-Chin China〉（1985）。

3世紀的中國經歷了一場全面的變動：在政治上，統一了400年的漢帝國開始分裂；在經濟上，各地方豪族大姓競相發展大莊園，貧富越來越趨向兩極化；在社會上，世襲的貴族階層開始形成，下面有「客」、「門生」、「義附」、「部曲」各類的人依附在貴族的庇護之下，國家和法律——如賦、役——已經很難直接碰到他們；在文化方面，與大一統帝國相維繫的儒教信仰也開始動搖了。

「士」在這一大變動中也取得新的地位。戰國「游士」經過漢代三、四百年的發展已變為「士大夫」，他們定居各地，和親戚、族人發生了密切關係（即地緣和血緣雙重關係），東漢常見的「豪族」、「大族」、「士族」等名稱，便是明證。2世紀中葉以下，「士」的社會勢力更大了，作為一個群體他們自覺為社會精英(elites)，以「天下風教是非為己任」。由於「士」的人數越來越多，這一群體也開始分化。一方面是上下層的分化，如「勢

族」與「孤門」，門第制度由此產生；另一方面則是地域分化，
如陳群和孔融爭論「汝南士」與「潁川士」之間的優劣，成為士
人結黨的一個主要背景。但更重要的是士的個體自覺，這是一個
普遍的新風氣，超越於群體分化之外。個體自覺即發現自己具有
獨立精神與自由意志，並且充分發揮個性，表現內心的真實感
受。仲長統〈樂志論〉便是一篇較早而十分重要的文字。根據這
篇文字，我們不難看出：個體自覺不僅在思想上轉向老、莊，而
且擴張到精神領域的一切方面，文學、音樂、山水欣賞都成了內
心自由的投射對象。甚至書法上行書與草書的流行也可以看作是
自我表現的一種方式。

　　個體自覺解放了「士」的個性，使他們不肯壓抑自發的情感，
遵守不合情理的世俗規範。這是周、孔「名教」受到老、莊「自
然」挑戰的精神根源。嵇康（223-262）說：

> 六經以抑引為主，人性以從欲為歡；抑引則違其願，
> 從欲則得自然。

這幾句話最可代表個體自覺後「士」的一般心態。在這一心態下，
他們對宰制了幾百年的儒家價值發出疑問。2世紀中期（164）有一
位漢陰老父便不承認「天子」的合法性。他對尚書郎張溫說：你
的君主「勞人自縱，逸游無忌」，是可恥的。這是「役天下以奉
天子」，和古代「聖王」所為完全相反。這番話是後來阮籍、鮑
敬言等「無君論」的先鋒。孔融（153-208）根據王充《論衡》的
議論，也公開地說：「父之於子，當有何親？論其本意，實為情
欲發耳。子之於母，亦復奚為？譬寄物瓶中，出則離矣。」可見
君臣、父子（母子）兩倫都已收到挑戰。儒家「忠」、「孝」兩大

價值必須重新估定了。

　　不但思想已激進化，「士」的行為也突破了儒家的禮法。兒子「常呼其父字」，妻子呼夫為「卿」，已成相當普遍的「士風」。這是以「親密」代替了「禮法」。男女交游也大為解放，朋友來訪，可以「入室視妻，促膝狹坐」，這些行動在中國史上真可謂空前絕後。但西晉（265-316）的束皙反而認為「婦皆卿夫，子呼父字」正是一個理想社會的特徵。當時「士」階層經歷了一場翻天覆地的變動，由此可見。

　　以這一變動為背景，我重新解釋了從漢末到南北朝的思想發展。「名教」與「自然」的爭論是漢末至南北朝「清談」的中心內容，這是史學界的共識。但多數學者都認為「清談」在魏、晉時期與實際政治密切相關，至東晉以下則僅成為紙上空談，與士大夫生活已沒有實質上的關聯。我則從士的群體自覺與個體自覺著眼，提出不同的看法。「名教」與「自然」之爭並不限於儒、道之爭，而應擴大為群體秩序與個體自由之爭。郭象注《莊子》已從道家立場調和「自然」與「名教」，可知即在信奉新道家的士大夫中，也有重視群體秩序之人。西晉王朝代表世家大族執政，解決了政治方面「名教」與「自然」的衝突，使士的群體在司馬氏政權下取得其所需要的政治秩序——君主「無為」而門第則「各任其自為」。但個體自由的問題卻仍未解決，東晉至南朝的社會繼續受到個體自由（如「任情」、「適性」）的衝擊。所以東晉南朝的「自然」與「名教」之爭以「情」與「禮」之爭的面目出現；「緣情制禮」是思想界爭論的焦點所在。這一階段的爭論要等待新「禮學」的建立才告終結，那已是5世紀的事了。

三、回向三代與同治天下

唐、宋之際是中國史上第三個全面變動的大時代。這一點已取得史學界的共識，無論在中國、日本或西方，「唐、宋變革論」都是一個討論得很熱烈的題目，我已不必多說了。下面我只講與思想史有密切關聯的一些歷史變動，而且限於我研究過的範圍。

我最早論及唐、宋精神世界的變遷是從慧能的新禪宗開始的。當時我的重點是宗教理論，即追溯新禪宗的「入世轉向」怎樣引導出宋代「道學」（或「理學」）所代表的新儒學(Neo-Confucian)倫理。這些研究構成了《中國近世宗教倫理與商人精神》（1987）的上篇和中篇。後來又用英文寫了一篇綱要，題目是〈唐宋轉變中的思想突破〉[3]。

這些早期研究屬於概論性質，又局限在宗教理論方面，對於唐、宋之際思想動態的政治、文化、社會背景則無法涉及。直到1998年開始構想《朱熹的歷史世界》，我才把這一段歷史整理出一個頭緒來。在以後三、四年的撰寫過程中，我徹底檢查了一切相關史料，一方面不斷修正我的最初構想，另一方面也逐漸建立起一個比較心安理得的解釋系統。這部書分上、下兩冊；下冊的「專論」以朱熹爲中心，但上冊的「緒說」和「通論」則以唐、宋之間的文化大變動爲主題。由於內容十分繁複，這裡只能略談兩條主線：一是「士」的政治地位，一是道學的基本性質。

---

3 "Intellectual Breakthroughs in the Tang-Sung Transition"，收在Willard J. Peterson, Andrew H. Plaks, Ying-Shih Yu, eds, *The Power of Culture: Studies in Chinese Cultural History*（Hong Kong: The Chinese University press, 1994）.

　　「士」在宋代取得空前未有的政治地位正是唐、宋之間一系列變動的結果。

　　第一，唐末五代以來，藩鎮勢力割據地方，武人橫行中國。所以五代最後一位皇帝周世宗已感到必須制裁武將的跋扈，因此開始「延儒學文章之士」講求文治。宋太祖繼周而起，更是有計劃地「偃武修文」。「士」在政治上的重要性也愈來愈高。

　　第二，六朝、隋、唐的門第傳統至五代已差不多完全斷絕了。宋代的「士」絕大多數都從「四民」中產生，1069年蘇轍說：「凡今農、工、商賈之家，未有不捨其舊而為士者也。」這條鐵證足以說明宋代「士」即從「民」來，而且人數激增。

　　第三，「民」變成「士」的關鍵在科舉考試，而宋代制度則是重新創建的，與唐代科舉仍受門第的控制不同。五代科舉則在武人手中，考試由兵部執行。周世宗才開始重視進士，考試嚴格，中進士後如才學不稱，還會斥退。宋代重建科舉，考卷是「糊名」的，極難作弊，進士人數則大增，唐代每科不到二、三十人，五代甚至只有五、六名，宋代則每科增至數百名。宋代朝廷對進士又特別尊重，故有「焚香禮進士」之說。「民」成「進士」之後自然會發展出對國家的認同感和責任感。這是宋代出現「士以天下為己任」意識的主要原因。換句話說，他們已自認為是政治主體，不僅是文化主體或道德主體而已。

　　宋代儒學一開始便提出「回向三代」，即重建政治秩序。這不但與朝廷的意圖相合，而且也是一般人民的願望。唐末五代的縣令多出身武人，不關心老百姓生活，地方吏治壞得不能再壞了。所以老百姓希望由讀書知理的士人來治理地方。他們第一次看到宋代重開科舉，參加考試的士人紛紛出現在道路上，都非常興奮，父老指著他們說：「此曹出，天下太平矣」。

　　我們必須認識這一背景，然後才懂得為什麼宋代儒學復興的重點放在「治道」上面，這也是孔子的原意，即變「天下無道」為「天下有道」。「回向三代」便是強調政治秩序（「治道」）是第一優先。慶曆和熙寧變法是把「治道」從理論推到實踐。張載、程顥最初都參加了王安石的變法運動。張載說「道學與政事」不可分開，程頤也認為「以道學輔人主」是最大的光榮。不但儒學如此，佛教徒也同樣推動儒學的政治革新，他們認為政治秩序如果不重建，佛教也不可能有發展的前途。〈中庸〉和〈大學〉同樣是佛教高僧如智圓、契嵩等所推崇。因此佛教在宋代的「入世轉向」首先也集中在「治道」。

　　宋代「士」以政治主體自居，他們雖然都寄望於「得君行道」，但卻並不承認自己只是皇帝的「工具」，而要求與皇帝「同治天下」。最後的權源雖在皇帝手上，但「治天下」之「權」並非皇帝所能獨占，而是與「士」共同享有的。他們理想中的「君」是「無為」得虛名，實際政權則應由懂得「道」的士來運用。在這一心態下，所謂「道學」（或「理學」），第一重點是放在變「天下無道」為「天下有道」。我在這本書「緒論」中有很長的專章分析「理學」與「政治文化」的關係。這是我對「道學」的新估價和新理解。

四、士商互動與覺民行道

　　最後，我斷定16世紀——即王陽明(1472-1529)時代——是中國思想史上第四次重大的突破。關於這一突破的發現和清理，我先後經過兩個階段的研究才得到一個比較平衡的整體看法。

　　我最早注意到這一變動是從明代文集中發現了大量的商人

墓誌銘、壽文之類的作品。我追溯這一現象的起源，大致起於15世紀。這是唐、宋、元各朝文集中所看不到的，甚至明初(14世紀)也找不到。最使我驚異的是王陽明文集中不但有一篇專為商人寫的「墓表」，而且其中竟有「四民異業而同道」的一句話。這是儒家正式承認商業活動也應該包括在「道」之中了。商人在中國史上一直很活躍，如春秋、戰國、東漢、宋代等等。明代的新安、山西商人更是現代中日學人研究得很精到的一個領域。但是我的重點不是商業或市場本身，而是16世紀以來商人對於儒家社會、經濟、倫理思想的重大影響。通過對於「棄儒就賈」的社會動態的分析，我從多方面論證了明、清士商互動的曲折歷程。我在第一階段的研究的主要成果見於《中國近世宗教倫理與商人精神》(1987)下篇和〈現代儒學的回顧與展望〉(1995)。這兩篇作品都已有日譯本，我便不多說了。(〈現代儒學〉的日文本見《中國──社會と文化》第十號)

　　但是在寫〈現代儒學的回顧與展望〉一文時，我已感到我的研究在深度與廣度兩方面都必須加強。就深度而言，我覺得僅僅發掘出士商互動以至合流是不夠的，僅僅指出商人對儒學有真實的興趣也是不夠的。因為這些還屬於表象，更重要的是我們必須進一步探討商人怎樣建立了他們自己的價值世界？他們的新價值對儒家的社會、倫理等各個方面的觀念又發生了怎樣的影響？就廣度而言，我則認為士商互動主要是文化、社會、經濟三大領域中的變化。但明代的政治生態與這三個領域是息息相關的，因此也必須作深一層的研究，否則這次「突破」的歷史背景仍不能整體地呈現出來。根據這一構想，我又重新搜集了文集、筆記、小說(如新發現的《型世言》)、碑刻、商業書(如《客商一覽醒謎》、《士商類要》等)中的有關資料，寫成〈士商互動與儒學

轉向〉一篇長文(1998)，作為《商人精神》的續篇。經過這一次
的探討，我得到了一些新的論斷。其中包括：一、商人已肯定自
己的社會價值不在「士」或「儒」之下，當時人竟說：「賈故自
足而，何儒為？」，這就表現商人已滿足於自己的事業，不必非
讀書入仕不可。二、16世紀以下儒家新社會經濟觀念(如「公私」、
「義利」、「奢儉」等)發生了很重要的變動，現在我可以進一
步肯定：這些變化和商人的新意識型態(ideology)是分不開的。
三、明代專制皇權對商人的壓迫是很嚴重的，由於士商之間的界
線越來越混而難分，我們往往看到「士」階層的人起而與商人聯
手，對皇權作有力的抗爭。這也是促成思想「突破」的一股重要
力量。

　　〈士商互動與儒學轉向〉的專論寫成以後，我立即投入朱熹
和宋代政治文化的研究計劃。隨著研究的逐步深入，我終於發
現：宋、明兩代理學之間的斷裂遠過於延續，其中最重大的一個
差異必須從政治生態與政治文化方面觀察，才能獲得理解。大致
上說，宋代皇權是特別尊重「士」的，如北宋仁宗、神宗以及南
宋孝宗都有意支持儒家革新派進行政治改革，變「天下無道」為
「天下有道」。因此宋代的「士」一般都抱有「得君行道」的期
待；從范仲淹、王安石、張載、二程到朱熹、張栻、陸九淵、葉
適等無不如此。他們的理想是從朝廷發起改革，然後從上而下地
推行到全國。但明代自太祖開始，便對「士」抱著很深的敵視態
度。太祖雖深知「治天下」不能不依靠「士」階層的支持，但絕
不承認「士」為政治主體，更不肯接受儒家理論對君權的約束(如
孟子「民為貴，社稷次之，君為輕」之說)。宋代相權至少在理
論上是由「士」的群體所掌握的，所以程頤說「天下治亂繫宰相」。
明太祖洪武十三年(1380)廢除相職，從此「士」在朝廷上便失去

了一個權力的凝聚點，即使僅僅是象徵性的。代宰相而起的內閣大學士不過是皇帝的私人秘書而已。黃宗羲說：「有明之無善治，自高皇帝廢丞相始也」，正是從「士」的立場上所發出的評論。再加上太祖又建立了「廷杖之刑」，朝臣隨時可受捶撻之辱，以至死在杖下。在這樣的政治生態下，明代的「士」已不可能繼承宋儒「得君行道」的志向了。所以初期理學家中如吳與弼（1392-469）及其弟子胡居仁（1434-84），陳獻章（1428-1500）等都偏重於個人精神修養，視出仕爲畏途；他們只能遵守孟子遺教的上半段——「獨善其身」，卻無法奉行下半段——「兼善天下」。

　　2004年我又寫了一篇專論，題目是〈明代理學與政治文化發微〉（即《宋明理學與政治文化》的第六章）。在這篇長文中，我從政治文化的觀點重新檢討了王陽明「致良知」之教在思想史上的功能與意義。肯定陽明學是理學史上的一大突破，這是很多人都會同意的。但我則進一步論證「致良知」之教是16世紀整體思想突破的　個重要環節，其重要性不限於理學一領域之內。陽明早年仍未脫宋儒「得君行道」的意識，但1506年他以上封事而受廷杖，兩年後放逐至龍場而中夜頓悟，從此便完全拋棄了「得君行道」的幻想。然而與明代初期理學家不同，他仍然堅持變「天下無道」爲「天下有道」的理想。不再寄望於皇帝，斷絕了從朝廷發動政治改革的舊路之後，他有什麼方法可以把「道」推行到「天下」呢？他的「致良知」之教的劃時代重要性便在這裡顯現出來了。在反復研究之後，可以很肯定地說，龍場頓悟的最大收穫是他找到了「行道」的新路線。他決定向社會投訴，對下層老百姓說法，掀起一個由下而上的社會改造的大運動。所以在頓悟之後，他向龍場「中土亡命之流」宣說「知行合一」的道理，立即得到積極的回應。後來和「士大夫」討論，卻反而格格不入。

最後他的學說歸宿於「良知」兩字，正是因為他深信人人都有「良知」（俗語「良心」），都有「即知即行」的能力。「致良知」之教以喚醒社會大眾的良知為主要的任務，所以我稱之為「覺民行道」。他離開龍場以後便實踐頓悟後的理論，時時把「覺民」放在心上。1510年他任盧陵縣知縣，「惟以開導人心為本」，後來又訓誡門人：「須作個愚夫愚婦，方可與人講學」。他自己甚至和一個沒有受過多少教育的聾啞人進行筆談，用的全是民間語言。陽明死後，「覺民行道」的理想終於在王艮的泰州學派手上，得到最大限度的發揮而「風行天下」。詳細的情形這裡不能多說了。

　　「覺民行道」是16世紀以來文化、社會大變動的一個有機部分，其源頭則在於因市場旺盛而捲起的士商合流。與「覺民行道」運動同時的還有小說與戲文的流行、民間新宗教的創立、印刷市場的擴大、宗族組織的加強，鄉約制度的再興等等，所有這些活動都是士商互動的結果。「士」的社會身分的變化為16世紀思想大「突破」提供了主要動力，這是十分明顯的事實。

余英時，美國普林斯頓大學榮譽退休教授，中央研究院院士。近著包括《朱熹的歷史世界：宋代士大夫政治文化的研究》（2003）、《重尋胡適歷程：胡適生平與思想再認識》（2004）、《未盡的才情：從《日記》看顧頡剛的內心世界》（2006）。

藝術家的美學

高行健

　　《藝術家的美學》是作者應台灣大學邀請作的一系列關於文學、戲劇、美學講座的第四講。第一講為《作家的位置》，第二講《小說的藝術》，第三講《戲劇的可能》。作者當時身體尚未康復，不便遠行，用錄像的方式演講，現經作者本人修訂整理成文，予以發表。

　　這裡說的藝術家的美學，是相對哲學家的美學而言。其實，美學從來是哲學家的事情，從古希臘哲學起，美學就是哲學一個組成部分。從伯拉圖、亞里斯多德一直到康德和黑格爾，美學堂堂正正成為哲學體系中不可缺少的一個重要分支。美學的第一個階段是形而上的思辨，探討美的本質，也即有關美的本體論。從歐洲文藝復興到德國古典主義美學則是美學的第二個階段，討論的是美感和審美評價，可以說是美學的認識論階段。19世紀末到20世紀初期，美學出現了一個轉變，也是哲學的轉變，主要的一個標誌性的人物維特根斯坦，他把哲學的傳統命題，用語言學來代替哲學。美學也不例外，美學問題也就同樣變成了語言學的問題。

　　20世紀以來，雖然也有一些哲學家提出要結束美學、解構美

學、乃至反美學，但是他們用的方法仍然是邏輯的演繹和語義分析，美學的命題和方法依然從屬於哲學。很少有藝術家去專門討論美學問題，如果藝術家談論他的創作，更多是藝術思想和創作方法，也不從哲學的角度去討論美學，所以美學至今都是哲學家的領域，藝術家並不問津。

這些哲學家的美學不妨稱之爲詮釋美學。美學的研究從命題到定義，不管是形而上的思辨還是語義的邏輯分析，都還是建立在範疇、概念和語法觀念上，美和藝術都變成了一種說辭和一番言說，同藝術創作沒有關係。

我這裡講的藝術家的美學都是創作美學，與哲學家的角度迥然不同。我在《另一種美學》這篇論著中已經提出過這種不同於哲學家的美學，其立論來自創作經驗而非思辨，直陳而不推導，是非歷史的、當下的、個人的、而非形而上，不以理論建構爲滿足，只爲藝術創作找尋衝動，以便推動直覺而進入藝術創作。

討論藝術創作的著作歷來有兩類。一類是作家或藝術家用來表述他們的創作思想，像托爾斯泰的《藝術論》，闡述的是他的藝術思想，不如說是他的藝術觀，他並不標榜爲美學。還有一類，例如達芬奇的《繪畫筆記》，講的是繪畫創作和技法，可以說是藝術創作的方法論。這樣的方法論還有康定斯基的《點面線》，講的是形式，是抽象繪畫的理論，當然也可以看作是藝術家的美學著作。再比方說，愛森斯坦論及電影的蒙太奇，也即電影鏡頭剪輯的理論，這是一個創作的方法，把電影技術變成一門藝術。而布萊希特的《戲劇小工具篇》談的既是他的藝術觀，也是他的方法論。這樣的著作，應該說都屬於藝術家的美學。

這種美學區別於哲學家的美學，就在於直接推動藝術創作，是美的催生學。而哲學家的美學則是對已經完成的藝術作品進行

詮釋，面對的是已經實現了的美，再加以解說。哲學家不研究美是怎樣產生的，他們只給美下定義，或者說，找出審美的標準，確立種種價值標準。而藝術家的美學倒過來，走一個完全不同的方向，研究的是美怎樣發生、發生的條件、又怎麼捕捉並把它實現在藝術作品中。這就是藝術家的創作美學與哲學家的詮釋美學的重大區別。

藝術家的美學不同於傳統的哲學家的美學還在於它不可能用哲學的方法來推導。哲學家通過形而上的思辨和邏輯、訴諸於理性和概念。對美和藝術定義、命名、判斷和解說，得到思考的滿足，誠然達到對美和藝術的某種認識，是有意義的，但這種言說離藝術創作還非常遙遠。而且越是進入詮釋，對美的捕捉就越加困難，美卻在詮釋的言詞間逃逸了。

哲學研究的美是抽象的，而藝術的美總是具體的，得實實在在落實到作品中。藝術的美千變萬化，那個抽象的美的定義對藝術家無濟於事，用這樣的哲學方法去切入美，只能是一個解說，不能催生美，也不能指導藝術創作。而藝術家的美恰恰反方向去推動美的誕生，研究美發生的條件，或是探討還有哪些新的可能性，從而激發新鮮的藝術經驗，容納到恰當的形式中去，為藝術創作開拓新的方向。這種美學也不同於當代的接受美學，接受美學也還是哲學家的美學。那種美學研究的是，當美已經實現在作品中，作為觀者和讀者怎麼去分享藝術家的審美經驗，再一次詮釋藝術作品，訴諸的也還是一番言說。

創作美學卻不以言說為滿足，得回到藝術創作實踐，喚起切實的美感，注重的是感性的生成。藝術作品不管是視覺的還是聽覺的，都必須感性的。音樂也好、繪畫也好，都是感性的。沒有一個抽象的聲音、一個抽象的形象，或者一個抽象的美。即使抽

象繪畫，還是有形象，最起碼還得具有形式；而形式也是具體的。

　　純然抽象的形式是一個概念，概念對藝術家毫無用處，而這個概念下有無數不同的形式。哪怕把藝術形象抽象到形式，這個抽象還是具體的。抽象畫是相對具象的藝術形象而言，抽象畫中最簡單的形式哪怕一個圓圈，也得有一定的空間、色彩、筆觸和材料的質感，都是感性的，能喚起一定的情緒，純粹的形式卻只能是幾何概念，如同語言中的詞。

　　藝術家不滿足於觀念的闡述和演繹，得回到感覺，得回到人的情感，直覺和下意識對藝術創作都同樣重要。這裡，哲學的所謂形而上相對形而下，思維相對感覺，不存在高低的層次之分。這種在哲學範疇裡低於思維，是思維的前階段，有一個因果的先後，而因果和邏輯是哲學思考所必備的，可對藝術形象來說卻沒有意義，藝術家在創作中喚起的是此刻當下的感受。這個藝術形象能不能和你進行對話？能不能打動你？或者引起你的喜好或者厭惡，以及種種審美的評價，這都在此刻當下進行。

　　對藝術創作而言，感覺和情感這些心理活動和心理機制不是哲學家和心理學家理解和分析的那種層次。哲學家和心理學家研究的生理和心理機制，包括生物的本能反應，這樣基本的心理活動離複雜的藝術創作還很遙遠。

　　這裡講的藝術家的美學，從感性和感覺出發，從情緒出發，乃至下意識出發，從這些心理活動出發來把握美的誕生。美離不開感知的主體這人，美感和情感一樣發自這主體人，客觀的美存在與否只是一個哲學的問題，對藝術創作而言沒有意義。

　　藝術家的美學不必去討論形而上的美，重要的是研究美產生的條件，藝術家的主觀感受正是美感的先決條件。而美感同情感的差別則在於是否具有審美的意味。情感是自發的，而美感同時

又是能動的，在相當大的程度上取決於觀賞者的態度，令人愉悅的並不一定就美。美得由觀賞者賦予一定的形式才可能實現，而藝術家的創造便在於把他的審美感受納入到一定的藝術形式中去。

一、美無法定義

哲學家們企圖去定義美，各有各的界說，都有道理，而又都只是一家之說，總不可能完善。這樣形而上的思辨對藝術家來說都沒有意義。美也不是教條，一旦進入抽象思考，美卻逃逸了。藝術家作為美的創造者，首要的是喚起美感，把美的發生實現在作品裡。

美的定義是不必要的，再說，美也是無法定義的，只能去描述，而且描述不盡，也因為美的形態千變萬化，而且不斷發生、不斷更新、沒有止境。一個現成的美的模式對創作者來說意義不大，只能是作為借鑑和參考，作為人類文化遺產的參照系上的一個環節。一代又一代的藝術家還不斷去發現和擴大對美的認識，一個現成的僵死的定義也是框不住的。

美無限生動活潑，而且出現在當下此刻，美和審美的主體是分不開的。只有審美主體在的時候才有審美，審美活動是當下此刻的事情，美總是直覺的、生動的，定義框住的卻只是抽象的概念。

美又是可以把握的、可以重複的。美感瞬間即逝，藝術家卻要通過他的藝術創作實踐，把美實現在作品裡。對藝術家來說，美不是一個概念，而是一隻活的鳥，要把牠捕捉到，裝進一個形式裡，否則牠就飛了，不成其為作品。

此刻當下瞬息千變萬化的美可以重複，可以再造。框在一個作品裡的美，還可以再重複出現。因而美也可以複製，即使是一個複製品，也傳達了原作中的美，雖然不能等同原作，但是美在那裡，是可以把握的。一個作品的影響下也還可以產生其他作品，美因而有延續性，前人所感受的美可以延續到下一代藝術家的創作中去。美所以能成為一種文化遺產，得以保留，又可以延續到後世。審美雖然來自藝術家的主觀感受，產生於此刻當下，通過藝術作品又是可以遺傳後世，從而超越時代。

二、美感出自個人的主觀感受

美感出自個人的主觀感受，藝術品在某種程度上當然又可當作客體。在欣賞的過程中，欣賞者主體和作為客體的作品有所交流，誠然會派生新的詮釋。可第一次美的誕生是藝術家把他個人的審美感受注入到作品裡，作品成為一個客體。審美這種個人性決定了美感總帶有人情和人性。

只要沒有智力殘障，受過一定的文化教育的人都有感受美的能力，這也是人類文化長期積累的結果，而動物就不具備這些能力。審美是人類所特有的秉賦。美是個人主觀的感受，卻又是可以溝通的，雖然有時後溝通會遇到障礙，但畢竟可溝通。而這種溝通表明了美儘管是主觀的感受，卻不是任意的，有它的實在性。這種實在可以由他人的審美經驗來得到驗證，因此，美可以傳達。

離開審美的主體去討論美的客觀性，對藝術家來說是沒有意義的。自然界中客觀的美存在與否，如同對美的本質的討論，對藝術家來說同樣沒有意義。哪怕是對自然的欣賞，也還取決於觀

賞者的感受，離開審美主體的自然界本身並沒有意義，正如同客觀世界本無意義，任何意義都來自人的認知。

審美也一樣。哪怕是寫生，面對同一自然景色或靜物，不同的畫家有不同的看法和畫法，得到不同的取景和造型，色彩與光線的處理也大不相同，而藝術的表現更大相逕庭。

對藝術家來說，有意義的是他個人的審美經驗，以及如何把個人的這種經驗容納到獨特的藝術表現中去，這也就牽涉到藝術家的創作方法和技巧。而審美經驗的溝通則不言而喻，藝術家不必顧及。對作品的詮釋與評論都不是藝術家的事，又另當別論。

三、審美非功利

審美的當下此刻是非功利的，給審美以價值判斷是隨後的事情。美感與審美的價值判斷雖然有聯繫，卻是兩回事。美感產生於當下此刻，是生動的、直觀的、情感的，也超越是非和功利。而審美的價值判斷卻來自於某種已經約定的規範，同宗教、倫理、習俗乃至政治聯繫在一起。到近代，甚至引入意識形態，黑格爾的美學開了先例，之後的馬克思主義則把審美判斷同意識形態普遍聯繫起來。政治從而引入到藝術創作，政治話語無孔不入，這也是20世紀特有的景觀。

這之前，西方的宗教曾經深深影響了藝術，藝術中的人性罩上神性的光圈。文藝復興以來，人性逐漸擺脫了神性，世俗的藝術取代了宗教藝術。在東方，宗教藝術和世俗藝術並舉，儘管中國倫理教化在一定的程度上影響到藝術。然而，人類的文化史上卻沒有出現過像20世紀這樣奇特的現象，政治和意識形態如此糾纏藝術，把藝術變成政治宣傳的工具，或是用意識形態來取代審

美判斷。

　　審美原本來自審美主體的個人感受，只跟人情感、個性與趣味密切相關，審美判斷通常也是超越現實功利的。但是，特定時代的某種公認的趣味形成的價值觀，也會影響到個人的審美判斷。藝術家生活在他所處的年代，同樣也感受到他同時代流行的價值觀的影響，超越公認的趣味和時尚並非容易。而一個有自己獨特創造的藝術家，恰恰得超越那種公認的、流行的審美評價，以他獨特的、敏銳的眼光發現新鮮的美，並找到恰當的藝術形式，把他個人的審美經驗變成可見的藝術造型。

　　這種鑑別力和創作的才能又來自於藝術家的藝術觀和創作方法，這都是哲學家的美學無法提供的，只出於藝術家自己個人獨特的認識。

　　一個藝術家的創作能否超越現實功利，同樣也取決於藝術家自己。哪怕時尚籠罩市場，而政治功利鋪天蓋地，藝術家卻不為所動，持之不懈，正是這樣的藝術家創作了新的審美價值，寫下了藝術的歷史。

四、藝術和工具理性無關

　　不必以工具理性來衡量藝術。科學誕生於理性，思維所依賴的邏輯和因果律也是科學技術必不可少的工具理性。科學技術的不斷更新換代，認識日益深化，功能越來越有效，科學技術的發展卻同藝術的歷史沒有必然的聯繫。

　　受到工具理性的影響的理性主義的繪畫，具象畫中有透視法，抽象繪畫中有幾何抽象，乃至於把一些科學常識和簡便的技術製作引入藝術創作，從而變成遊藝和玩具；或是把工藝設計納

入藝術，更是後現代的時髦。但藝術家也可以不接受這種影響，而藝術的革新和創作通常並不借助於工具理性，也不依賴工藝和技術，這也因為藝術創作不等同於工藝製作和生產。

把科學主義和自然科學的進化論作為審美評價的一種標準，也可以說是20世紀劃時代的特徵，且不論是否是這時代的病痛。藝術其實超越進步與否這種價值判斷。科學技術固然隨著時代而發展，代代更新，後退沒有出路，停滯就會被淘汰。20世紀科技的突飛猛進，更是加速度進行。可藝術卻並不因科技的加速發展也不斷進化。回顧上一個世紀的藝術史，似乎恰恰相反，其結果表現為不斷的簡化、觀念化、製作化、商品化，很難說20世紀的藝術較之於18、19世紀或文藝復興有多大的進步，姑且不說蛻變或頹敗。科學技術遞進發展的規律在藝術創作的領域裡並不奏效。

藝術演變的規律何在？恐怕誰也無法預測。剛過去的一個世紀藝術創作的歷史，至少表明了進化論無法解釋藝術演變的規律。而藝術創作倘若遵循工具理性的引導，只會消解藝術中人性的內涵。科學主義在藝術創作領域裡的泛濫帶來的藝術生產模式，令藝術創作變得越來越乏味。藝術家還得從科學主義的這種現代迷信中出來，才可能重新獲得創作的生命力。

五、丟掉歷史主義

丟掉歷史主義、拒絕歷史的命定，是藝術家保持藝術上的創造性的必要條件。而歷史主義則把藝術和藝術家統統納入時代的限定中去，所謂時代的潮流成了不可抵擋的規律，藝術家的創造個性被擱置一邊。歷史規定的法則其實不過是某種意識形態的規

定，卻被當作時代的指令。現代性正是這樣的一個似乎不可違背的標準，否則就判定落伍或過時。否定的否定，從上一個世紀初的社會批判到1960-70年代對藝術自身的顛覆，進而爲顛覆而顛覆，唯新是好，到了上一個世紀末，藝術消亡，變成作秀，變成傢俱設計和時裝廣告；對藝術觀念的不斷定義則變成言說，甚至弄成商品的陳列，正是這種歷史主義寫下了當代的藝術編年史。

　　一個畫家如果還想從事造型藝術的創作，不能不擺脫這種藝術史觀，全然不必理會這種編年史。當現代性蛻變成爲這種歷史主義的僵死原則而成爲教條，藝術家就得毫不猶豫丟棄掉。

　　藝術創作總是在當下進行，生動而活潑，創作實踐高於一切，沒有現成的原則。如果一個藝術家在創作的時候便想到身後的評論，恐怕無法全身心投入的。藝術創作和歷史的時序沒有關係，而改變這種歷史主義的書寫的恰恰是藝術家的創作。

　　藝術家把審美感受注入作品的時候，高度興奮，精神飛揚，全然置歷史主義的規範而不顧。也正是在這時候，才可能出現新鮮的感受，發現與驚奇令藝術家本人都出乎意料，一旦找到恰當的形式，落實在作品之中，便超越時代。

　　人們觀看藝術作品，是否被打動也是此刻當下的事，且不管是3000年前的古希臘，還是當今一位不知名的藝術家，是作品中的藝術形象和觀者在直接溝通，評論與詮釋都可有可無。而藝術形象的魅力超越言詞，喚起觀者的直覺，把觀念和意識形態都丟到一邊。

　　藝術家倘確有才能，把他的藝術注入作品，作品這個載體就可以超越時間。藝術家完全不必顧及歷史，歷史不過是一種書寫，而且不同的時代不同的歷史觀都有不同的書寫。藝術家如果丟開歷史主義這種沈重的包袱，會一身輕鬆投入此刻當下的創

作。

六、顛覆與創作

顛覆與創作是兩回事。把顛覆當作藝術創作同政治革命原本是聯繫在一起的。文化革命也還是從屬政治，徹底擺脫前人，同文化遺產割裂，藝術從零開始或是弄出個零藝術，當然革命得很。20世紀的藝術革命深深受到馬克思主義的影響，餘波不斷，一直延續到這個世紀的今天。挑釁和顛覆的政治策略變成藝術的創作方法，甚至以這種行為來取代藝術創作。把政治策略引入藝術，藝術活動也變成政治行動的注解。

革命與反動的界定本身就是意識形態的問題，而不是藝術或美學自身的規定。面對藝術的終結，什麼都可以是藝術，藝術變成命名，在這樣一個時代，藝術家還有什麼可做的？是不是回到造型就一定意味保守，就一定重複前人？造型藝術的領域裡是不是事情已統統做完了？造形藝術還有沒有存在的理由？如果一個藝術家不追隨時代的潮流，還從事繪畫，是不是還有所創造？

七、告別藝術革命

告別藝術革命，展望未來，沒有烏托邦，倒也不壞。革命的烏托邦無論在歐洲還是亞洲，都已破產，雖然呼喚重建烏托邦還不乏其人。而藝術革命也並沒有結束藝術，現今再重複對藝術的顛覆，不僅激不起社會的回應，哪怕在藝術家的小圈子裡都引不起談論的興趣，寂寞的藝術家面臨的是藝術市場的全球化炒作。現今的藝術家的處境，同梵高的時代並不見進化了多少。

貝克特說過一句精闢的話，人類就是一口井、兩個桶，一個桶下去，裝滿水，另一個桶提起來，再把水倒掉，人類命運大抵如此。這裡沒有理性可言，理性不過是人們對人世的一種解說，企圖用一種尺度來衡量這個無法裁決的世界。荒謬不合理性，並非出於哲學的思考，而是人類生存的真實狀態。

藝術家還得回到自己的藝術創作，回到造型，回到形象。所謂當代藝術的危機，也是一種意識形態造成的困惑。如果藝術家對社會、也對藝術家自己能有一番清醒的認識，畫還是可以繼續畫下去。藝術本來就超越觀念，超越意識形態，有其自主的天地，也就是形象。回到造型，繼續再畫，藝術的領域裡得杜絕空話。

20世紀以來，關於傳統與革新的辯論已經講得太多了，還有東方與西方，民族文化與普世價值，也都是觀念的爭論。再有所謂身分認同，認同什麼？民族還是國家？還是人種和地域？這種認同乃是政治權力的需要，以便把藝術家納入政治的營壘，直接或間接為政治效勞。

一個藝術家獨立於世，可貴的是他個人的感受，能否找到自己獨特的藝術表現對藝術家來說才至關重要，這也只能通過作品來實現，任何言說都無濟於事。

八、藝術形象獨立於語言

藝術形象獨立於語言。形象超越觀念，而觀念總是某種抽象，也因為語言的基礎是詞，詞本身便是抽象的概念。即使指的是一個物，方的還是圓的，在一個畫家筆下，這方圓得實現為具體的圖像，繪畫的材料和色彩同畫家的構圖、趣味和技巧結合在一起，在不同的藝術家手下，天差地別。

　　作爲藝術形象，哪怕再簡單的形式，也大於語言。而藝術依賴的是造型，離不開形式。形式才是藝術的語言，藝術形象則在形式的基礎上構成。形象可以獨立自主。

　　當然，繪畫也可以接受文學的影響，把文學的因素引入繪畫。詩意乃至於文學的主題都可以融入到造型藝術中去。但藝術與文學無法互相替代，藝術家得找到造型的語言把文學化解到視覺的形象中去。

　　把繪畫變成文學的詮釋，不是繪畫的上乘。觀念和語言進入藝術，用造型來圖解觀念，或是把文字書寫到畫面上，就開始落入觀念藝術的巢穴。觀念藝術的極端以言詞來代替形象，則導致藝術的消解。陳列一些現成的物品借此來宣講哲學，當然也只能是粗淺的觀念，類似簡單的智力遊戲。如果藝術家就這樣輕而易舉要取代哲學，充當哲學家的角色，顯然也枉然。

九、形式的涵義有限

　　藝術的抽象是可行的，但有個極限。藝術的抽象不能抽象到語言概念，而卻可以抽象到形式，而形式是造型藝術的最低限度。脫離了形式，造型藝術也就不存在。

　　20世紀抽象繪畫的誕生確實是藝術史上的一大轉折，藝術不斷向純形式轉化，形象日益被驅趕出去，形式取得了獨立自主的涵義。從繪畫到雕塑，形式主義確立了一種新的現代藝術語言，取代了藝術中的形象。形式成爲造型藝術最後的條件，越過這個界線，就只能落到對藝術的重新定義。

　　形式作爲造形最基本的語言，固然可以變化無窮，從組合到結構乃至於解構，有種種的可能。但同時又應該認識到，形式的

涵義畢竟有限，極限藝術便是對形式主義的補充。在抽象藝術出現之後，簡約以極少的造型手段，重新構建起碼的形象。然而極限也還囿於觀念，也還是一種形式主義，造型受到約束，無法充分展開。

十、回到形象，自立方法

在藝術創作的領域裡，沒有不可逾越的法則，「無法至法」應該是藝術家亙古不變的眞理。藝術家必須走自己的道路，即使有規範，也是自立規範。

一個藝術家想要得到最大的創作自由，恰恰要擺脫種種陳規和觀念，最好是沒有主義，擺脫意識形態的束縛，也不受時尙潮流左右，忠實於自己審美感受。

藝術家也和所有人一樣生活在一個受制約的社會環境裡，人際關係以及社會都在制約個人的自由。但是，藝術家在他個人的藝術創作天地裡，卻可以贏得充分的自由，只要有足夠的勇氣與信念，解脫掉政治和倫理的教條、習俗與時尙的束縛，藝術創作的自由最終還取決於藝術家自己。

主義與方法之爭是藝術評論的事情，藝術家也去辯這種是非，進入爭論，是最糟糕的事。首先破壞創作情緒，而且是一個陷阱。藝術家一旦掉進去，拿自己的藝術去投入辯論，對創作可是一大災難。藝術家要贏得自己的創作自由，最好不爭論，靠邊站，由媒體去評論，讓藝術市場去喧鬧，儘管走自己的路就是了。

藝術家也和常人一樣，會有種種的心理問題，而現代人所謂的自我，如果沒有充分的認識，這自我一片混沌，也是地獄。藝術家在認識世界的時候，同樣也在找尋對自我的認知。因此，得

有一個清醒的意識來把握自己的創作。靜觀大千世界和內審自我，藝術家會得到一番清明的視覺形象，他想要表現的東西也就看清楚了。

十一、在具象與抽象之間

具象與抽象，這樣一種簡單的分類也出於觀念，而非來自視覺的經驗。就視覺而言，形狀和色彩、光線的明暗和材料的質感，以及空間和透明度，再有方向和力度諸多因素，構成無限豐富的視覺形象。而局部與整體，不同的看法和不同的視角得到的視相大不相同。當視覺的注意力集中在某一細部，具象與抽象的界線也就消失了。

如果不從觀念出發而訴諸視覺經驗，還會發現觀看是一個過程。視覺的注意力的集中可以是有意識的，也可以無意識，卻總也在游移，而焦距也隨時變化。以這樣的認識來重新認識繪畫，自然會發現繪畫的手段遠未窮盡，繪畫這門藝術也並沒有畫完。

如果說抽象繪畫的出現主要訴諸形式，走向幾何的造型，譬如，賽尚和畢加索的立體主義；後其的抽象抒情和抽象表現則走向情緒的宣洩。而當代的具象繪畫的主要方向是照相寫實，盡可能清晰精細、客觀化而排除情感的投射。具象與抽象觀念到藝術實踐，兩者分野涇渭分明，南轅北轍。這種分野既來自形式主義的觀念，也不符合視覺經驗，其實忽略了在具象與抽象之間還有一片廣闊的天地，且不說處女地，有待開發。

十二、內心的視相

　　觀看不只是攝取客觀世界的圖像，還同時和心理的活動有所互動。取景的選擇和注意力的集中也即聚焦所得到的圖像，已經包含了觀者的趣味與審美，而這種視覺圖像同時也複印了主觀的感受。所謂印象，並不等同於視覺直接得到的影像，已經戴上了主觀的濾光鏡，印象派繪畫比自然光線下的色彩更為鮮明，其實已經是內心的視相，而非對自然的摹寫。然而，後期印象派越來越強調色彩，以至於到野獸派的馬蒂斯，色彩強烈對比成了繪畫的主要語言。

　　所謂心象，也如同印象，同樣訴諸形象，只不過後者來自對外界的觀察，前者是內視的結果。這些幽微恍惚的內心景象，空間虛幻難以捉摸，色彩暗淡無法把握，近乎於黑白，影像也游移不定，瞬息變幻如同夢境。而超現實主義繪畫夢境和幻覺這種非理性的造型，使用的卻還是傳統的繪畫語言，遠近關係的透視、空間的組合、光源和陰影，都確定不移，只是對夢境的一番再創造。怎樣才能找到更為貼近這種內心視相的造型的語言？

　　在具象與抽象之間的這種曖昧性，恰恰掩蓋了一扇隱蔽的大門，一旦打開，幽深而不可測。

十三、提示與暗示

　　提示與暗示正是打開這扇大門的鑰匙。造型藝術傳統的方法主要有兩種：再現與表現。前者，摹擬自然的造型、光線、色彩以及空間關係，哪怕是宗教題材的繪畫，其繪畫語言也還不離開這種再現。表現，則訴諸主觀的感受和情感的抒發與宣洩。中國的水墨寫意，著重筆墨情趣而非造型，可以說是表現繪畫的東方傳統，而德國的表現主義和之後的抽象表現，則是這種方法現代

和當代的藝術體現。現當代藝術中的呈現，始於杜象的現成品的陳列，以至於擴展到後現代的裝置和觀念藝術，當然也可以做爲一種創作方法。此外也還有拼貼，把已有的圖像重新加以組合而賦予某種新的意味，但並沒有提供一種新的造型語言，不如作爲一種技巧，算不上創作方法。而提示則有可能成爲一種創作方法，如果用在具象與抽象之間，開拓出一片造型的天地的話。

這種啓示首先來自19世紀的英國畫家的托訥，他那些霧中的風景，可以看作爲印象，又近乎抽象，輪廓幾乎消失了，色彩不甚鮮明，趨於過渡，而形象則點到爲止，並不加以描繪。藝術史家通常把他當作印象派繪畫的先驅，卻沒有認識到這種曖昧與過渡正處於具象與抽象之間。

把提示作爲一種獨特的創作方法提出來，而方向則介於具象與抽象之間，會給夢境與心象找到一種更爲貼切的造型語言。形象的曖昧喚起的聯想更接近內心的視相，空間與景深恍惚，光源又不確定，視相與情緒揉合在一起，較之摹寫自然的再現，這種內心的投射的影像更爲主觀，畫家可以再造一個情緒的或精神的自然，把感覺變成可見的畫面。

暗示較之提示更微妙，更能調動想像力，不管是從畫家的角度，還是作品完成之後，從觀者的角度來看，都留下揣摩和冥想的空間。這種方法也不同於抽象表現的那種隨意和情緒的宣洩，畢竟有形象作爲依據。而這種形象又不同於中國水墨的寫意，不以筆墨情趣爲滿足，還要講究造型，只不過這種造型更微妙，剛剛喚起圖像，不去確定細節，似像非像，或影影綽綽，一眼難以看盡，發人深省，令人玄思，也正是這種繪畫追求的境界。

十四、意識與境界

造型藝術訴諸視相而超越語言，如果喚起思考，則是一種形象思維。這種思維當然也可以轉譯為語言的表述，但首先是一種境界，而難以命名，語言的轉譯也只能勉強為之，給一個大致的解釋。藝術家是通過形象達到意境的，觀者也是由形象喚起類似的感受。這種交流毋需通過語言，而語言往往還難以做出恰當的表述，所謂只可意會，不可言傳，指的便是這樣一種視覺經驗的交流。這種交流不僅離開語言，而且脫離任何符號系統，也包括形式。

境界是一種特殊的審美經驗，來自藝術家的清明的意識，既排除觀念，又超越自我，用的是一雙慧眼來加以觀審。這也是出於一種內視，或者說用心來看，達到的這種超越現實的圖像，或空寂、或森然、或明淨悠遠、或令人震驚。

十五、有限與無限

每一門藝術都有個限度，也是這門藝術存在的條件。文學離不開語言，小說離不開敘述，戲劇離不開演員的表演。繪畫離不開二度的平面，這造型的空間。藝術家得承認這個界限，在這種限定下去尋求藝術表現的自由。而自由也不是目的，藝術家爭取自由是為了在創作上充分實現他的夢想，藝術家得有這樣的夢想，否則只能做一個工匠。

藝術家一生的追求就在於找到可行的藝術手段，實現他心中的藝術。能否找到藝術家自己的藝術創作方法，便是藝術上成就

的關鍵，而前人和別人的方法只是一種借鑑，作為一種參照系。在這門藝術的限定下去找尋無限的藝術表現的可能，正是藝術家的工作。藝術家所以也有美學的思考，建立自己的藝術觀和方法論，是為了再反饋到他的藝術實踐中去。

19世紀黑格爾的哲學和美學預言歷史和藝術的終結，20世紀藝術的革命家們一再宣告繪畫已死，或是反藝術，或是零藝術的來臨，而現今許許多多的畫家卻依然默默在畫。如果從歐洲拉斯科舊時器時代的岩畫算起，人類至少已有1萬7000多年歷史的這古老的繪畫，並沒有畫完。

2007年10月24日於巴黎

高行健，1940年生於江西贛縣，為小說家、戲劇家、畫家，現居巴黎。著有長篇小說《靈山》等。他的作品被譯為十多種文字出版，劇作也在世界各國一再上演，還在各地舉辦數十次水墨畫個展，於2000年獲得諾貝爾文學獎。

書寫民族創傷：

二二八事件的歷史記憶*　　　　吳乃德

　　1947年的二二八事件、以及隨後的殘酷鎮壓，是台灣近代史上影響最深遠的事件之一。這個政治事件的漣漪擴散至文化和社會的深層。台灣最傑出的畫家陳澄波在事件中喪生，使得部分畫家丟棄畫筆、甚至燒毀畫作，其他畫家則在陰暗中從事創作[1]。事件讓文學家疏離冷漠，「從那天起，我們失去了自己，不再擁有什麼，擁有的只是淡漠的生，淡漠的死。」（江自得）詩人李魁賢認為，事件所造成的冷漠和疏離，是「台灣社會精神結構缺乏凝聚力的根源。」[2]不願依附專制政權的本土政治人物，如果不是自我放逐於公共生活之外，[3]就是在基層政治中謹慎地維持

---

*　本文發表於「台灣解嚴20週年國際學術研討會：人權與政治事件探討」，戒嚴時期不當叛亂暨匪諜審判案件補償基金會主辦，台北：2007, 11, 24-25。感謝黃長玲、沈筱綺、王昭文對初稿所提供的批評和修改建議，以及江宜樺在研討會中的評論。錯誤當然是我自己的。

1　黃于玲，《等日頭：二二八畫裡的故事》（台北：南方畫廊，1998）。
2　李魁賢，〈詩人童年中的二二八經驗〉，《中外文學》25.7（1996, 12）：108。
3　台灣本土政治菁英的延續和斷層，並不是發生在日本殖民政權和國民黨政權的交替。事實上，日本殖民政權下的本土政治菁英在國民

最起碼、最低調的存在。

　　隨後的40年，該事件成爲嚴格的政治禁忌。正義無法伸張，苦難無法理解，冤屈甚至無法訴說，爲數眾多的受難者及家屬在極度的不平、恐懼和孤立下，普遍存在著憂慮、羞愧、自卑、不信任感、不安全感、甚至倖存者的罪惡感[4]。在白色恐怖的氣氛下，談論二二八可能帶來嚴重的後果[5]。二二八事件所帶來的恐懼，以及談論它所夾帶的驚惶和謹慎，是當時許多人深切的感受。許多受難者的子女甚至沒有被告知，父親因何消失。雖然是禁忌，對二二八事件的回憶仍然在民間廣泛流傳，傳遞給下一個世代。在白色恐怖的年代，對事件的記憶在暗中流傳，成爲「弱勢者的武器」[6]，在黑夜中暗地攻擊獨裁統治的正當性。攻擊雖

（續）————————————

　　黨政權中不止延續，甚至有更高的成就。台灣本土政治菁英最大的斷層發生在二二八事件之後。參見吳乃德、陳明通，〈政權轉移和菁英流動：台灣地方政治菁英的歷史形成〉，賴澤涵編，《台灣光復初期歷史》（台北：中央研究院中山人文社會科學研究所，1993），頁303-334。

4　林宗義，〈抗爭抑或復和？：武力壓制者 V.S. 苦難的倖存者〉，張炎憲、陳美蓉、楊雅慧編，《二二八事件研究論文集》（台北：吳三連基金會，1998）。

5　作家林雙不描述他的高中老師在課堂上不經意地提到二二八後，他舉手問老師二二八是什麼。「老師面露驚惶，隨即顧左右而言他：『什麼？你問什麼？沒有，是不是？同學，我什麼也沒有說。你聽錯了，來，我們繼續念課文。』」林雙不，〈見證與鼓舞—編選序〉，《二二八台灣小說選》（台北：自立晚報，1989），頁ii。

6　James C. Scott, *Weapons of the Weak: Everyday Forms of Peasant Resistance*（New Haven: Yale University Press, 1985）一書用「弱勢者的武器」來形容馬來西亞農民，在無法以公開的、集體的、計畫性的反抗階級宰制的情境下，訴諸日常生活個人性的、不外顯的抵制行爲。

然無形，而且只是在暗夜中進行，卻世代相傳、不曾間斷[7]。正如昆德拉在《笑忘書》中所說的，「人民對當權者的抗爭，就是記憶對遺忘的抗爭。」有些社會學者指出，在「記憶社會化」的過程中，也就是將個人整合入記憶社群的過程中，家庭扮演重要的角色[8]。在嚴格政治禁忌的情境下，家庭的傳遞功能尤其重要。創傷所帶來的震撼和痛楚，也型塑了40年間台灣的族群關係。一直到1970年代，在族群敵視的環境下，不同族群之間的交友、戀愛、和婚姻，仍然受到強烈阻擾和干預。

　　隨著1980年代後期的民主化，在民間暗中流傳的歷史記憶，終於有機會成為公開的政治論述。在過去的20年間，在台灣所出版關於二二八的專書（論文不計），已經超過130種。台灣民眾終於有機會公開面對這項民族的創傷。官方也終於正式面對這個歷史。除了成立基金會賠償受難者、廣建紀念碑之外，政府在1996年將二二八訂為國定假日。雖然稱為「和平日」，可是，隨後每

7　我年輕的時候，我父親以他的經歷來傳遞他對獨裁政權的拒絕。他從台中一中畢業後，因為父親早逝，家裡的經濟情況無法讓他繼續升學。可是工作又不容易找。有很長一段時間，他失業寄居在哥哥和嫂子的家裡。終於有一天他獲得森永奶粉公司業務員的工作，擺脫寄人籬下的窘境。他的第一件任務是從台中出差到嘉義市收一筆帳款。可是當他抵達的時候，卻發現大門深鎖，該食品店已經倒閉了。這對他是一個甚大的打擊。艱苦獲得的第一個工作的第一個任務，看來注定失敗。他回去如何向公司交代？他會不會喪失這個工作？正當他徬徨無助在店門口徘徊的時候，隔壁一家醫院的醫生適巧在騎樓乘涼。攀談之下，醫生知道了父親的處境和帳款的數額。隨後醫生進入診所，再出來的時候將錢交給了父親。陷入回憶和沈思許久之後，那天晚上父親最後的一句話是：「這樣的人，他們也殺了。」

8　Eviatar Zerubavel, "Social Memories: Steps to a Sociology of the Past," *Qualitative Sociology* 19. 3（1996）: 283-299.

年台灣社會對二二八事件的討論，卻愈來愈充滿火藥味道。過去十數年間，台灣社會面對二二八事件第一階段的焦點，是要求恢復久遭掩埋的記憶、同時治療歷史傷痛。現在我們所處的第二階段，回憶的重點工作則是對它做歷史理解和政治闡釋。因為歷史記憶必然受到政治立場的影響，而對歷史的不同記憶方式也影響著政治利益。我們在現階段對二二八事件的闡釋和理解，因此也有不少的分歧和對立。

歷史記憶的分歧和對立，並非台灣特有的現象。歷史記憶雖然以歷史為素材，卻不等同於歷史。同一國家不同的階級、族群、或黨派對同一歷史事件或民族創傷，經常有不同的、甚至對立的記憶。具有台灣認同的民眾對對二二八事件的記憶是，外來統治者的殘暴；這個事件對台灣處理未來和中國的關係，具有無比重要的啟示。同時，二二八事件也對日漸成長的台灣認同，提供了重要的歷史資源，成為「台灣民族」苦難的象徵。和此對立的闡釋則認為，這樣的解釋並不符合歷史事實。他們傾向於認為：事件只是政府的腐敗和無能所造成的民間抗議。同時，有些人認為：我們有必要將這個悲劇放在更大的歷史架構中來理解。這是對「歷史闡釋」和「歷史真實」不同的強調所產生的歧異。而歧異部分（只是部分）來自認同和政治立場的歧異。

除了對歷史記憶的不同理解，台灣社會闡釋二二八事件的另一個爭論的焦點是該事件的「族群性質」。二二八事件對台灣後來的族群關係具有深刻的影響，這是所有人都同意的事實。可是事件本身是否為族群衝突呢？民主化之後，認同的歧異對台灣的族群緊張關係加入了新的因子。對二二八事件族群性質的解釋，雖然是對「過去」的理解，卻也免不了對「現在」的族群關係產生影響。如果歷史記憶對新民族的形成那麼重要，那麼我們在期

待不同族群可以形成共同社區的條件下，如何處理二二八事件的族群面向呢？

　　歷史記憶的沈澱和精鍊是一項複雜的工作。書寫「民族」記憶和「民族」創傷的工作牽涉到許多的政治、歷史和道德難題。任何社會對其歷史記憶的書寫都難免受到當代政治立場和政治利益的影響，也難免受到未來願景的影響。因此，一個社會要對其歷史記憶獲得共識並不容易，特別是在如此短暫的期間中。我們對歷史記憶或許永遠不可能有共識。可是各種不同的歷史闡釋得以公開論述，互相質疑、也互相豐富，對共同社區的形成應當有所助益。對立和質疑迫使每一個論述者提升視野，讓自己的闡釋更豐富。而更重要的，對立的闡釋、不同的歷史景觀，或許也有助於不同立場的互相理解及和解。

記憶的回復

　　民主化之後的20年，也是台灣認同勃興的階段。歷史經常是營造認同的重要資源。可是這段重要的、慘痛的歷史應如何書寫？在這段書寫過去的過程中，認同差異成為重要的對立線。因為歷史不只是檢視過去，同時也常被用來支援或合理化「現在」的政治行動，甚至成為「未來」視野的指引。「誰掌握了過去，就同時也掌握了未來」，許多人都同意這樣的說法。於「現在」處於對立的政治勢力，以及對「未來」有不同想像的人，必然也試圖以自己的方式來呈現、或闡釋「過去」。

　　歷史成為政治衝突的焦點，台灣並不是特例。歷史的政治使用也不是從現代才開始。早在16世紀，當亨利八世和羅馬教會分裂之後，他的宮廷宣傳專家摩理森爵士就建議國王制訂紀念日、

儀式、祈禱文等，來永久紀念英國子民脫離教皇的枷鎖。他的意見雖然沒有被採納，後來在伊莉莎白女王統治期間，宮廷和教會終於大量地使用選擇性的歷史、以及烈士的傳記，來創造及鞏固新教和宮廷的合法性[9]。這或許是歐洲「歷史的政治使用」的濫觴。法國外交部檔案局的局長於1879年告誡法國的歷史學者，歷史學者的責任就是使用檔案發揚法國和政府的榮耀[10]。在近代世界的民族主義運動的潮流中，由於歷史對民族認同的重要作用，歷史因此也經常成為政府營造民族認同的重要資源。

歷史記憶不止經常呈現政治優勢階級的觀點，同時也經常因為時代的不同需要而加以剪裁。美國內戰結束後，因為南北和解的需要，黑人在內戰中的貢獻被特意隱藏。在廣建全國各處的內戰紀念碑中，只有3個紀念碑提到黑人的貢獻；華盛頓的林肯紀念堂，甚至小心地避免提到奴隸制度，完全抹滅了黑人的歷史記憶。一直到1960年代黑人民權運動取得勝利之後，黑人的歷史記憶才成為美國歷史記憶的一部分[11]。而當政治情境改變，歷史記憶也常因為政治的不同需求而修改。以色列在建國初期，在強敵環伺之下，鼓勵人民對國家民族的效忠和獻身非常適合當時時代的需要。在對抗阿拉伯人戰役中身亡的川佩鐸（Yoseph Trumpeldor），乃被塑造成民族英雄和傳奇人物。川佩鐸是東歐

9　David Cressy, "National Memory in Early Modern England," ed. John R. Gillis, *Commemorations: the Politics of National Identity*（Princeton: Princeton University Press, 1994）.

10　Keith Wilson, "Introduction: Governments, Historians, and 'Historical Engineering'," ed. K. Wilson, *Forging the Collective Memory*（Providence, RI.: Berghahn Books, 1996）, 14.

11　Kirk Savage, "The Politics of Memory: Black Emancipation and the Civil War Monument," ed. John R. Gillis, *Commemorations*.

移民，曾參加俄國沙皇的軍隊。他在日俄戰爭中失去一隻手臂。
由於戰爭中的勇敢表現，他成為俄國第一位猶太人軍官。他在
1920年以色列的建國戰爭為子彈擊中；身亡之前說的最後一句話
是：「沒關係，為國家而死是件好事。」川佩鐸的形象、經歷、
在沙場上的捐軀、面對死亡的勇敢、對國家民族超過生命的熱
愛，都非常適合塑造成民族英雄。往後的數十年，他成為以色列
紀念儀式、教科書中必須提及的民族英雄。可是當許多以色列人
厭倦戰爭，開始尋求和阿拉伯國家和平共存，川佩鐸勇敢、好戰
形象已經不適合時代的需要。以色列人也開始用從「歷史真實」
的角度，重新檢驗他的傳奇，試圖重新修改對他的歷史記憶[12]。

　　而目前處於新舊交接時代的台灣，對歷史記憶有所爭執，似
乎也是必然的。新的民族認同正在形成，原有民族認同尚未退
位。新的政治體制已經來臨而且鞏固，舊的政治符號卻仍然被普
遍擁護。目前台灣的政治和社會對二二八歷史記憶的歧異，或許
只是這種新舊共存的情境的反映。

　　台灣對二二八事件的歷史公開記憶，可以分成兩個階段。第
一個階段的焦點是尋回被刻意遺忘的歷史；第二階段的焦點才是
對歷史使用，是不同的歷史闡釋互相競爭的階段。這兩個階段當
然無法截然清楚劃分。第一階段大致是從台灣政治在1987年的民
主化開始。民主化讓過去威權政權所強加的失憶症得以解除。民
進黨在1986年9月順利成立、公開活動和執政黨競爭；1987年7
月戒嚴體制正式解除。在這個民主化的初始階段，民間對檢視二

12　有人甚至認為，川佩鐸死前最後所說的話應該是俄文的「X你娘」；
　　這句話的發音很像希伯來文的「死是件好事」。參見Yael Zerubavel,
　　"The Historic, the Legendary, and the Incredible: Invented Tradition and
　　Collective Memory in Israel," ed. John R. Gillis, *Commemorations*, 115.

二八、追求公道的呼聲也隨即出現。早在1985年立法委員江鵬堅
即提出書面質詢，要求政府對二二八事件公布眞相、道歉、賠償
等[13]。1987年2月民間成立「二二八和平日促進會」，要求「促
成公布眞相、平反冤屈，並訂立2月28日爲和平日。」[14]隨後數
週，促進會在全國各地舉辦遊行和群衆集會，包括台北市、台南
市、桃園市、苗栗、台東、嘉義、台中、南投、鳳山、宜蘭、高
雄、豐原、新竹、屏東、彰化等地，幾乎涵蓋全國所有主要都市
和市鎮。在許多地方，他們的遊行和集會都受到警察的干擾。在
嘉義市他們甚至面對1500位鎭暴部隊的阻擾；在彰化縣，遊行隊
伍被鎭暴部隊包圍阻擋兩個小時，並有數十人受傷。2月28日，
演講和遊行活動回到台北市，並且在演講之後舉行了台灣40年來
第一次公開祭拜死難者的儀式[15]。這是台灣社會第一次以公開的
行動，要求檢視遭埋葬40年的歷史。

　　當時的主政者李登輝雖然似乎懷有著台灣認同，卻沒有體認
到這段傷痛歷史對民族認同的重要性，也沒有認知到潛藏在民間
對正義的強烈期待。次年（1988）的2月他繼任逝世的蔣經國爲
總統，在記者會中被問到民間要求紀念二二八事件的看法。他
說，「我看在座的人多是40歲以下的人……現在都是不到40歲的
人來談二二八，我覺得很奇怪。……我們是不是留給歷史學家去

13　陳翠蓮，〈歷史正義在台灣：兼論國民黨的二二八論述〉，人權與
　　轉型正義研討會，二二八事件紀念基金會，台北：2007/2/26-27。

14　會長爲陳永興，副會長李勝雄，秘書長鄭南榕。發起單位包括台灣
　　人權促進會、台灣基督長老教會北區聯合祈禱會、政治受難者聯誼
　　會、全美台灣同鄉會、民進黨地方組織、以及二十多個民進黨民意
　　代表的服務處。

15　二二八和平促進會編，《走出二二八的陰影》（台北：二二八和平
　　促進會，1991），頁22-54。

研究？爲什麼這個時候把這個問題拿出來呢？來進行鼓動，說什麼二二八不要忘記啦，和平日啦……『二二八不要忘記』，這是不是違反愛心？……我想除了一些有政治野心的人，不應該以這種態度來做事。爲了進步，眼睛要看前面，不要看後面。」[16]李登輝當時除了呼籲人民完整地將民族創傷加以遺忘，甚至將對正義的渴求視爲政治野心。

這樣的態度在社會引起甚大的批評聲浪。民間持續發起恢復二二八歷史記憶的強烈呼聲。在李登輝呼籲刻意遺忘這段歷史之後的數天，「二二八和平促進會」在全國各地發動了群眾聚會和遊行。台南市的集會規模甚至超過兩千人。立法委員吳淑珍、余政憲亦在立法院提出書面質詢，要求政府處理二二八事件，公布真相、賠償受害者。在民間對歷史正義的強烈要求之壓力下，國防部、法務部、內政部於1989年4月聯合向立法院提出「二二八事件報告」。該報告的內容卻只是重複國民黨過去一貫的論調，指出該事件主要爲共產黨煽動所引起。同年8月19日，第一座二二八紀念碑於嘉義市舉行落成典禮，由市長張博雅主持。10月，侯孝賢導演、觸及二二八的電影「悲情城市」發行上映，在民間引起廣大迴響。

在40年的壓抑之後，民間強烈的呼聲和行動終於衝破了李登輝總統和國民黨對民族創傷的冷漠[17]。無數受難者終於有機會走

---

16 同上，頁56。

17 《二二八事件研究報告》的撰寫小組召集人賴澤涵教授後來回憶說，「當時的執政黨認爲只要一份研究報告，一個紀念碑，就可以向社會交代了。但我認爲這歷史的大事件，豈可如此草率就能向人民交代。」賴澤涵，「『二二八事件』研究的回顧與展望——兼談過去研究的秘辛」，紀念二二八事件60週年學術研討會，台北市政

出陰暗的角落，讓社會承認他們的犧牲，也讓同胞分享他們的苦難。1990年2月27日，立法院通過高資敏的提案，爲二二八事件的死難者默哀一分鐘。同時，旁觀者終於也有機會反省他們的道德責任。1990年的2月28日，台灣基督長老教會因爲過去基於恐懼，對二二八受難家屬沒有付出足夠的愛心而發表「道歉文」：「愛心誠然不足，無以勝過恐懼……對二二八全體受難者及家屬表示歉咎，並懇求上帝憐憫寬恕。今後我們將積極關懷受難者。」道歉文由教會派人親自交到受難家屬手中。

　　民間廣泛而強烈的呼聲，讓李登輝總統有了改變。他於1990年5月就職總統的記者會上，公開承認，他以前忘掉過去、向前看的呼籲引起朋友對他的批評。如今他找到一個新的方法來面對過去。不過，他還是堅持認爲「我們不要把過去的問題一直挖，然後再形成大家不和諧，或是大家不快樂的情況。」他希望「大家應該在快快樂樂之下，從大家的記憶中，把這個問題給過去。」[18]李登輝的新方法是，首先，在行政院成立「研究二二八事件小組」研究二二八事件的眞相，以及「二二八事件專案小組」對政府提出處理的建議。「研究二二八事件小組」後來出版了《二二八事件研究報告》。該報告對二二八事件的敘述詳盡而不偏頗。同時，雖然自稱「旨在說明事實之眞相，並無判別責任所在的企圖，然對於數位關鍵人物之所作所爲，不能不加以檢討。」因此檢討了政府領導人的責任，包括治台最高軍事行政首長陳儀、警備總部參謀長柯遠芬、高雄要塞司令彭孟緝、憲兵團長張慕陶、在台情治人員、以及全國最高領袖蔣介石。根據該報告，蔣介石

（續）————————————————————

　　　府文化局主辦，台北：2007/2/26-27。

18　《聯合報》，1990/5/23。

的責任是「軍務倥傯，無暇查證，又過度信賴陳儀……不能不說
有失察之疵。」而在事後則因為未能接納民意，懲治失職者，「以
致留下長期的社會傷痕，確有考慮未週之處。」[19]報告對威權體
制最高領袖蔣介石的責任問題，並不深究，僅以「失察」和「考
慮未週」加以描述。後來在民進黨執政期間，蔣介石的責任重新
受到討論，並且引起不同政治陣營的對立。

　　李登輝的第二項措施，是廣建二二八事件紀念碑和補償受害
者。從1989到2002年為止，全國總共完成了20座紀念碑。在受害
者的補償方面，1995年成立「二二八事件紀念基金會」，負責處
理受害者的補償。處決或失蹤的補償金是600萬元。每一年的監
禁補償50萬元，對監禁的補償費最高不得超過500萬元。財產損
失的補償最高200萬元。而每一人總共可以獲得的補償不得超過
六百萬元。

　　隨著民進黨在2000年掌握執政權，對二二八事件的歷史記憶
也進入另一個階段。如果第一階段的工作主要是從強迫性的失憶
症中恢復記憶，第二階段的焦點則是蔣介石在這項歷史事件中的
責任，以及對歷史的政治使用。事實上，蔣介石責任的問題在第
一階段中，就已經浮現。不過，在威權體制繼承者的國民黨仍然
執政的情況下，真相的完整呈現並沒有受到太大的關注。同時，
賠償／補償的工作也剛開始。蔣介石的責任問題因此沒有成為關
注的焦點。早在1990年2月28日，民進黨嘉義市黨部舉辦的紀念
二二八活動中，蔣介石的銅像上就被懸掛白布條：「吾向二二八
死難台灣人英靈道歉致哀。」而完成於1995年的台北市二二八紀

19　行政院研究二二八事件小組，《「二二八事件」研究報告》（台北：
　　時報出版社，1994），頁410-412。

念碑，因爲不同政治陣營對歷史記憶的差異，一直無法在碑文的
內容上獲得共識。其中最大的爭執點，是如何描述蔣介石在事件
中的責任。1997年經過幾位學者的努力，在照顧及各政治陣營的
立場後，碑文的內容終於獲得定稿。原稿中「蔣中正未及細查，
即派兵來台鎮壓」修改爲「蔣中正聞報即派兵來台」。除此之外，
對政治認同有象徵意義的紀年之使用，亦兼容並蓄地內文用公
元、落款用中華民國。然而，碑文在揭幕的當天晚上即遭毀損。
對蔣介石責任問題的爭執，一直延續到2006年。

　　2006年的2月19日，民進黨政府的國史館發表《二二八事件
政治責任歸屬報告》，陳水扁總統參加新書發表會。該報告的結
論是，「蔣介石是事件的元兇，應負最大責任。」 主要根據兩
個理由。第一，雖然在台灣的本省籍社會政治領袖、以及在中國
的台灣人，都曾經上書給在南京的蔣介石，請求他不要派兵鎮
壓，以免擴大流血衝突。可是蔣介石堅持使用軍隊來處理這項衝
突。第二，事件之後，南京政府多人要求懲罰台灣行政長官陳儀，
可是被蔣介石否決。所有在事件中對人民殘酷鎮壓的軍事將領，
事後也都沒有受到任何懲罰[20]。

　　這個結論不只直接挑戰國民黨陣營所一向尊崇的領袖人
物，甚至具有從道德上摧毀其神聖圖騰的效果。國民黨陣營的反
應亦如所預期。國民黨主席馬英九並沒有立即直接挑戰該報告的
論點，而只是懷疑該報告的政治動機。他透過發言人表示，國民
黨不希望二二八事件成爲政治鬥爭的工具。「還原歷史眞相不能
參雜一絲一毫的政治考量，否則所謂的研究報告，也不過是爲政

20　張炎憲等，《二二八事件責任歸屬研究報告》（台北：二二八基金
　　會，2006），頁161-169。

治服務的工具。」[21]蔣介石的後人蔣孝嚴，則控告出版和撰寫該書的「二二八基金會」董事長等人毀謗。數天之後，在二二八的前一天，國民黨籍的宜蘭縣長邀請蔣孝嚴至蘇澳，爲遭人故意毀壞後重新修復的蔣介石銅像獻花致敬[22]。

緊隨著控訴蔣介石應對二二八事件負最大責任後，民進黨政府在數天後宣布將「中正紀念堂」改名爲「台灣民主紀念館」。而國民黨治理的台北市政府亦隨即將中正紀念堂訂爲「暫訂古蹟」，以防止民進黨政府對它做任何的更動。一週後，民進黨的高雄市政府在3月13日拆除位於該市、全台灣尺寸最大的蔣介石銅像。2007年11月6日，民進黨政府將中正紀念堂訂爲國家古蹟，又奪回了對紀念堂的主控權。

兩個政治陣營在評價蔣介石上的對立，反映的不只是他們對蔣介石在二二八事件中的責任在歷史觀點上的差異，同時也反映了對立的民族認同和政治考慮。在國民黨陣營中，蔣介石代表的是中國歷史和中華民族的延續。而在民進黨陣營中，蔣介石卻是外來政權的象徵，是對台灣人民做出巨大傷害的人。追究蔣介石在二二八事件中的責任，和二二八的歷史啓示、以及它在台灣民族發展過程中的地位，都高度相關。如果蔣介石必須爲二二八負責，那麼二二八就已經不是治理上的疏忽或過失，而是一個政權最高領導人對台灣民族的壓迫和屠殺。兩個政治陣營的對立，其意義已經超出事件的政治責任評估，而觸及了更深層的民族認

---

21 《聯合晚報》，2006/2/19。

22 《二二八事件政治責任歸屬報告》在各政治陣營和學術陣營所引起的諸多反應，參見侯坤宏，〈從二二八到後二二八——由歷史解釋權角度觀察〉，紀念二二八事件60週年學術研討會，台北市政府文化局主辦，台北：2007/2/26-27。

同。國民黨陣營要保護的或許不只是其領袖的神聖歷史地位，同時也是中華民國的歷史延續。而民進黨陣營所期待的，或許也不只是歷史的真相和正義，同時也是民族形成的歷史資源。歷史的政治使用將是我們下一節的主題。

歷史的政治使用

在民族形成及鞏固的過程中，社區的巨大創傷都是一個重要的歷史資源。正如19世紀一位法國學者所說，「在民族的記憶中，苦難通常比勝利更有價值，因為苦難要求責任、號召集體的奉獻。」[23]因此所有的民族都強調、甚至誇張其苦難。戴高樂宣稱法國是全宇宙最苦的民族，因為她曾經四次被占領[24]。書寫民族苦難因此是一個重要的政治工作。透過苦難的書寫，一個民族提醒未來世代它曾經遭逢的不義。透過創傷的書寫，一個民族向它的未來世代傳遞道德的訊息：認同和奉獻。然而，民族所傳遞的這些訊息，經常不是客觀的歷史本身，而是對歷史的主觀闡釋。闡釋和現在的需要產生共鳴。可是，闡釋也不能違反歷史真實。

二二八當然是一個巨大的創傷。巨大的創傷提供了台灣民族認同重要的精神資源。可是創傷要成為營造、或鞏固認同的歷史資源，它必須是來自外族的壓迫，正如八國聯軍、列強的欺凌、南京屠殺成為鞏固中華民族主義的歷史資源。可是二二八事件中民眾所反抗的是外族的統治嗎？二二八事件是族群、甚至民族衝

---

23 Ernest Renan, "What Is a Nation?" ed. Homi K. Bhabha, *Nation and Narration*（London: Routledge, 1990）, 19.

24 David Lowenthal, *Heritage Crusade and the Spoils of History*（Cambridge: Cambridge University Press, 1998）, 74.

突嗎？在許多台灣認同者的眼中，二二八事件的本質正是民族革命。在美國執教的歷史學者、受難者家屬林宗光教授認為，

> 『二二八』在短期間內就已儼然成為台灣的民族革命。毫無疑問的，這段期間，儘管短暫，正是台灣人意識昇漲的最頂點。台灣居民……終於覺悟了：他們到底不是中國人，而是台灣人。『二二八』是台灣史的里程碑，其最大意義就是在這裡。幾百年來台灣人對中國的情結終於一刀兩斷，台灣人終於意識到台灣民族和中國民族之不同。[25]

這樣的說法似乎混淆了「歷史真實」和「歷史闡釋」、或「歷史啓示」。事變中或有少數人主張台灣獨立，可是當時台灣民族認同尚未普遍成形。不論是本土政治和社會菁英的抗議行為，或民眾對在台中國人的傷害行為，動機都不是「民族性」的。「本省人」和「阿山」或許有所區別，可是區別絕非民族性的。事實上，正如陳儀深所指出的，本土政治社會領導人所組成的「二二八事件處理委員會」所提出的32則處理大綱和10項要求，是以承認南京政府為前提的改革要求，和台灣獨立並不相干。他並認為，另一台灣民族主義者陳隆志教授的「二二八革命論」將事件闡釋為民族革命，這樣的論點「不免於把局部放大，以史觀代替史實的缺點。」[26]

---

25 林宗光，〈台灣人之認同問題與二二八〉，張炎憲等編，《二二八事件研究論文集》，頁363。

26 陳儀深，〈族群衝突、官逼民反與報復屠殺——論二二八事件的性質定位〉，人權與轉型正義研討會，二二八事件紀念基金會主辦，台北：2007/2/26-27。

雖然二二八事件和台灣獨立運動或台灣民族認同毫不相干，可是事件持續成為台灣民族主義運動最重要的歷史泉源。在威權時期的海外台灣人獨立運動的宣傳論述中，二二八事件是一個重要的議題。因為它啟示了一個重要的歷史教訓：「外來」的政權可能帶來的災禍，對民族可能造成的巨大傷害。正如一位台灣認同者所說的，許多「台灣人仍未能確切領悟二二八事件的真實意涵。並進而將這個悲痛的『歷史事件』轉化為正面的『歷史教訓』」[27]。二二八事件的重要意義在於，它「使台灣人從台灣意識中徹底切斷對『祖國』的幻想，並認清中國政權的真面目，進一步建立當家作主的自主意識。」「二二八事件使我們認清中國文化惡質、殘酷的一面，也提醒我們，只有重新建造台灣人的政治文化，台灣才有前途。」[28]政治學者邱垂亮同樣如此地闡釋：二二八「是台灣最光明、悲壯、崇高的日子，因為台灣人民開始站起來，悲情呼喚要出頭天，要當家作主，要爭取基本人權決定自己的命運，要追求自由民主。最終，不可避免、沒有選擇餘地、台灣人民走上建立自己主權獨立國家的艱辛道路。」[29]

如果二二八事件持續為許多台灣民眾關心，是因為它是「民族」的創傷，象徵著「民族」的苦難；對二二八事件的主觀歷史闡釋之所以能夠引起廣大的迴響，則是因為這樣的闡釋呼應了當前許多民眾的關懷和憂慮：中國政府對台灣民眾自主決定未來的否定，以及在國際社會中對台灣的不斷欺壓。過去屠殺眾多民族

---

27 鄭仰恩，〈危險記憶的轉變力量——試論二二八的神學意涵〉張炎憲等編，《二二八事件研究論文集》，頁343。

28 前書，頁353-354。

29 邱垂亮，〈228是最黑暗也是最光明的歷史記憶〉，《南方快報》2007/3/01, http://www.southnews.com.tw.

菁英的人，不也同樣來自中國？不論是國民黨或是共產黨，不論
是過去或現在，難道「中國人」不是永遠在和台灣人爲敵、永遠
欺壓台灣人？一位作家對吳濁流的小說做這樣的闡釋，

> 《無花果》最重要的意義，便是希望下一輩的台灣知
> 識份子，能從「二二八事件」中獲取歷史的教訓，避免
> 重蹈他那一代知識分子所犯的重大錯誤──那就是對父
> 祖之國的虛無飄渺的幻想，把父祖之國的統治者當作來
> 台灣的解放者與救世主，一旦父祖之國的統治者，以大
> 軍壓陣的姿態君臨台灣時，台灣人才發現他們所熱烈期
> 待與歡迎的不是上帝的十字軍，而是比凱撒更殘暴的征
> 服者。
> 　　只有在台灣人民自己當家作主，才能永遠避免二二八
> 在台灣的歷史上重演。目前台灣人民又面臨了歷史命運
> 的十字路口……30

　　歷史不只是過去，它同時也昭告可能的、甚至確定的未來。
台灣社會並沒有普遍接受此種對二二八所做的闡釋。對立於
上述遊走於「歷史眞實」和「歷史啓示」之間、以後來的民族認
同來回溯歷史的論述方式，台灣的社會和政治場域存在著不同的
論述主軸和方向。這些論述有些是源自不同的認同立場；有些是
政黨立場的反映；有些是對歷史的不同理解；而有些則是在現實

---

30 林衡哲，〈從吳濁流的文學作品看二二八事件〉，陳芳明編，《台
　　灣人國殤事件的歷史回顧》（台北：前衛出版社，1988），頁163、
　　177。

的政治情境中，對處理「歷史記憶」的不同態度或主張。歷史記憶的處理難以避免涉及政治立場、政治利益、以及時代階段的現實需要；主觀因此是難以避免的。雖然歷史真相只有一個，可是對歷史我們仍然可以有不同的理解，對歷史的不同面向我們仍然可以有不同的關照。這些差異或許將永遠存在；可是也正因為有這些差異，讓每一種立場都可以獲得更深刻、更寬廣的反省空間。

相對於台灣認同者的「反抗外來政權」論述，國民黨官方目前的闡釋是「官逼民反」。在過去的威權統治時期，國民黨闡釋二二八事件的一貫論點，是中國共產黨在內戰中的鼓動和叛亂。對二二八的歷史做這樣的解釋，讓國民黨的鎮壓變得合法和合理。如前所述，在政治民主化初期，當時執政的國民黨在面對民間社會恢復二二八事件歷史記憶的強烈呼聲，仍然以這樣的闡釋來回應。雖然事件中有少數共產黨員介入，可是在二二八事件的歷史重見天日，並且獲得大量研究之後，這樣的解釋因為距離歷史真實太遠，完全失去說服力。如今，「官逼民反」成為國民黨闡釋二二八事件的主軸之一。

台灣社會對二二八事件歷史的熱烈討論，不可避免地觸及對國民黨做道德的控訴。面對這樣的情境，國民黨的領導階層馬英九在2002年紀念二二八事件的文章中指出：「陳儀政府…官逼民反……。事發後，政府不僅未能痛切反省，順應民意厲行民主，反而派軍鎮壓，大肆搜捕。」[31]相較於先前的「共黨作亂，鎮壓有理」，到如今的「官逼民反」，國民黨官方的立場有明顯的轉變。如今它承認：政府在事件中鎮壓以及事後屠殺都負有責任。

---

31 馬英九，〈發揚族群團結力量——『二二八事件』50五週年紀念感言〉，http://blog.udn.maying9/ 1123820.

根據這樣的立場，國民黨黨主席馬英九在之前幾年的2月28前後，都對受難家屬做出公開的道歉。當然，如前所述，責任是否及於其最高領袖蔣介石，國民黨的政治人物中有些是否定，有些則保持曖昧的態度。2007年的蔣介石生日週年，馬英九在代表國民黨競選總統期間，對退伍軍人黨員——蔣介石傳承的堅強擁護群眾——的演說中說，「一個歷史人物……一定是有功有過，蔣公在二二八事件、白色恐怖等，當然也曾下一點命令，但整體應該是功高於過。」[32]在書寫歷史記憶仍然牽扯太多政治利益和考慮的今天，爭論和曖昧似乎是不可避免的。

除了對最高政治領袖的責任有不同的看法，國民黨的對二二八的闡釋和上述台灣認同者最為不同的地方是，將衝突和屠殺從「民族對抗外來政權」的層次，還原為「官民」（政府對人民）的內政層次。對仍然採取中國統一立場的國民黨，這並不難理解。馬英九在上述闡釋二二八事件的專文中，也引用了事件中「二二八事件處理委員會」發表的《告全國同胞書》：「我們的目標在肅清貪官污吏，爭取本省政治的改革，不是要排斥外省同胞，我們歡迎你們來參加改革本省政治的工作…希望關心國家的各省同胞，踴躍參加和我們握手。」[33]

國民黨陣營以及部分中國認同者對「官逼民反」的強調，似乎比「抵抗外來政權」的論述更合乎歷史事實。當時台灣居民和本土的社會領袖，基本上承認及接受南京的中央政府。他們對政府的抗議，主要集中在施政的腐敗以及台灣人在政治上所受的歧視。戰時的經濟情境，以及政府當局因中國內戰而對台灣物資所

32　《聯合晚報》2007/10/31。

33　馬英九，〈發揚族群團結力量〉。

做的抽取和索求，也都引起台灣居民甚大的怨恨。「官逼民反」之論述也預設了「中華民國」架構的前提：二二八事件的主因是，政府（而且只是地方政府）的施政不良，包括腐敗、無能、對台灣居民的缺乏瞭解、甚至歧視等。而事後的屠殺則是處置失當。對後者，政府應該道歉和補償。而國民黨確實也這樣做了。

「官逼民反」和「反抗外來政權」的對立，不只是認同立場的對立，也是歷史事實和歷史啓示的對立。一是關於過去，另一則指引未來。歷史啓示並非一定得符合歷史真實不可。啓示是對歷史事實的闡釋，所以不是歷史本身。可是由於宣揚歷史啓示的論述，未能清楚分辨歷史真實和歷史啓示，不但導致混淆，也減損了啓示的說服力和號召力。書寫民族創傷，讓它成爲民族的記憶、並啓示未來，似乎值得對歷史真實做更細緻的處理。

「族群衝突」的爭論

國民黨二二八事件論述的另一個主軸是強調二二八事件非族群衝突。事實上，當時有兩條界線明顯地分割著台灣社會。第一條線是政治權力，它分割了統治團體和被統治者。第二條界線是「族群」，它分割了本地人和剛自中國移入的「外省人」。這兩條線在當時（以及隨後40年的威權統治），基本上是互相重疊的。壟斷政治權力的階級，明顯爲從中國移入的外省官員和外省軍公教人員。這兩條界線的幾乎完全重疊，使得我們對二二八事件性質的理解產生爭論和對立。這兩條界線的幾乎重疊，也使得台灣認同者的闡釋，具有強大的說服力：「外來」「政權」所造成的悲慘結果。國民黨以及部分中國認同者對二二八的闡釋，顯然只聚焦於第一條政治權力的界線，而有意或無意地忽視了第二

條族群界線的作用。

國民黨主席馬英九在2005年10月25日發表「紀念台灣光復一甲子」一文指出，

> 無論是「二二八事件」或「白色恐怖」，其性質都不是台獨運動，也不是「反抗外來政權」和「族群衝突」。二二八事件中……處理委員會發表的《告全國同胞書》中即指出：「我們同是黃帝的子孫、漢民族……」而「二二八」最後一役……的領導人謝雪紅一年後在北京出席了中共的建政大典，這算是「族群衝突」嗎？[34]

國民黨和馬英九的論述經常將「族群」和「民族」錯誤地混合使用。事實上，這兩個概念／現象雖然相近，卻截然不同。在過去數百年民族國家形成的歷史中，族群經常發展成民族；可是也有許多族群寧願停留於族群的身份，沒有發展成民族，而和其他族群在同一民族國家中共存。因此，固然有某些少數的民族是由單一族群組成，可是大部分的民族國家都包含不同的族群。同一民族中不同族群的形成，可能是由於宗教、可能是由於語言、也有可能是因為歷史經驗。炎黃子孫指的是「民族」而非「族群」；謝雪紅對中國的認同也是「民族」認同，而和「族群」無關。「本省人」、「外省人」指的是族群，而非民族。因此，我們固然看到部分本省人主張台灣民族主義，可是也有同樣多的本省人雖然具有本省的「族群認同」、認為他們和外省人是屬於不同的族群，

34　馬英九，〈紀念台灣光復一甲子——再造台灣精神〉，http://blog.udn. maying9/ 1246496

可是仍舊認為他們是中華「民族」的一份子。對族群和民族做分
野，是理解近代台灣政治最基本的出發點。馬英九以民族認同來
否定族群衝突，以謝雪紅個人的民族認同來否定當時普遍存在的
族群緊張，在論述上有很大的缺陷。

而另一方面，本省人和外省人在事件中的保護行為也受到特
別的強調，以支持非族群衝突的論點。馬英九認為：「二二八事
件發生當時，有許多本省人保護外省人，所以絕不能簡化為族群
衝突。」[35]在國民黨文化傳播委員會於2006年所製作的二二八紀
錄片《春蟄驚夢》中，兩個族群成員互相保護的行為，也受到特
別的呈現。馬英九的說法似乎呼應著王曉波教授的論點。基於以
下幾個理由，王曉波教授認為二二八事件不是族群衝突。第一，
台灣居民原本是歡迎外省人的政府和軍隊的。第二，部分二二八
事件的領導幹部在事後逃亡至中國。第三，當時許多外省知識份
子寧願冒犯當局，聲援台灣人民。第四，當時許多台灣民眾報復
的對象只限於政府官員，而另一方面則有許多台灣民眾保護外省
平民。[36]這些都是歷史事實，可是卻無助於駁斥族群衝突的觀
點。因為族群的緊張可能是事件爆發後的發展。而在族群衝突的
情境中，每一個族群的個別成員也都可能對敵對族群的個別成員
做出善意、或慈愛的行為。

國民黨的族群論述不論是在知識上或對台灣社會族群問題
的認知上，似乎都有所誤解。該黨的政治領袖之所以如此強調二
二八事件非族群衝突，或許是基於他們對歷史真實的認知，也或

35　《中國時報》2006/2/25。

36　王曉波，〈陳儀、國民黨和台盟〉，王曉波編，《陳儀與二二八事
　　件》（台北：海峽學術出版社，2004），頁4-5。

許是基於他們在台灣社會中的尷尬處境。身為少數族群、而且是威權統治多數本省族群40年的外省人，族群正是他們在民主化的今天最不希望被討論的議題。國民黨威權統治台灣的四十年間，無可否認的是由外省人壟斷了政治、文化、傳播媒體、和教育體系及教育內容。在民主化之後，多數族群的本省人已經取得政治主流的地位。這段外省人壟斷政治和文化的歷史，在民主化之後已經獲得平反。可是，如果二二八是外省族群對本省族群的屠殺，那麼這項歷史記憶在道德上所激起的憤怒，將不容易平息。不但對國民黨的政治人物不利，對台灣的族群和諧不利，對台灣民族的形成也不一定有利。將它定性為族群之間的衝突，顯然將加深、或延續族群之間的緊張關係和刻板印象。不論是對外省政治人物、或台灣的族群關係，這樣的定性似乎都並不有利。然而，族群關係的處理不能透過對歷史真相的否認，只能透過在承認歷史真相的基礎上，透過更細緻的歷史書寫加以解決。

相對而言，台灣認同陣營對二二八的族群衝突有較為完整的論述。李筱峰認為，「二二八事件絕對有族群歧視與對立的性質」。讓本省人和外省人之間的族群緊張迅速出現，並導致二二八事件的原因包括：本省人遭受歧視與不平等（外省人壟斷權位、外省官員政風腐敗、本省和外省在公家單位同工不同酬、對台灣語言和日語的歧視與「奴化」之譏），外省軍隊軍紀敗壞，以及外省人具有征服者的優越感。而這些歧視和腐敗，同樣激起本省人對外省人的反歧視。在事件中，許多本省人毆打外省人出氣；而事件後，則是「外省軍隊屠殺台灣人」。[37]

---

37 李筱峰，「二二八事件與族群問題」，紀念二二八事件60週年學術研討會，台北市政府文化局主辦，台北：2007/2/26-27。另外同樣

　　檢視本土社會領導人士組成的「二二八事件處理委員會」對當局所提出的42條要求，我們很容易發現其中所表現出來的本省人對政治歧視的不滿。如「本省陸海空軍盡量採用本省人」；「省各處長三分之二以上，須由在本省居住十年以上者擔任之」；「警務處長及各縣市警察局長，應由本省人擔任」；「法治委員會委員，需半數以上由本省人充任」；「一切公營事業之主管人，由本省人擔任」；「各地方法院院長、首席檢察官，全部以本省人充任」等。這些歷史事實清楚顯示族群因素在事件中的作用。它們只可能導致一個明顯的結論：二二八事件確實是「族群衝突」。這是再明顯不過的事實了。可是，真的是這樣嗎？

　　人類社會的壓迫性體制或壓迫行為，很少是以單一的界線來劃分的。例如殖民主義，經常不只是經濟的剝奪和政治的統治，同時也是種族和文化的壓迫。同時，每一個歷史事件都包含諸多的面向和進程。這就造成了不同解釋的空間。當時的台灣社會確實有兩個界線在作用：政治權力和族群。而這兩條界線也完全重疊。掌握政權的統治團體、以及組成政權的軍公教人員，全部由來自中國的外省人組成；被統治者則為本省人。事件前期的抗議、事件中的衝突和事件後的屠殺，因此也完全依照族群的界線而分割。二二八事件的族群衝突性質，再明顯不過。我們無法、也無須否認，當中國的國民黨政權進入台灣之後，族群之間的緊張關係立即出現[38]。然而當這兩條界線同時存在，並且引起巨大

（續）————————————————————

　　針對筆者在〈我們共同的二二八〉（《中國時報》2006/2/27）一文中，認為二二八事件不是族群衝突的的批評，參見林朝億，〈把228事件發生原因去族群化，道德嗎？〉，http://林朝億.tw-blog.net

38　陳翠蓮，〈去殖民與再殖民的對抗〉，《台灣史研究》9.2（2002/12）：145-201。

的民族創傷的時候，我們如何去理解它、書寫它？

　　書寫民族創傷，不只是歷史研究，同時也是爲了指引將來。民族創傷的書寫，當然也不能違反歷史。將二二八事件解釋爲「族群衝突」並沒有違反歷史眞實。可是將該事件闡釋爲非族群衝突，有沒有違反歷史眞實？歷史眞實只能有一個，肯定和否定不能同時爲眞。可是歷史眞實卻有許多面向。如果菁英份子和許多無辜民眾的慘遭屠殺，是台灣民族最大的創傷，那麼這項屠殺的本質是什麼？如果蔣介石必須爲屠殺負最大責任，那麼他的動機是什麼？人類社會歷史上，尤其是20世紀，有許多種族、或族群的屠殺和壓迫。納粹對猶太人的屠殺，我們知道是因爲在納粹眼中，他們是「猶太人」。南非的種族隔離，我們也清楚知道是因爲在白人眼中，他們是「黑人」。同樣的，以前美國南方的白人政權、對黑人的私刑，也是因爲他們是「黑人」。可是二二八事件中的屠殺，是否基於族群的身份、或族群的歧視？蔣介石以及他所指揮的外省人軍隊，對台灣本土菁英的屠殺是因爲他們是「台灣人」（或「本省人」），還是因爲這些「反叛者」，以實際行動挑戰了他的政權？台灣人之所以被「外省人軍隊」屠殺，是因爲他們是「台灣人」，或是因爲他們竟然膽敢反抗統治者的權威？

　　二二八事件的歷史背景（或「原因」），當然包含了族群的緊張關係，這是不容否認的歷史事實。族群衝突當然是二二八事件的重要面向、或因子之一，就像通貨膨脹、經濟匱乏、政治腐敗等。這些不同的歷史因素，是理解民族傷痛爲何發生的必要知識。可是，二二八事件之所以成爲民族的創傷，是因爲菁英份子和無辜人民的慘遭屠殺，而不是他們的抗議，更不是引起抗議和衝突的背景因素。我們默哀的對象，是遭屠殺的英靈。我們基於

同胞愛而關懷的對象，也是死難者的家屬和後代。屠殺和死難是民族創傷的重要內涵。當我們記憶二二八，我們想到的是死難的同胞、民族的菁英，以及專制政權的殘酷。這也是為何關於二二八的歷史記憶，可以在國民黨的政治禁忌中倖存40年。然而，這樣的犧牲、這樣的殘酷，可以用族群衝突來描述其性質嗎？當蔣介石和他的軍隊屠殺的時候，他們的對象是「台灣人」，還是不服從權威的人民？雖然加害者和受害者明顯屬於不同的族群，可是加害行為的基礎是「族群」對立，還是政治權力的濫用？也就是說，壓迫者和受難者明顯屬於不同的族群；可是壓迫和屠殺的動力／動機，是族群身份的分野還是統治和反抗的分野？對這些問題，歷史提供了相當程度的解釋空間。而歷史記憶的書寫，經常是在這個空間中，根據現實的需要、未來的願景，對歷史所做闡釋。

雖然歷史真相只有一個，歷史記憶卻有多種，而且很難有共同接受的版本。在不同的政治陣營之間，對未來有不同想像的人之間，對現在的社會政治難題有不同解決方案的人之間，歷史記憶都不盡相同，書寫的方式也不全然相同。不同的人根據不同的政治需要、不同的未來需要，闡釋歷史記憶的不同面向。我們不可能期待有共同的歷史記憶。可是，我們或許可以期待共同的政治社區。在這個共同的政治社區中，不同的歷史記憶並存，同時透過對方的記憶去瞭解對方的感情，而以這樣的瞭解去經營共同生活的基礎。

大歷史架構的理解

除了「族群衝突」的爭論外，近幾年關於二二八事件的論述

中，一個常被提出的論述是（簡稱爲）「歷史的大結構論」。這個論述主張，我們對二二八事件的理解，應該超越單純的抗爭和壓迫，以歷史的深度和廣度來理解它。例如著名的作家陳映眞，除了批評二二八論述成爲台灣民族主義意識型態的基礎外，同時認爲事實上「二二八事件是1946年到1949年全中國人民反蔣、反獨裁、反貪腐，要求民主、和平建國的國民民主運動的組成部分，是舊中國地主階級、官僚資產階級、買辦階級與全國被壓迫民主人民間的矛盾與鬥爭的一個環節，決不是『外來』『中國政權』和『外省人』對『台灣人』的『殖民壓迫』的統治。」[39]這樣的說法試圖將二二八置於當時中國國民黨和共產黨內戰的歷史情境中。它雖然提供了寬廣的歷史視野，可是卻因此也疏忽了更仔細的歷史分析。暫不論中國內戰是否爲地主階級、官僚資產階級、買辦階級和人民間的鬥爭，爲何台灣的抗議事件在性質上等同於中國內戰，並沒有獲得具體的歷史分析。而對台灣認同者所強調的「族群性質」，也沒有賦予太多的關注。

最近政治學者陳宜中也提出類似以歷史大視野來理解二二八事件的呼聲：

> 二二八的「大眞相」是什麼？民進黨不斷地把二二八事件，炒作成「外省人對本省人」或「中國人對台灣人」的族群殺戮，但這符合歷史眞相嗎？吳乃德教授沒說清楚的「大眞相」是：二二八事件的本質根本就不是族群殺戮，而是在日本殖民戰爭、大東亞戰爭、二次世

39　陳映眞，〈序文〉，藍博洲、橫地剛、曾健民編，《文學二二八》（台北：台灣社會科學出版社，2004），頁13。

界大戰、國共內戰的戰爭脈絡下，發生於台灣人民身上
的歷史悲劇。日本對台灣的戰爭剝削、國府接收政權的
貪污腐敗與官逼民反、以及國共內戰的急轉直下，其實
就是二二八事件的導火線與歷史大真相[40]。

　　以寬廣的歷史和結構性視野來檢視歷史事件，不論是二二八
或隨後的白色恐怖統治，本就是重要而尋常的態度。可是這項應
有的態度卻成為不同的政治陣營，在闡釋二二八事件上的顯著差
異。造成差異的原因，或許不是知識的限制、或見解的差異，而
是闡釋者在政治關懷上的差異，及追尋歷史記憶的時機。暫時不
論「歷史結構論」對歷史因果關係的疏於論證，一個值得討論的
議題是：在這個寬廣的歷史視野中，人、或政權的道德或政治責
任完全被疏忽了。在這樣的論述中，二二八事件似乎是一個歷史
的必然。當我們面對邪惡的時候，我們看到的似乎只是舞台；而
沒有看到舞台上的角色。事實上，是這些主角在特定的歷史舞台
上，做出了他們個人的選擇。「歷史家的工作之一，是重新建構
歷史人物的諸多選擇，是釐清歷史家的主角所面臨的客觀和主觀
抉擇。」[41]針對二二八事件而言，歷史學家的責任之一是釐清，
在歷史結構論者所提出的寬廣的歷史脈絡中，蔣介石有沒有派出
軍隊之外的其他選擇？當時的雙方的衝突有沒有「政治解決」的
可能？而即使唯一的選擇是軍事鎮壓，有沒有必要如此地殘酷、
如此地牽連無辜？

40　陳宜中，〈吳乃德沒有說清楚的問題〉，《中國時報》2007/2/25。

41　Charles S. Maier, *The Unmasterable Past: History, Holocaust, and
　　German National Identity*（Cambridge: Harvard University Press,
　　1988）, 22.

　　如果部分人所強調的是歷史的「客觀」情境，另外部分人、特別是受害者所關注的卻是歷史行為者的「主觀」抉擇。也因為人有主觀抉擇的可能性，才有道德和政治責任的產生。在真相仍未完全清楚，責任仍有爭議的時機中，強調歷史行動者的主觀選擇，以及因此所具有的道德和政治責任，是不可避免的取向。不容否認，寬廣的歷史情境是我們理解歷史事件必要的基礎。特別是在巨大的創傷之後，當我們面對過去的邪惡，試圖理解邪惡，也試圖成就和解的時候，對寬廣的歷史情境的理解，將有助於創傷之後的和解。這也是為何我在獲得上述批評的兩年之前，就清楚地提出從歷史結構背景來理解政治壓迫、人權侵害的重要性：

　　　瓜地馬拉於1999年出版總結報告書《對沈默的記憶》（*Memoria del Silencio*）是最有啟發性的。它有幾個其他國家同類報告所沒有的特點**值得我們參考**。除了詳細記載政府侵犯人權的罪行之外，第一，**它提出一個整合、一致的歷史解釋。在解釋「它為什麼發生」的時候，它論述了極度不平均的財富分配如何導致社會的兩極化、反對派的訴諸武力、甚至冷戰時期美國和古巴勢力介入的影響。**可是，第二，它也不迴避政治和道德責任的追究。例如，雖然它指出反對派的激進化是造成恐怖統治的重要原因，可是同時也指出：反對派的武力其實微小到無須使用如此殘酷的鎮壓方式，甚至無辜的小孩和婦女都不能倖免於屠殺。因此，威權政府不能免除這項道德責任。[42]

42　吳乃德，〈回首來時路：威權遺產或民主資產？〉總統府國父紀念

　　事實上，歷史大視野的分析，不但能讓我們對民族創傷有更深的理解，更重要的，同時也是達成和解的重要知識基礎。可惜的是，提出歷史大視野論述的人，僅止於提出歷史視野，而未能具體地論述歷史過程。這就減低了這個論述可能為台灣帶來的政治和文化效益，殊為可惜。如果這個歷史大視野的論述，有機會獲得細緻的分析和論證，將可以大為豐富我們對二二八事件的理解。而且也可以因此為和解建立知識的基礎。

結語：紛亂的記憶、統一的社區？

　　歷史記憶的書寫本就難以避免受到主觀政治態度和未來願景的影響。二二八事件距離今天已經60年。不過因為它的歷史在前四十年被強迫掩埋，台灣社會對二二八的論述、對民族創傷的書寫，其實才剛開始。在這個起始的階段中，諸多的不同理解和闡釋彼此詰難和爭論。我們試圖尋回我們的記憶，可是記憶卻處於紛亂狀態。

　　這個尋回記憶的過程中，浮現了三項爭論。第一個爭論是：這個創傷是「反抗外來政權」的民族鬥爭，還是「官逼民反」？答案決定於：我們要的是歷史真實還是歷史啟示？我們的工作是分析過去，還是指引未來？第二個爭論是：這個創傷是不是一項「族群衝突」？答案決定於：我們關注的是背景因素和成因，還是屠殺和壓迫的本質？當我們書寫歷史記憶和民族創傷的時候，我們願不願意讓記憶得以和現在及未來的需要產生共鳴？第

(續)────────────────

　　月會專題演講，台北：總統府，2005/2/21。

三個爭論是：我們要不要將創傷放在歷史的大脈絡中加以理解？答案當然是肯定的；問題在於，我們如何看待人在歷史結構中的責任？

這些不同的論點、不同的歷史記憶，不太可能在短期間內獲得統一，或許也永遠不可能統一，甚至也不需要強求統一。書寫民族創傷，是營造歷史記憶的重要工作。然而在認同尚未一致，政治考慮仍然牽扯的情境下，書寫的工作必然紛亂。爭論和質疑必然存在。這些爭論和質疑應該也是健康的。爭論和詰難必然將使每一個立場的論述更為豐富、更為細緻。而更重要的，如果書寫過去不只是歷史、同時也是政治，如果書寫過去是為了現在和未來，那麼我們在書寫的時候，或許願意讓我們的書寫成為喜愛的社區中，不同立場的人都可以共同參與的反省。

兩位美國的政治哲學家在討論南非「真相和解委員會」的時候，提出了他們的警示。為了達到政治和解或社會穩定，而試圖將道德責任的反省和追究定於一尊、強迫整個社會加以接受，不但違反自由主義的精神，也不符合民主社會的理念。一個健全的民主社會對何種行為乃為邪惡、不可容許，當然必須有所共識。可是對其中行為者應負何種道德責任，受害者應以何種態度面對加害者，卻可以有不同的道德立場。民主社會中的公民必須能夠接受不同的道德立場，同時學習和對方共存、共同解決未來的道德議題。[43]對歷史記憶的書寫，我們或許也可以用這樣的態度加

43　Amy Gutmann and Dennis Thompson, "The Moral Foundations of Truth Commissions," ed. Robert I. Rotberg and D. Thompson, *Truth v. Justice: The Morality of Truth Commissions*（Princeton: Princeton University Press, 2000）.

以面對。重要的是，我們必須對何者爲邪惡、何者以後不應再發生，有所共識，並讓它成爲營造共同生活的基礎。

吳乃德，中央研究院社會學研究所研究員。研究領域爲比較政治和台灣政治發展，出版論文包括台灣的階級政治、民主轉型、族群關係和民族認同等主題。

當代台灣動物書寫中的動保意識

黃宗潔

一、前言

所謂動物書寫，顧名思義是指「以動物為題材之書寫」。但嚴格來說，目前在台灣並沒有將動物書寫單獨歸為一個文類，而是分別以「動物散文」、「動物小說」、「動物行為學」等加以區隔，或者直接視為自然書寫或科普讀物中的小分支。不過就現有的作品量而言，台灣的動物書寫在文學創作的領域實已累積了相當豐沛的成果，值得重視。觀察文本中人與動物、整體自然環境互動的關係，對於目前日益嚴重的生態問題，也能找到某些值得參考的答案。筆者將自1980年代以來台灣動物寫作的文本中舉其要者加以探討，分析其中人與動物、人與自然的互動關係，並檢視其中的動保意識。

此外，本文所探討的動物書寫文本，除以動物為主要題材之外，亦須反映真實世界中人與動物的互動。因此雖然從文學的角度來看，若干以動物為主角的寓言故事、兒童文學或虛構小說，亦可視為「動物小說」之屬，但由於此類文本多半擬人性強，刻畫之動物亦以影射人性為主，故不列入討論；至於圖鑑、飼養指

南等工具書，亦不在討論之列。

　　本文將分爲幾個部分展開論述：先就台灣動物書寫的幾種不同類型加以概述，其次分析文本中所呈現的動物權利之相關議題，最後則探究台灣動物書寫之局限與展望。

二、眾聲喧嘩：當代動物書寫的幾種風貌

　　當代台灣的動物書寫文本，依其主題與內涵約可分爲數種類型：其中以抒發自己與同伴動物相處的經驗、及對動物之情誼爲主的作品居多，如丘秀芷《我的動物朋友》、子敏《小方舟》等；由此延伸爲對動物處境之關懷者，則包括如琦君《我愛動物》、北小安的〈蛙〉等。此外，亦有不少作家對動物的感情由喜愛、保護、進而將眼光擴展至整體生態環境的關懷，而以下列幾種形式表現出來：報導文學與生態紀實、動物特性與動物行爲學的介紹、宣導保育理念爲主的評論雜文、結合生態關懷與抒情性的散文創作等等。以下將先論述各類作品之特色與文中動保意識之有無，再試圖探究背後的原因。

（一）動物與我：經驗分享及抒情

　　如前所述，在目前台灣的動物書寫中，以「分享和抒情」爲主的作品居多。作者往往以第一人稱的觀點，抒發私我的動物經驗，內容多半著墨於飼養動物的趣事或回憶，並藉此分享對動物的喜愛之情。換句話說，作者的創作動機較爲單純，關注之焦點亦非以動物保護或保育爲主。子敏在《小方舟》一書的序言中，就清楚地勾勒出這類作品的主要特色：

> 我不知不覺的進入一個動物的世界，對於動物的純
> 眞、樂生、勤奮不息、無怒無尤的生命美質，有了不少
> 的體會。因此，動物也成爲我的散文題材，吸引我去寫
> 了不少的「動物散文」。……這些散文，並不是以散文
> 的形式大量提供科學知識的那種「科學散文」。這些散
> 文，記錄的是我跟動物親近而產生的情感，記錄的是我
> 對動物的觀察而得到的領悟。這些作品裡沒有大量的知
> 識，只有大量的思索、大量的人情、大量艱辛經營的「語
> 言形容」。（子敏，1998，頁4）

由於這些作品多半出自個人與動物相處的生活體驗，亦洋溢
著作者對動物的喜愛之情，自有其溫馨動人之處。但序言中所提
及的「作品裡記錄的是個人的領悟，沒有大量的知識」等，卻也
可能成爲此類動物書寫的不足之處——尤其當作者個人的飼養
經驗，是建立在錯誤的態度與認知上時。

以《小方舟》一書爲例，子敏「家庭動物園」的全盛時期包
括一隻狗、一對小鸚鵡、三隻「七姊妹」、兩隻金魚（頁73），
其他的飼養紀錄還包括貓咪、烏龜、蠶等等，其人其文對動物的
關愛都無庸置疑。但是「忙碌」成爲對動物照顧不周的理由：「生
活中充滿了大大小小接連成串的『來不及』：來不及上班，來不
及上學，……來不及餵狗，來不及餵魚，來不及餵鳥。」（頁161）
於是，金魚被遺忘在走廊而死去；鳥兒或者在忘了關籠門的情況
下一去不返，或者要餓得大吵大鬧才能被發現「鳥食不知道在哪
一天早已吃完」。（頁166）狗兒「斯諾」則在「這六年來，我
們實在忙得沒有時間弄好一隻狗。結果是，狗在我們家受罪，我
們家也相對地受狗罪」（頁47）的情況下，被送給鄰居飼養。由

此我們可以發現，「愛」或許是照顧動物的必要條件，卻非充分條件，自己的環境是否適合飼養動物、是否能陪伴牠們一生，都是必須事先加以衡量的，否則一時的興之所至，可能就是改變動物命運的開端。

不過，因忙碌而將動物轉送他人固然稱不上有始有終，至少還爲動物找了個安身之處。相形之下，丘秀芷在《我的動物朋友》書中提到一段遺棄貓咪的往事，眞可謂飼養動物的「錯誤示範」了。家人們平素對這隻不會抓老鼠、身上有跳蚤、喜歡跳到床上呼嚕呼嚕吵人的「典型敗家子」（丘秀芷，1987，頁11）本來就沒有好感，一次「在拖鞋上大便」的「惡行」更讓大家找到丟棄牠的理由，決定用車把貓咪載到遠處丟掉。儘管最後家人們慚愧地反省自己是否「『始亂終棄』，起先胡亂養，最後又不要了牠。」（頁13）但畢竟無法改變貓咪被遺棄的事實。而一個「愛動物」的家庭，何以仍然出現棄養貓咪的行爲，更值得進一步思考。在送養初生小狗時，會仔細考慮「要送走，也要挑選適合的人家」（頁86）的丘，之所以會任由姪子將貓咪帶走丟棄，主要的原因在於她也並不喜歡那隻「一無是處」的貓咪吧。也就是說，飼主對動物的愛是有條件的，牠們必須「有用」——例如貓咪以「實用功能」來說要會抓老鼠，以「觀賞價值」而言要乾淨可愛，這種將生命物化的態度，其實正是動物權利的觀念至今難以普及的關鍵之一，筆者將於後文中論述此種物化觀的盲點所在。

（二）不忍之情：動物處境的關懷

前述以個人經驗爲主的動物書寫作品，誠然也蘊含了作者對動物的關懷、喜愛之情，在中外文學中亦都不乏佳作，但若從動物保護的觀點來看，「個人經驗之分享」卻可能成爲某種局限：

飼主與動物之間深情無限，卻往往也僅止於此，未能將眼光擴展
到自家「寵物」以外的生命關懷。琦君的《我愛動物》一書，則
能更進一步，除了寫自己對動物的情誼，字裡行間更不時流露出
「為鼠常留飯，憐蛾不點燈」的那種溫柔敦厚、仁愛萬物之精神。
她看到蜘蛛時的處理方式，就是最佳的例證：

> 我的方式是用一張報紙，擺在牠邊上，等牠爬到紙
> 上，立刻鬆鬆地包住，送到屋外草地上放生，絕不將牠
> 捏死。我的想法是牠並無侵害人類之意，再微小的生
> 命，也有牠求生存的權利，和牠自己的天地。所以儘管
> 渾身發麻，卻並無殺害牠之心。這樣的把牠放在草叢
> 中，我感到心安理得。（琦君，1988，頁73）

換句話說，不只貓狗等同伴動物，連一般人避之唯恐不及的
蛇蟲鼠蟻，也是她書寫與關懷的對象。

正因琦君對微小如蟲蟻的生命亦能懷抱寬容之心，尊重牠們
生存的權利，因此，她的作品在述說自身對動物的情感之外，更
觸及了某些動物生存的處境。例如坊間一些殘酷的料理方式，她
就難以苟同，看到眾人吞食活剝蛤子的畫面，她不忍卒睹地避開
後，不禁感嘆：

> 這種殘忍的吃法，就和江浙人吃活蒸螃蟹、活燜嗆
> 蝦、泥鰍鑽豆腐等，一模一樣。我永遠不能忘記，杯盤
> 狼藉的餐桌上，那一隻隻瞪著眼睛的蝦頭、蝦腳還一直
> 在顫抖，而牠們的身體已經早早進入食客的肚子了。最
> 殘忍的，真正莫過於人類了。動物的攫取其他活物，是

為了饑餓，也為了養育牠們的幼兒。但牠們不會戲弄生
命，至少不懂得用醬醋麻油活醃了來吃。可見智慧愈
高，殘殺的伎倆愈高明，觸犯罪惡的傾向愈強烈。這是
佛家所謂的業障吧！（頁205-206）

　　然而，琦君對此種殘酷的飲食方式雖不以為然，卻非以改變
其它人對待動物的態度為目的，而是以宗教的「業障」觀點來解
釋。另外，她在「改變人與動物互動關係」的這件事情上，主要
訴求的對象與其說是芸芸眾生，不如說是某種「反求諸己」的自
我要求：由於童年時家中年年養豬、殺豬，看著買回來的小豬「無
聊寂寞地活著，一天天長大，一天天等待死亡」（頁189），她
心中總是充滿憐憫與愧疚，但年幼的她無法改變逢年過節家中要
殺豬的習俗，只能為豬念念往生咒來安慰自己。而年幼時一方面
對被人煮食的動物心存不忍，但又難以克服口腹之欲的矛盾，也
在年長後漸漸改變：「年事日長，倒是對葷腥愈來愈厭。」（頁
30）「為了紀念童年時與豬的一段友情，我要漸漸地戒除吃豬肉
（牛羊肉早已不吃）。我說『漸漸地』是因為患有胃潰瘍，醫囑
必須多吃肉類。但我相信，一定可以用其他蛋白質的素食代替，
漸漸戒除吃豬肉的。」（頁192）因此，琦君的作品在關懷的層
面上雖可說深入且廣泛，但與其它具有「動物權利」或「動物保
護」意識的作品，在性質上仍有其根本之差異。
　　至於北小安的短篇小說〈蛙〉，則是國內少數觸及動物實驗
議題的作品，由於作品以小說的方式呈現，作者個人的主觀色彩
並不濃厚，而是以點到為止的方式來處理這個頗為敏感的議題。
小說描寫敘述者陪著把牛蛙標本弄壞了的朋友N去買另一隻牛
蛙，看到牛蛙在袋中掙扎的畫面，他想起了日本俳句中悠哉的青

蛙，更進一步引發「一隻青蛙和一個人在本質上究竟又有什麼不同？」（北小安，2004，頁101）的哲思。袋內掙扎的牛蛙只是單純地想活下去，人們對於動物實驗的爭議不休，對於已成為另一具冰冷的牛蛙標本的牠或許也已不再具有任何意義，但小說裡呈現出的眾聲喧嘩，卻提供了一個思考實驗動物問題的空間：

> 我們可以指責N說，如果當初小心點，就沒有必要再犧牲一隻牛蛙。然而，N可能也會理直氣壯地說，如果學校不用交什麼骨骼標本的作業，他才捨不得把青蛙殺死。而學校又可能會說，如果沒有實驗動物的課程，科學精神怎麼傳承？此時動物保護團體又會跳出來說，現在已有許多替代方案，沒有必要的動物實驗應該全面廢除。然後，又有人會說，人類對於科學的追求其實都只是奢望預測萬世萬物的一切規律，這一切都是虛空。（頁101）

　　小說最後結束在牛蛙標本完成，即將被放入實驗室中等待打分數，那晚，窗外響起了一片蛙鳴。生與死的對比、命運的分歧雖在小說中得到凸顯，但事實上作者對於動物實驗的爭議並沒有企圖找出答案，相反地，「作者選擇用輕描淡寫的筆調來碰觸……實驗動物的爭議，然而淡淡的無奈，其實益發凸顯了這類課題的嚴肅與難解。」（黃宗慧，2004，頁9）
　　在某種程度上，北小安的〈蛙〉已經碰觸了所謂的「動保議題」，但作者仍企圖以「中立」的方式說故事，讓作品有更多的詮釋空間。至於下面所要介紹的動物書寫作品，呈現出的景觀又有所不同。這些作者多半直接投身於保育運動，因此作品往往扮

演了「代言」的角色，在理念的傳遞上也更爲爲積極明確。

（三）地球一家：保育理念的傳達

在台灣動物書寫的作品中，較具動物保護或自然保育理念的作品，作者多半亦具有一定的相關知識或是保育背景，例如以鯨豚保育爲主的廖鴻基、立志爲老鷹（現已正名爲黑鳶）做傳20年的沈振中、書寫蝴蝶的吳明益、研究黑熊的黃美秀、有台灣法布爾之稱的李淳陽，其他如徐仁修、劉克襄[1]等，也是深具動物關懷意識的作家。由於篇幅所限，筆者無法針對每位作家的文本一一細部分析，以下僅以此類動物書寫常見的幾種特色加以概述。由幾位作家書寫風格與著重焦點的差異，或許亦可幫助我們了解目前台灣在動物保育方面的進展與困境所在。

1. 報導文學與生態紀實

此類創作如廖鴻基的《鯨生鯨世》與沈振中《老鷹的故事》三部曲[2]皆屬之。報導文學在1970-1980年間曾盛極一時，雖然後來因文類本身的特性而逐漸沒落，但在推動保育工作時，報導文學仍然不失爲一種披露眞相、引發關切的寫作媒介，因爲只有讓眾人認識並理解目前整個生態環境的重大危機之後，他們才有可能產生「問題意識」，從而願意將關懷付諸行動。除此之外，報導文學的「知識性」並不只是爲了讀者，它也提醒了報導者：在

1　有關劉克襄作品中的動物關懷，筆者另有專文論述，故本文不再重複贅述。請參閱拙作〈自然之愛——論劉克襄作品中的動物關懷〉，收錄於陳明柔編《台灣的自然書寫》，頁37-62。

2　所謂「老鷹的故事」三部曲，是指沈振中《老鷹的故事》（1993）、《鷹兒要回家》（1997）、《尋找失落的老鷹》（2004）三本紀錄老鷹生態的作品，均由台中晨星出版社出版。

激情的呼籲吶喊之前，你必須先要有一定的知識，論點才可能真正具有說服力。但無知之所以會繼續存在，常常是因為大家並不真的想面對那些自己不想知道的事情，如果報導文學只是一味揭露殘酷真相，恐怕也很難讓讀者願意去閱讀。廖鴻基的《鯨生鯨世》一書，採用融合主觀與客觀的手法，在介紹鯨類生態之餘，更多的篇幅著重在自己與鯨豚相遇時的悸動和心情，因此在出版後廣受歡迎，成為「改良式報導文學」的成功之作。

不過，《鯨生鯨世》雖然沒有沉重的保育議題之呼籲，但廖鴻基藉著本書所傳遞的乃是一種更重要而基本的精神，就是親近自然的渴望，以及學習以謙卑的心看待鯨豚、海洋乃至自然萬物的神奇與豐美。就如同他在觀察花紋海豚時的感嘆：

> 有很多書籍資料談到海豚的智商、談到牠們的智慧，我總是覺得人類始終站在一定的高度俯看牠們。和花紋海豚多次接觸後，我想說的是，人類在俯看牠們的同時可能也顯示了人類有限的智慧。（廖鴻基，1997，頁39）

不論書寫鯨豚或海洋、散文或小說，廖鴻基總是不忘透過他的筆端提醒讀者：面對廣漠深邃的海洋，渺小的人類所能理解的範疇何其有限。如能體會到這一點，人們或許才有可能真正捨棄所謂「人是萬物之靈」等本位主義的思考方式，也才能建立關懷自然、尊重生命的價值觀[3]。

3　以上有關報導文學與廖鴻基作品之分析，係摘錄自拙作《台灣鯨豚寫作研究》（台北：台師大國文系碩士論文，2001），頁108-113、122。（以徐宗潔之名發表）

　　另一方面，沈振中「為黑鳶立傳二十年」的毅力和企圖心，不論以生態工作者或自然書寫者的角度而言，在目前的台灣社會中，都是相當少見與難能可貴的。這個20年的計畫，轉眼已超過十年。自1992年以來，沈振中以無比的耐心和毅力，全年甚至全天候的投入黑鳶觀察與紀錄的工作，甚至不惜為此辭去教職，以紀錄黑鳶生態做為自己生活的全部。正因為沈振中的努力，才讓大家知道過去以為十分普遍的黑鳶，在台灣的族群總數只剩大約兩百隻，10年來的數字雖偶有增減，但總數量一直在兩百隻左右，分佈的地區也仍然集中在南部、北部。（沈振中2004：頁21）雖然如劉克襄所言，這些紀錄文字在許多人看來，可能如同經文般反覆、枯燥、且冗長，但這不僅是「瞭解他（沈振中）最好的方法」（劉克襄，1997，頁10），更是一種生命的見證。也就是說，讀者是否會覺得文字枯燥或瑣碎，並非沈振中最在意的事情，沈振中的黑鳶紀實，無非是希望透過他的文字，讓更多人去思考下面這些問題：

> 「我們是以何種心態來看待世界上仍有數百萬隻，但在台灣僅剩兩百隻的物種？」……「如果設立保護區是不可能達成的，那我們還能為他們做什麼？」「如果我們什麼都不能做，這群二百隻的老鷹對我們的意義是什麼？」……最後也是最難的，「我們是否願意、是否有能力真實的了解老鷹生命內容的全部，就如同我們任何一個人努力的認識身旁的親人、伴侶般？」（沈振中，2004，頁21-22）

　　紀錄黑鳶，是沈振中的使命也是生活。正如同他在《尋找失

落的老鷹》一書的序言所提到的：

> 「黑鳶二十年」並不單純祇是一個物種的調查、紀錄、報告而已，如果我無法清楚的描述「牠們是一種什麼樣的生物」，所有的統計數字、圖表將會顯得祇是把牠們「量化」而已，而這「二十年」所象徵的無非是以養育一代子女的心情、時間、精神，來看待、了解與我們一起生活在這塊土地上的一種同伴生物，黑鳶並非我的研究對象，牠們是我的生活伙伴，尋找與紀錄牠們並非我的工作，而是我的生活。（頁23）

　　如果有一天，黑鳶終究在台灣的天空中消失，至少曾有沈振中鉅細靡遺地為牠們的生命見證，見證牠們也曾經是地球的子民。

　　不過，上述的幾種創作形式，雖然對於動物相關知識與自然之美的傳遞都具有一定的貢獻與意義，但是生態環境的破壞與野生動物的滅絕，正以難以想像的速度在持續。游登良就感嘆，他所驚鴻一瞥的那些動物，有些或許即將或已經成為歷史：「台灣狐蝠確定已消失在台灣的夜空，台灣黑熊在北台灣的棲地幾乎淪陷，在丹大的水鹿墳場每年有數百上千的山羌水鹿被屠殺，……每當我發現一處生態奇景時，牠們往往很快從我眼前消逝。」（游登良，2004，頁8）那麼用這樣間接、溫和、柔性的生態訴求，真的來得及阻止無法回頭的生態破壞嗎？基於這樣的憂心，在動物書寫中會出現以保育理念的訴求為主的散文形式，自不令人意外。以廖鴻基為例，儘管《鯨生鯨世》時期的寫作仍偏向主觀情感的抒發，但隨著投身保育工作的時間越長，他的使命感隨之提

高，陳述海洋問題與生態危機的作品也就相形增加，從《漂流監獄》到《來自深海》，與保育相關的文章比重益增。此外，他也將關懷的焦點由鯨豚延伸到對整個海洋生態的關切，近年來他持續關懷海洋保育的相關議題，並寫了不少評論文字，如〈吃吻仔魚，吃掉海洋生機〉一文，舉出大量消費吻仔魚對海洋生態環境造成的隱憂（廖鴻基2001.1.19）；〈被動〉一文提及花蓮的「曼波魚季」從過去以推廣食用為主的活動，改為熱鬧的「與曼波同游」，但這隻「關在網裡與縣長共游，被縣長觸摸、擁抱的可愛曼波魚，最後還是被拖上岸宰殺。」（廖鴻基，2005.7.31）這是進步還是偽善？這類文章除了明確揭露出他的保育觀點之外，其實更隱含著他認為海洋生態保育工作刻不容緩的急切心情。

2.動物特性與動物行為學的介紹

著重於動物特性或行為學介紹的作品，多半結合了自然觀察、動物知識與保育理念，比重或有不同，但呈現出對自然萬物的熱愛與關懷則為共同特色。例如徐仁修《動物記事》、李淳陽《李淳陽昆蟲記》、黃美秀《黑熊手記》、游登良《撞見野生動物》等皆屬此類。這一類型的作品最重要的意義，莫過於其中有關動物知識的傳遞，不僅有助於讀者真正了解動物行為的奧秘，更提供了重新思索人與自然關係的開闊視野。尤其過去人對動物的傷害，很多時候都是源於錯誤的認知或偏見所造成的厭惡與恐懼。因人類的嫌惡而滅絕的動物，至少包括內布拉斯加大灰狼、加利福尼亞灰熊、塔斯馬尼亞狼、圍島蟒、墨西哥大灰熊、紐芬蘭白狼……。[4]即使未到滅絕的悲慘命運，仍有不少動物是人類

4　有關因人類的厭惡而滅絕的動物，可參見NHK企劃小組編、王淑容譯《失落的動物》，頁190-219。

主觀好惡或錯誤偏見下的犧牲品，游登良《撞見野生動物》書中，
就有一個值得深思的例子：

> 青蛇無毒，也不具攻擊性，但為了免於被捕食的危
> 險，牠以有毒的青竹絲為擬態對象，兩者外形幾乎一模
> 一樣。然而「蛇」算不如人算，他常被人類誤以為是有
> 毒的青竹絲，慘遭亂棒打死。我想起今年初夏，那條頭
> 被打扁，慘死在山溝裡的青蛇。……青蛇常是人類棒下
> 青竹絲的替死鬼，就連在國家公園內接受保護的青蛇也
> 不能倖免。我不免感嘆，國家公園的宣導仍未能將蛇類
> 的保育深植人心，也未能將蛇並不是見人就咬的觀念改
> 過來，但話說回來，這條青蛇能長到這麼粗、這麼長，
> 可能也是拜國家公園保育之賜吧！約拳頭粗，長度達兩
> 公尺，這是我見過最大的青蛇，可惜是條死蛇。（游登
> 良，2004，頁109-111）

有些人或許會說，一般民眾不具備分辨青蛇和青竹絲的專業
能力不足為奇，但問題的癥結並不在於此。無毒的青蛇枉死固然
無辜，卻也不表示有毒的青竹絲就是「該死」。正如游登良所言，
蛇並不是見人就咬，在大多數的情況下，除非你驚擾到牠，蛇甚
少主動攻擊，因此「只要小心不侵犯到牠們，或是在經過草叢時
用棍子『打草驚蛇』，牠們就會趁早逃之夭夭。」（頁106）面
對野生動物時的錯誤認知，還包括以為遭到黑熊攻擊時，裝死是
最好的辦法，或是「找一根木棍和黑熊肚子對肚子相頂，慢慢後
退至樹幹，再將木棍頂於樹幹，黑熊就會無知地繼續朝樹幹頂去」
（頁138），但事實上黑熊是哺乳類食肉目中的聰明動物，絕不

是有勇無謀的粗蠢野獸。像這類的例子，都說明了一般人對於野生動物的習性與智慧的了解是何其有限，而這些作品正是提供人們以新的眼光看待野生動物的重要媒介。

當然，一般人要在野外「撞見」黑熊的機率並不高，但對於在我們週遭環境中隨處可見的小生物，又有多少人願意用心去看待？舉例來說，端紅蝶的毛蟲在受驚時，會挺身昂首偽裝成三角形頭的赤尾青竹絲，也就是說，不把頭擠成三角形也像一條青蛇的牠，顯然知道青竹絲比青蛇更具嚇退敵人的效果（徐仁修，2001，頁6）。然而這種知識能否讓更多人體會到每一種生物令人驚異的本能或智慧，因此尊重這小生命求生的努力，欣賞生命的價值，而不要只會以「害蟲／益蟲」這種狹隘的觀點來看待牠們？就目前來看答案並不樂觀，但徐仁修《動物記事》和李淳陽《李淳陽昆蟲記》這類以自然觀察、攝影、生態介紹為主的作品，正是想為這樣的未來提供一點可能性：

> 我在婆羅洲的熱帶雨林看見一隻像朵盛開的燦爛蘭花的螳螂，在中南美洲的熱帶雨林觀察到一隻像樹木葉片的螳螂，而在台灣發現一隻長得像大黃蜂的擬蜂螳螂，都是如此不可思議……。我從自然觀察中明白：整個大自然是偉大奧妙的設計，而設計者就是神，祂不需名字，也不勞宗教來定義祂，祂是大自然中的一切，而一切都在展示祂的神奇……我在大自然中窺見宇宙與生命的奧妙，學到了謙卑、珍惜與感恩，但願讀者諸君，在讀了我這些書後，也開始學習自然觀察與體驗，從大自然中取得智慧與喜悅。（頁7）

「謙卑、珍惜與感恩」，或許正是所有憂心生態環境的書寫者，期期想傳達給讀者的訊息吧！

3.拓展動物散文的可能性

另一方面，也有書寫者默默耕耘與開發呈現人與自然關係的其他書寫形式，吳明益的蝴蝶書寫即為箇中代表。以《蝶道》為例，這本書既非蝴蝶的生態紀實，亦非傳統的文學創作，而是「環繞著以蝶為議題的圓心，從植物到其他昆蟲，從神話到開發史，從文學到自然科學，從繪畫到心理學。」（吳明益2003：頁276-277）隨著吳明益的足跡與思緒遊走，讀者不只是看到自然書寫或文學創作的另一種可能性，他們等於也陪著吳明益一起思索了有關自然、生命、哲學、藝術、美學與倫理學等議題。

但是，與其說吳明益想透過文字與圖片「重現」與紀錄蝴蝶的美，不如說他所強調的是知識與文字其實都難以重現蝴蝶之美：

> 我的文字是絕不可能重現看見流星蛺蝶的震動的。他們太輕盈、太迅捷、太抽象、也太像「光」了。他們不只是鱗翅目蝶亞目蛺蝶科下的一種，不只是具有六足，吸管狀口器，攝食山豬肉的一組蛋白質——我又要囉唆一遍，這是我這幾年來與蝴蝶交往唯一所知的。我私下非常不科學地以為，他們必然有屬於「流星蛺蝶的世界觀」，包括美的標準，以及激動、緊張或和緩的情緒。他們看出去的世界必然與我不同，也與大紫蛺蝶、長鬃山羊不同，他們有屬於他們所懼怖的、喜好的、迷醉的。
>
> （頁48）

　　正因爲不可能重現，人才能體會到科學的有限、知識的有限、書寫的有限，體會到生命的獨特、奧妙與美善，學習到自然世界的廣闊，是不應該也不可能由人一手掌控的。而不論是保育理念的直陳，或是哲學思維的激發，都同樣豐富了台灣動物書寫的內涵，具有一定的意義與價值。

（四）灰色地帶：在眞假保育之間

　　以上針對台灣動物書寫中保育意識之有無，將作品略分爲三種不同的層次，其一以個人經驗之分享與情感抒發爲主；其次則觸及動物處境之關懷，但作者之意並不在於宣示或推廣某些理念；其三則以保育理念或生態意識之傳遞爲主。上述分類只是依作品性質加以區隔，而非用以判別作品價值之高低或優劣。然而值得一提的是，在各類動物書寫的作品中，尚有一種介於「眞保育」與「假保育」的灰色地帶之間，那就是以展示動物爲題材的作品[5]。

　　所謂展示動物，是指在公私的動物展覽場或動物園、水族館等場地中展示的動物。目前在討論動物展示的歷史源流、問題、爭議與未來等議題方面，最具代表性的著作當屬薇琪・柯蘿珂的

5　區隔「眞保育」與「假保育」之觀點，來自《台灣社會研究季刊》論文審查人之意見，謹在此致謝。釋昭慧曾經提到：「（動物園）似乎處於『利用動物』與『保護動物』間的灰色地帶，至少它努力創造一個人與動物兩利或雙贏的空間──雖然成績還不盡理想」（釋昭慧，1998，頁26）。該審查人則認爲：「如果要說『動物園』是處於某種『灰色地帶』，其灰色的成分是來自於『眞保育』與『假保育』之間，而不是在於『利用』與『保護』之間。也就是說，無論從動物福利或動物權利的角度來看，動物園都談不上是在『保護』動物。」

《新動物園》一書。至於目前台灣以動物園為題材的作品，則罕見此類兼具專業知識與人文關懷的著作。由於創作者本身多半兼具動物園園長、獸醫或飼養員的身分，在看待動物園時不免已有預設立場，難以客觀面對動物園的種種問題。其中尤以木柵動物園園長陳寶忠《動物園的故事》一書最為明顯，故本文僅以此書為例加以論述。

陳寶忠園長為台大森林研究所野生動物保育的「科班出身」，又在動物園工作了27年。他對動物園熟悉的程度，以及相關的專業知識自然都無庸置疑。但如果細究《動物園的故事》一書，將會發現作者或者在字裡行間不經意地顯露出以「園方」而非「動物」為優先的價值觀，或者意有所指的暗示動保人士是一群只會和動物園唱反調的無知分子。這樣的文字，實在很難讓人覺得作者是真心思考與面對圈養動物的問題。

舉例來說，提到當初搬遷大象到木柵園區時，由於對環境的陌生與搬遷的緊張，其中一隻大象情急之下衝入了壕溝內，作者對此的評論是「幸好並沒有摔倒跌斷腳，否則就成了國際新聞了。」（頁21）換句話說，動物園的「負面新聞」比起動物是否受傷摔斷腿似乎更值得在意；無尾熊的仔熊死亡時，他的第一反應亦是「這隻仔無尾熊真會選時間走啊，看來次日的動物園園長遴選我是沒什麼指望了。」（頁48）文中對動物的若干「擬人化描述」，似乎也不是「教育」民眾認識動物的正確示範。例如說國王企鵝是「自己在炒新聞」（頁55）；而大型肉食動物在餓了幾天之後會因飢餓而進入鐵籠的行為模式，則被評論為「有勇無謀的動物」（頁130）。或許作者認為這只是小小的幽默，但動物園時常宣稱具有教育民眾愛護動物、尊重生命的功能。這種並不恰當的擬人化描述，只會誤導民眾對動物的認知，或是情緒性

的好惡罷了。

　　另一方面，媒體的報導、動保人士的批評對動物園造成的莫大壓力，亦是作者不斷強調的重點之一。動物園飼養動物的成敗必須承受外界的監督，園方會感到壓力龐大是可以想見的，所以文中不時出現如企鵝蛋「如果孵化失敗，可能會被罵到臭頭」（頁57）等充滿焦慮的文字。但外界人士對園內動物福祉與生命的關懷，作者卻是以充滿偏見的角度來看待的。基本上外界的一切批評，對他來說似乎都是「無知人士的唱反調言論」。序言中就已提到：「如何滿足牠們在圈養環境下的所有需求，已夠讓人頭大，更何況還有一些保護動物人士會經常質疑動物園中動物的福祉，甚至動物園是否還要繼續存在，這些挑戰與箇中辛苦很少為外界所了解。」（頁10）

　　他對動保人士的不滿，在以下這段文字更是表露無餘：

　　　　有一些提倡動物福利的人士，就經常以動物園中動物的死亡來抨擊動物園不應該養野生動物。……他們可能不知道，以目前的實際狀況，這些動物在野外不會是自由自在無憂無慮的，大都是流離失所，……當我們在泰國野生動物基金會陪同下，到達曼谷南邊兩百多公里的桑洛猶區鳳梨園山區基金會的保育工作站時，十餘位黝黑乾瘦的村民對我們的直接告白是：「拜託你們將這些大象移到動物園去，就可解決我們的問題。」這個聲音讓我想到極少數動物保護人士所聲稱的「動物園不要養大象，讓大象回到野外」，似乎很諷刺很遙遠。（頁138-139）

　　這段文字的矛盾之處在於，作者先預設了提倡動物福利者都是一些不知道動物面臨棲地被破壞或是數量瀕危等危機的無知分子，並將動物權的議題與發生人象衝突的村民單純的願望——移到動物園去——混為一談。事實上，人與動物爭地之後發生的種種衝突、危機，並不只大象一種。老虎、獵豹甚至獼猴，都在這樣的處境下面臨保育與人類權益的衝突。但近年來也一直有許多保育人士致力於解決這樣的困境，務求達到人與動物雙贏的局面——例如CCF（獵豹保育基金）推動當地民眾飼養犬隻驅趕獵豹，取代過往的撲殺，就有一定的成效。而不論是泰國與斯里蘭卡等地的人象衝突，或是人與其他動物的衝突，都不是將所有的大象或動物移到動物園去就可以解決的，事實上這或許反倒是更諷刺與不可行的解決方案。反過來說，如果愛護動物人士真的都是無知百姓，動物園不是更應該負起教育而非嘲諷的責任嗎？動物園打著教育大家「愛護動物」的旗幟，卻對這些對動物懷抱關愛之心的人士表現得如此不以為然，難道不是自相矛盾？

　　除此之外，他還以愛丁堡動物園因場地不足不養大象的例子，做為保護動物人士不明究理的佐證。他質疑道：「該園不養大象的決策過程真是如此嗎？沒有人去追究。如果真的是如此的想法，那該園其他所飼養的動物，大部分也有同樣的問題，是不是也都不要飼養牠們、展示牠們了？」（頁140）這種無限上綱的推論方式，先是抹煞了每一種動物本身迥異的獨特習性，並將動物園的存廢問題，與動物園是否願意承認自己在軟硬體設備或技術的不足，選擇適合的動物來飼養，這兩個不同層次的議題混為一談。言下之意仍舊是動保人士不明白動物園的「忍辱負重」。但如果動物園的存廢或轉型的確是個可以重新思考的問題，動物園為何不能正面迎擊，去接受質疑與挑戰？如果我們現在會覺得

展示「畸形人」或外族人的園區是難以想像的殘酷與不人道（直
到1906年，紐約動物學會還展示過一個非洲侏儒，見薇琪·柯蘿
珂，1998，頁187），又怎知百年後的人們，不會覺得動物園是
個過時的宇宙？尤其當人們已可由豐富的書籍與紀錄片獲得動
物知識，而動物的保育如此刻不容緩的今天，又焉知動物園的轉
型，不會朝向更寬闊的「野外棲地動物園」而非傳統式的圈養動
物園？

　釋昭慧曾經提到：

> 　原始棲地的破壞，也不是動物園的罪過，而是人類的
> 共同過失，那麼，在不圓滿中力求相對圓滿，在兩難處
> 境中勉強擇一，這應是新動物園面對種種「動物權」的
> 倫理質疑，所能提供的答案吧！（釋昭慧，1998，頁26）

　在不圓滿中力求相對圓滿，這或許是愛丁堡動物園的選
擇——如果在經濟利益等各種考量下，動物園仍舊要存在與營
利，那麼至少確定一定會失敗的動物，就不要再犧牲牠們的生命
了吧！如果一個動物園不願意正視園方在設備與技術上仍有許
多可以再改進之處，那麼表現出的不僅是園方的傲慢，更顯得種
種保育口號的虛偽。就如同當初吵得沸沸揚揚的貓熊來台一事，
我們只看見各地動物園在還沒有設備與專業知能的情況下，就搶
成一團的醜態。這樣的動物園，這樣的動物園書寫，要讓民眾了
解動物園議題的嚴肅、複雜與矛盾，恐怕還有很長的路要走[6]

6　較爲可喜的是，2007年張東君的《青蛙巫婆的動物魔法廚房》一書
　中，同樣有部分篇章是寫動物園的故事，但相形之下就較能以正確

三、動物書寫與社會：幾個與動物權利相關的議題

本文所提及的動物書寫作品，誠然不足以涵蓋當前台灣動物書寫之全貌，但由上述之討論，已可提供我們進一步思考與動物權利相關的若干議題，筆者在此試從若干作品中所觸及的「物化的價值觀」與「倫理道德的論證與詭辯」兩個方向切入，希望能窺見複雜的動物權問題之一角。

（一）物化的價值觀

如前所述，若干以貓狗等同伴動物為書寫主題的文學作品中，作者往往以貓狗是否「忠心」、「有用」做為評價動物的標準。但事實上，將動物視為物品，乃是由來已久的主流價值觀。史蒂芬·懷斯在其著作《憤怒的獸籠》一書中，對於非人動物法定物格的歷史源流，就有相當詳細的論述。他指出在「以人類為宇宙中心的目的論」觀念的影響下，世界是為人類而設計的。（懷斯，2000，頁33）所有的非人動物既然都是為了人而存在，人類利用動物自然是理所當然的。這樣的想法影響了人類數千年而不變：

（續）————————————————

　　坦然的態度面對動物園的若干問題，例如提到小企鵝黑麻糬不會游泳一事，她就指出問題所在：「企鵝在野外的時候，下水的主要理由，就只有到海裡覓食或是躲避天敵而已。但是這兩種情況在動物園裡都不太可能發生。……當然，後來黑麻糬還是有學游泳的，……雖然牠在學會游泳以後，還是不會主動下水……。」（張東君，2007，頁34）

　　由於非人動物被認為是不具理性的，使得牠們過去被
希臘正義和斯多葛派正義排拒在外，接著又被基督教正
義排拒在外。至今仍是如此。布蘭堡教授曾寫下：「由
贊諾芬、亞里斯多德到斯多葛派學院，認為世界是設計
來任由人類剝削的荒謬主張已擴散到西方常識的每個
角落。」這個主張也許是荒謬的、也許如今看來是愚蠢
的，但是它已深深地陷入哲學、科學、政治學和法律當
中，因此極端抗拒任何變革。（頁42-43）

　　長期以來，非人動物被視為不具意識、情感，只是供人利用
的「物品」。這樣的想法如此根深蒂固，「生命」被當成「商品」
的結果，是一切只需以人類的利益為最高指導原則，動物的生存
環境與死亡過程是否對牠們造成痛苦與傷害，都不需加以考
慮——「因為在假設宇宙創造者設計了某些低等生物的社會之
中，生物的權利是不可能被公認的。」（頁84）儘管陸續有思想
家提出動物權利的主張[7]，但大多數人的想法仍如同懷斯所言，

7　有關動物權利的主張，主要有兩個論點，繼邊沁提出「感受痛苦的
　　能力，視為一個生物是否有權利受到平等考量的關鍵特徵。」（辛
　　格，1996，頁46）之後，辛格是效益主義主張動物權利的代表人物，
　　他們主張「動物有感受痛苦的能力，所有的生物都有其利益，而利
　　益的受挫將會導致牠們的苦難。」（波伊曼，1997，頁20）另一類
　　則是義務論式權利立場，雷根（Tom Regan）是此派的代表人物，
　　他主張「動物具有相同權利，因為人類與動物具有一樣重要的心理
　　特質——慾望、記憶、智力等等，因此人類與動物具有相同的內在
　　價值，人與動物有相同的權利。」（波伊曼，1997，頁20）有關動
　　物權觀念的發展、爭議等相關論述，可詳閱波依曼編著《為動物說
　　話：動物權利的爭議》（1997）；辛格著《動物解放》（1996）；
　　史蒂芬·懷斯著《憤怒的獸籠》（2000）；朱增宏〈把雨傘留給蚯

「極端抗拒任何變革」。只要動物與人的利益發生些許衝突,「人類優先」與「將動物當成商品」的態度就會再度浮現。此處所指的衝突不只是前述動物與人「爭地」等直接衝突,也包括人類要利用動物時,以種種藉口來加以合理化的行為。由毛皮業者活剝動物的皮來取得皮草的新聞公佈後,服飾業者和一些名媛、藝人寧願無視殘酷的事實,也要堅持奢華有理,就可見一斑。正如彼得・辛格所言:「『人類優先』的觀念,往往並不是真在無法兼顧的難局裡所做的無奈抉擇,而只是作為藉口,好讓我們對人類的痛苦和動物的痛苦都可以袖手旁觀無所作為。」(辛格,1996,頁379)。

有人或許會認為,為順應當前以高消費的「奢華」訴求來飼養寵物的風氣,坊間一些以「寶貝你的寵物」為出發點的書籍,似乎已為「動物權利高張」、「動物比人還好命」等想法背書。但部分寵物的養尊處優,不僅並非同伴動物處境的全貌,名種犬貓的飼育背後所隱含的種種問題,如遺傳疾病等,更反諷地凸顯出人類若只把動物當成炫耀身分或財富的「寵物」,對動物可能造成傷害。換句話說,名種犬貓的飼養,只不過從另一個方向再次印證此種「物化」的價值觀罷了!

(二)道德倫理的爭議與詭辯

另一方面,琦君文中所提及的殘酷料理問題,則可帶領我們思考若干倫理道德的爭議,而這也正是動物權利問題中最核心、卻也最難解的關鍵之一。琦君以佛教「業障」的觀點來看待殘酷料理,書中〈放生〉一文也提到童年時每逢長輩生辰,都到寺院

(續)————

蚓?〉,《中外文學》第32卷第2期,2003年7月,頁103-130等。

「放生」來彌補平日因口腹之欲殺生的「罪過」，但這些長輩們仍無法戒除葷腥。由此可見，經濟動物的議題之所以很難受到普遍的關注，關鍵正在於牠們引發了人的矛盾心理。如果將這些動物當成「生命」看待，將難以避免自己「殺生」的罪惡感。雖然要解決這種罪惡感最容易的方法似乎就是素食，但在以葷食為主的社會中，大多數人其實很難做到。因此，有些人可能以「放生做功德」來自我安慰，但更多人是因此產生了防衛的心態，不是拒絕知道這些動物究竟面臨什麼樣的悲慘命運，就是對素食者產生敵意或抗拒。但這兩種方式，前者只是讓更多生靈無辜枉死[8]，後者則產生了若干的言語攻擊與詭辯。誠如辛格所言：「無知會繼續存在，只是因為大家不想去發現真相。你去告訴一個人他的晚餐是如何生產出來的，通常得到的反應是『別跟我說，你會害我吃不下飯。』」（辛格，1996，頁374）而敵意的表達方式則多半藉由「植物也是生命，難道吃素不是殺生嗎？」這類反問法來做為素食者「偽善」的論證。對於這些質疑，辛格則以邏輯和事實兩方面加以駁斥：

> 這種異議，可能來自對於植物的真心關懷；不過通常，舉出這種質疑的人並沒有認真預備好，若是一旦植物證明了會感受到痛苦，就將植物也列入考量的範圍；

8　琦君於〈放生〉文中亦提到一次目睹佛教放生儀式的經驗，十幾個鳥籠中擠滿了麻雀，等到法師念完經，將麻雀「放生」時，這些麻雀多半已奄奄一息，甚至氣絕多時。（琦君1988：頁24）有關於放生對動物造成的傷害，可參見動物社會研究會《放下殘酷的慈悲，拒絕商業化放生：台灣宗教團體放生現象調查報告》（2004）、《台灣北中南鳥店販賣「放生物」訪談報告》（2004）。

相反，他們只是想證明，若是人類真的按照我鼓吹的原
則行事，那麼植物和動物一樣都不可以吃，結果人類只
好餓死。……我提出了三個不同的理由，證明動物也會
感受到疼痛：分別是行為、動物神經系統的性質、以及
疼痛在演化上的用途。可是在這三方面，我們均沒有理
由相信植物會感受到疼痛。……即便是植物感受疼痛的
程度與動物一樣，這個結論依然成立，因為從肉品生產
的低效率來說，吃肉的人所毀滅的植物至少是素食者的
十倍！……那些提出這種質疑卻又不願意走到其邏輯
結論的人，實際上只是要找個理由繼續吃肉而已。（頁
402-403）

　　但是，除了絕對的素食與葷食之外，難道沒有第三種思考經
濟動物問題的方式嗎？或許也不盡然。至少我們可以試著思考，
如果短期之內肉食仍然是大多數人的優先選擇，推廣所謂的「友
善農業」、杜絕工業化農場的殘酷飼養方式、以及拒絕消費殘酷
料理，難道不是一種可以逐步改善動物福利的選擇[9]？然而遺憾

9　雖然友善農業或人道屠宰的方式，如錢永祥所言，只稱得上是動物
　　保護運動進程中的「中途之家」，他提到「動物保護運動從關心流
　　浪動物起步，進而提倡人道屠宰等『中途之家』，逐漸發展到提出
　　素食的主張，從人道訴求逐漸進展到挑戰物種主義的文化與生活方
　　式，不僅有其理論發展的必然；論題的挑戰性逐步提高，也代表這
　　個運動本身更形深入與成熟。」（見錢永祥〈不吃死亡：《深層素
　　食主義》中譯本導讀〉，頁27。）但它仍可說是在動保運動真正成
　　為大多數人能認同與接受的觀念之前，逐步漸進的一個過程與方
　　式。有關「友善農業」是以人道的設備和飼養方式來改善農場動物
　　的福利，可參見天寶·葛蘭汀著，應小端譯《星星的孩子》，頁

的是，目前大部分的經濟動物，仍然承受著《動物解放》一書中提到的悲慘命運，主要的原因仍舊是上述將動物商品化的心態使然。因為將動物視為商品，所以畜牧業者只願意用最廉價的成本來飼養牠們；因為將生命視為食物，所以消費者迷信「新鮮」的結果是不惜將動物生吞活剝，而無視牠們死前的掙扎與顫抖。之前經由動保團體所揭露的毛皮業者將動物活活剝皮的殘酷行為，也是同樣的道理。

經濟動物的議題之所以最容易引發爭議或反彈的情緒，在於它直接碰觸到每個人的日常生活，引發大多數肉食者對於「食肉」等於「殺生」的隱隱不安。但隨著素食者對素食主義的深入闡釋，今天的素食主義已不再只是特殊宗教信仰人士的主張，而是關心健康、道德、生態、動物等議題的人都可擁有的選擇。傅可思的《深層素食主義》一書，就提供了一種「知易行易」的「量化素食主義」的實踐方式。也就是說：「素食主義要求『效果』而不要求『德性』；它的重點在於減少肉食所造成的具體傷害，而不是塑造出全心吃素的道德聖人。…我們應該減少吃肉，至於減少到甚麼程度，你可以根據自己的處境、能力、感覺與良知去調整。」（錢永祥，2005，頁26-27）當這種具有彈性的素食方式能被更多人接受時，或許因防衛而產生的詭辯亦可減少，讓大家平心靜氣地去思考動物權利的問題。

（續）
159-174；工業化農場的殘酷飼養方式，則在辛格，1996，頁183-281，有詳盡的探討。

四、以有涯追無涯：當前台灣動物書寫的局限與展望

以上略論了台灣目前動物書寫的幾種主要類型與特色。如果進一步試著思考何以台灣的動物書寫呈現出此種風貌，就會發現動物書寫的深度與廣度，與作者本身的動物保育意識、當地生態教育之發展，均可謂息息相關。因此筆者以爲，由「經驗的匱乏」與「問題意識的不足」這兩個方向，或可一定程度地道出台灣動物書寫的困境與亟待突破之處。

（一）經驗的匱乏

由於動物書寫並不是一種可以單憑想像架構出來的文類，因此作者本身是否具有相關的知識與經驗，就成爲動物書寫的必要條件之一。舉例來說，台灣「海洋文學」之作家，長久以來幾乎始終以夏曼・藍波安與廖鴻基兩人爲代表，顯然就是因爲海洋經驗的匱乏，導致海洋文學難以成爲大多數作家所選擇的創作題材。誠如彭瑞金所指出：「在沒有海洋觀點的生活和教育之前，我們很難擁有海洋文學。」（彭瑞金1996：頁242）同樣的道理，缺乏海洋經驗與海洋知識，使得我們更難擁有以海洋爲題材的生態書寫。黛安・艾克曼實際出海尋鯨，甚至在海中與鯨相遇，方能在《鯨背月色》中寫出兼具知性與感性的動物情態[10]；廖鴻基何嘗不是要等到隨著釣魷船長征遠洋，才驚覺過去所知的海洋是

10　參見凌拂〈陸地與水涯的邊際〉，收錄於黛安・艾克曼著，莊安祺譯《鯨背月色》，頁11。

如此有限？在廣漠的海洋中遇見一群海豚，他甚至誤以為是鰹魚群（廖鴻基，2003，頁106），這是因為視野變寬，海豚相形之下便縮小了，而自己過去所認定的海洋種種，又何嘗不是渺如滄海一粟？

　　經驗與知識的累積，是成為一個自然寫作、動物寫作者不可或缺的要素，黛安・艾克曼曾引用華盛頓火車站外所刻的一段話，為自然寫作下註腳：

> 「想要把印度群島的財富帶回家的人，必須隨身帶著印度群島的財富；旅行也**是如此。想要把知識帶回家的人，必須隨身帶著知識。**」這個格言對自然作者來說，特別真確。我從不在意放棄自己的習慣、喜好、口味、計畫。我喜愛成為新山水風景的一部分，完完全全地投入當時當地，在毫無預警的情況下，修改或是添加新見解，接受大自然的啟示。**但你也得要了解你在觀察的是什麼。**所以我讀任何我可以找得到的東西──科學、民俗傳說、小說，及一切。（頁9，粗黑體為筆者所加）

　　綜觀國內外的動物書寫，就可了解經驗與知識對創作來說為何重要：法布爾若不是對研究與觀察昆蟲投注一生的心血，流傳後世的經典《昆蟲記》如何會誕生？又如珍古德《我的影子在岡貝》、喬伊・亞當遜《艾莎的一生》[11]、馬克・歐文斯夫婦《我的動物天堂──卡拉哈里沙漠的故事》、夏勒《最後的貓熊》等

11　本書實為*Born Free, Living Free, Forever Free*三書的合譯節錄本，見喬伊・亞當遜著，季光容譯《艾莎的一生》。

書，則無一不是作者實際投身動物保育工作後，為動物或豐富、或動人、或悲慘的命運，所留下的見證。前述國內動物寫作的若干代表作，如李淳陽《李淳陽昆蟲記》、黃美秀《黑熊手記》、游登良《撞見野生動物》，也都是作者們投身實際的觀察研究工作之後方能得出的成果。

（二）問題意識的不足

由本文所討論的若干作品中已可發現，作者是否具有飼養動物的相關「經驗」，仍不構成作品符合保育觀點的充分條件。筆者以為，關鍵正在於作者本身「問題意識的不足」。缺乏動物福利或生態危機等意識的作者，作品中自然不可能具備這樣的理念。甚至有時作者個人的飼養經驗反映出的只是錯誤的價值觀；至於展示動物之相關書寫，由於目前幾乎均為動物園或水族館人員所創作，作者的立場已決定了書寫的角度，這些作品雖然可能包含一定程度的動物知識，但卻無法觸及（或甚至可以說是規避）動物展示甚至動物表演的相關問題。在這樣的情況下，這些作品的局限性自然可想而知。

問題意識何以重要？因為它可說是一切行動的基礎。報導文學類的作品之所以產生，就是希望藉由揭露社會、環境等問題，讓大眾能從「認識」、「關心」進而產生「行動」。因此明確而強烈的問題意識，或許不足以成為評價作品文學藝術價值的標準，卻可能因為作者的使命感而產生另一種動人的力量。以《青蛙大浩劫》一書為例，作者威廉·邵德深入追蹤一九九五年明尼蘇達發現大量畸形蛙的事件，不僅實際探訪發現畸形蛙的現場，同時參與各項研討會、訪問學者專家，試圖從各家之言拼湊出畸形蛙所傳達出的生態警訊。在該書的前言中，作者語重心長地表

示：

> 這本書所牽涉到的層面實際上複雜得難以想像，而它
> 所呈現的事實讓我們謙卑。夜空的寂靜正逐漸地散播到
> 各地去。
> 青蛙正告訴我們一些事，但我們會傾聽嗎？（邵德，
> 2004，頁8）

透過邵德對畸形蛙事件的批露，讀者因此得以掩卷反思下列
問題：當青蛙「正因寄生蟲而死，因殺蟲劑而死，因增加的紫外
線輻射量而死，因全球增溫而死」（頁345）的時候，我們在做
什麼？我們之前又做了什麼，讓青蛙和地球環境遭到這樣的厄
運？青蛙不會是第一個，更不是唯一因地球環境的破壞遭到波及
的物種，我們還來得及在一切都太遲之前，做一些補救措施嗎？
當讀者由書中的警訊，開始進一步意識到整體生態環境的岌岌可
危時，心態與行為的改變才會成為可能。但目前台灣的動物書寫
中，此類深入報導生態環境危機，又兼具知識性、可讀性的作品
仍然較為少見，實待更多有心的作者，帶領讀者去傾聽自然萬物
的聲音，進而試著開始為生態環境的存續付出一些努力。

更進一步來說，「問題意識的不足」其實可以分別從作者與
讀者兩個角度來思考，若不是有具備問題意識的作者，當然不可
能產生此種兼具知性與感性的動物書寫作品；但反過來說，那些
缺乏問題意識的讀者，或許根本不會去閱讀此類書籍。以朱天心
敘寫自己與貓族邂逅、相處之點滴的作品《獵人們》為例，該書
寫出生活空間不幸與人類重疊的街貓一族，在都市叢林中生存之
艱辛；以及那些願意以關懷平等之心善待並照料貓族的「貓天使」

們，如何不僅風雨無阻的進行餵食、結紮、放養等工作，還要承受其他不以爲然的人們，以言語諷刺或行動「反擊」的傷害與挫折。朱天心以她身爲作家的敏銳和文采，將街貓的處境刻畫得絲絲入扣，是近年來難得一見的以流浪動物爲關懷對象的文學佳作。她意識到貓族的困境，因此在書前題贈強調：「本書寫給不喜歡貓和不瞭解貓的人」。然而困難之處正在於，那些最需要被喚醒的——不喜歡貓和不瞭解貓的人——，恐怕也最不會去閱讀這些作品。因此，當某些作者以書寫喚起大眾的危機意識與良知善念之後，還需透過教育、社會運動、公共政策、執法單位等多元管道的共同配合，例如持續發展有關動物倫理、動物保護法、生態環境教育、生命教育等各方面的論述，才可能讓社會逐步建立關於尊重生命、維護整體生態環境的共識。

五、結語

近年來，全球暖化的現象，讓人類不得不正視生態環境破壞所帶來的巨大危機。而透過當前台灣的動物書寫，我們已可看到一些人，從喜愛、關心動物生存的處境，進而透過文字爲動物福利與生態環境的存續而努力。但是，值得思考的議題尚有許多：動物的利益爲何需要平等考量？爲何需要道德關懷？爲何需要自由與生存權利？一些在刻板印象中令人討厭的、數量龐大的物種，有什麼必要顧及牠們的生死？當殺生是一種習俗或儀式的時候，是習俗至上還是生命優先？當人與動物發生利益衝突的時候，是人類優先還是動物優先？這些問題可以是質疑，卻也可以是重新思考人與動物、人與自然關係的契機。如此一來，或許才會有更多人意識到人與自然環境乃是不可分割的整體、意識到生

命的奧妙與可貴、意識到動物的情感與智慧、意識到人類與自然的力量相比是如何渺小……。

　　本文簡要探討了各類型動物書寫之文本特色與其中動保意識之有無，並探討了與動物權利相關的幾個議題，如物化的價值觀、及倫理道德的爭議；最後則由「經驗的匱乏」與「問題意識的不足」兩個觀點切入，藉此觀察當前台灣動物書寫仍待補白之處。事實上，文學固然是一個觀察動保現況的指標，但亦只是其中一種思考的方向。有關動物福利、生態教育的相關議題，還可以由哲學、科學、倫理學、法學、宗教學等各種層面進行深度思考。而動物書寫的領域，我們也見到持續有更多不同類型的重要作品出版，如朱耀沂《人蟲大戰》與《成語動物學》、劉克襄《野狗之丘》、高雄市自然觀察學會的《動物隱身術》等等。筆者甚盼此文能夠拋磚引玉，針對人與動物、環境之間的關係，激盪出如何達到雙贏局面的解決之道。

參考文獻

一、參考書目（依出版年代排序）

（一）中文著作

丘秀芷，《我的動物朋友》，台北：駿馬文化有限公司，1987第二
　　　版。

琦君，《我愛動物》，台北：洪範書店，1988。

沈振中，《老鷹的故事》台中：晨星出版社，1993

沈振中，《鷹兒要回家》台中：晨星出版社，1997

廖鴻基，《討海人》，台中：晨星出版社，1997。

廖鴻基，《鯨生鯨世》，台中：晨星出版社，1997。

子敏，《小方舟》，台北：麥田出版，城邦文化發行，1998。

徐仁修，《動物記事》，台北：遠流出版有限公司，2001。

黃美秀，《黑熊手記》，台北：商周出版，城邦文化發行，2002。

吳明益，《蝶道》，台北：二魚文化有限公司，2003。

廖鴻基，《漂島》，台北：印刻出版公司，2003。

沈振中，《尋找失落的老鷹》台中：晨星出版社，2004。

陳寶忠，《動物園的故事》，台北：時報文化出版公司，2004。

游登良，《撞見野生動物》，台北：野人文化出版、遠足文化有限
　　　公司發行，2004。

朱耀沂，《人蟲大戰》，台北：商周出版、城邦文化有限公司發行，
　　　2005。

李淳陽，《李淳陽昆蟲記》，台北：遠流出版有限公司，2005。

朱天心，《獵人們》。台北：印刻出版公司，2005。

陳明柔編，《台灣的自然書寫》。台中：晨星出版社，2006。

朱耀沂，《成語動物學》，台北：商周出版、城邦文化有限公司發
　　　行，2007。

劉克襄，《野狗之丘》。台北：遠流出版有限公司，2007。

張東君，《青蛙巫婆的動物魔法廚房》。台北：遠流出版有限公司，
　　　2007。

高雄市自然觀察學會，《動物隱身術》。台北：商周出版，2007。

（二）翻譯書籍

喬伊・亞當遜（Joy Adamson）著，季光容譯，《艾莎的一生》，台
　　　北：純文學出版社，1981。

夏勒（George B. Schaller），《最後的貓熊》，台北：天下文化出
　　　版公司，1994。

珍古德（Jane Goodall），《我的影子在岡貝》，台北：格林出版公
司，1996。

彼得‧辛格（Peter Singer）著，孟祥森、錢永祥譯，《動物解放》，
台北：關懷生命協會，1996。

黛安‧艾克曼（Diane Ackerman）著，莊安祺譯，《鯨背月色》，
台北：季節風出版公司，1997。

波依曼（Loius P. Pojman）編著，張忠宏等譯，《為動物說話：動
物權利的爭議》，台北：桂冠圖書公司，1997。

NHK企劃小組編、王淑容譯，《失落的動物》，台中：晨星出版社，
1998。

薇琪‧柯蘿珂（Vicki Croke）著，林秀梅譯，《新動物園》，台北：
胡桃木文化有限公司，1998。

馬克‧歐文斯、荻莉亞‧歐文斯（Mark & Delia Owens）著，宋偉
航譯，《我的動物天堂——卡拉哈里沙漠的故事》，台北：
皇冠出版社，1999。

天寶‧葛蘭汀著，應小端譯，《星星的孩子》，台北：天下文化有
限公司，1999。

史蒂芬‧懷斯（Steven M. Wise J. D.）著，李以彬譯，《憤怒的獸籠》，
台北：高寶國際有限公司，2000。

法布爾（Jean-Henri Fabre）著，方頌華譯，《昆蟲記》，台北：遠
流出版公司，2002。

威廉‧邵德（William Souder）著，黃薇菁譯，《青蛙大浩劫》，
台北：經典傳訊有限公司，2004。

傅可思（Michael Allen Fox）著，王瑞香譯，《深層素食主義》，
台北：關懷生命協會，2005。

二、期刊論文（依出版年代排序）

彭瑞金，〈翻版的「老人與海」期待海洋文學〉，收錄於廖鴻基《討
　　　海人》，台中：晨星出版社，1997，頁239-246。

凌拂，〈陸地與水涯的邊際〉，收錄於黛安・艾克曼（Diane Ackerman）
　　　著，莊安祺譯《鯨背月色》，台北：季節風出版公司，1997，
　　　頁8-12。

劉克襄，〈黑鳶大夢——鷹人沈振中的不可能任務〉，收錄於沈振
　　　中《鷹兒要回家》，台中：晨星出版社，1997，頁5-12。

釋昭慧，〈力求相對圓滿〉，收錄於薇琪・柯蘿珂（Vicki Croke）
　　　著，林秀梅譯《新動物園》，台北：胡桃木文化有限公司，
　　　1998，頁24-26。

黃宗潔，《台灣鯨豚寫作研究》，台北：台師大國文系碩士論文，
　　　2001。（本文以徐宗潔之名發表）

廖鴻基，〈吃吻仔魚，吃掉海洋生機〉，《中國時報・15版》，
　　　2001.1.19。

朱增宏，〈把雨傘留給蚯蚓？——從動物倫理對佛教及「愛與慈悲」
　　　的挑戰，談「佛法」的實踐〉，《中外文學》第32卷第2
　　　期，2003年7月，頁103-130。

北小安〈蛙〉，收錄於黃宗慧編《臺灣動物小說選》，台北：二魚
　　　文化有限公司，2004，頁99-104。

黃宗慧，〈臺灣動物小說選序論〉，收錄於黃宗慧編《臺灣動物小
　　　說選》，台北：二魚文化有限公司，2004，頁7-15。

動物社會研究會《放下殘酷的慈悲，拒絕商業化放生：台灣宗教團
　　　體放生現象調查報告》，台灣動物社會研究會、高雄市教
　　　師會生態教育中心，2004.9.17。

———，《台灣北中南鳥店販賣「放生物」訪談報告》，台灣動物
　　　社會研究會，2004.11.2。

錢永祥，〈不吃死亡：《深層素食主義》中譯本導讀〉，《台灣動
　　　物之聲38期》，2005年3月出版，頁24-27。

黃宗潔，〈自然之愛——論劉克襄作品中的動物關懷〉，《靜宜大
　　　學台文系自然書寫學術研討會》會議論文，2005.6.12。

廖鴻基，〈被動〉，《自由時報·自由副刊》，2005.7.31。

　　　本文為國科會計畫（NSC96-2411-H-259-017-）「當代台灣
自然書寫中環境倫理觀之建構(1980-2006)」之部分研究成果。

黃宗潔，國立東華大學中文系助理教授。研究方向為當代台灣自然
書寫、動物書寫、家族書寫、現代小說等。

後解嚴的台灣文學

文學在乎解嚴嗎？

唐諾

　　這是朱天心喜歡的，納布可夫的一番話，沒辦法完全做到但心嚮往之──「我對自己不太在公眾場合亮相很感自豪。我一生中從沒醉過酒。我從沒使用過4個字母組成的學生詞彙。我從未在辦公室或礦井幹過活。我從未屬於任何俱樂部或團體。沒有任何教條或派別對我有過什麼影響。沒有比政治小說或有社會意圖的文學更令我感到乏味的了。」

　　還有另一次談話。「問題是不管多聰明多人道的政府也無法發動偉大的藝術家──儘管一個壞政府可以殘害、貶低並壓迫他們。我們也必須記住──這很重要──在所有類型的政府底下都能開花的人是庸俗的人。」

　　先說明一下。很可能是因為我個人對當代台灣文學的印象和有限的理解嚴重的偏向創作者這一端，生命際遇使然，我認得的人，相處的人十之八九皆屬於一線的，現役的小說和寫者，當然更可能就只是我個人的固陋或疏失而已。說真的，我一直不知道也沒聽說過有所謂後解嚴文學的存在或者類似的說法，我也想不起來解嚴這樁歷史大事（它當然是歷史大事）曾經成為創作者之間的重要文學話題乃至於書寫的爆發性鼓舞力量驅動力量云云。按道理說，書寫者對於加諸自己身上的束縛是最敏感的，對

於獲取自由終於可以放手把自己長期想寫想說的釋放出來，其感受是很強烈的，很直接的而且還是具體的，比一般正常公民還多一層職業性知覺才是。以至於我第一感的反應一直到此時此刻還揮不開——用1987年這個解嚴儀式日子的時間斷點來回憶過去這二、三十年台灣文學的書寫形貌是否有意義？是否又一次強加意志的忽視著文學書寫這一側自身的線索和真實煩惱、真實處境？這是不是太理所當然的命題呢？

然後我想起另外兩件事：一是早年讀博蘭尼歐洲經濟史記得的。博蘭尼指出來，在工業革命的大爆炸歷史時刻，獨獨法國的經濟進展找不到陡然拔高的那個「起飛」點，它很奇怪就只是一道持續向上的平順曲線，大爆炸的能量彷彿被消化於法國的小農經濟，法國遺產繼承可演化的土地占有方式云云，由此反而顯示了法國的獨特面向和其真實內容；另一個說起來比較扯、不登大雅之堂，是推理小說世界的，典故出自於福爾摩斯探案的短篇〈銀斑駒〉，一樁三更半夜裡發生的謀殺案，福爾摩斯問了這個關鍵問題：「奇怪的不是為什麼深夜裡傳來狗吠，真正奇怪的是，為什麼狗沒有叫？」

我試著從這兩件事來想解嚴和台灣文學關係這個命題。

首先是自由。解嚴當然帶來了更大更完整，或者比較正確的說，有了保證的政治性自由，而自由又恰恰是文學書寫最重要的東西。之所以如此重要，用納布可夫的概念來說是，其他的他都可以而且應該自備，比方說天才，惟獨自由他得乞助於外頭世界的供應以及合作。然而，對於一個以文學為志業而不是以政治為志業的人而言，他的自由計算式子不可能這麼簡單，這麼概念性的可分割。一方面，他的自由其實是總量性的，是整體加總起來的結果，由此構成了他書寫的真實不欺處境；另一方面，不只是

自由數量的問題，還有自由質量的實質內容問題。如果我們談的是文學，所謂自由的質量便得由書寫的需求，由它和書寫的緩急輕重遠近關係來決定。我說的是，文學書寫並不是放空自己。跟隨在後頭的追逐者、反映者、記錄者，它既沒法這麼輕靈，也不這麼沒主見沒自我意志。事實上，文學書寫有自身的主體性，有自身的專業要求，更有非眼前一時一地的時空來歷和節奏，說嚴格些，它並不隸屬於這個國家、這個社會，以及自身的經常性工作和長期想的事。即便它要反映要記錄，根據的也是自身的認識世界方式和構圖，有其獨特的記憶、關懷和焦點，而不是報紙版面編排的一般性規則。也因此，它可能在某一事上頭遲滯徘徊得更久，如葛林所說收屍體的「殯葬業者」，在所有人失去了興趣離去後單獨留下來撿拾，並被某些腦子簡單的人斥為懷舊保守；也可能卡姍德拉式的遠遠超前，憑藉著書寫的穿透力量和預言力量，或者更簡單，憑藉著記憶，這個國家、這個社會尚未發生的記憶。比方說同性戀問題、少數族群問題，在眼前這個國家可能是未來，然而在另一個文明時間表不同的國度，在參差繁富的人類歷史裡卻早已一再發生並已支付出悲慘不一的代價。事實上我們更常看到的是，這樣對已逝事物的流連和箭矢一般直射未來係一起存在同一部作品、同一部小說之中，這不是詩論，而是一種必要的時間縱深，以至於我們試圖以現地性的所謂保守／進步去丈量它、解釋它，（我們天天犯的錯誤）總是弄不清的。文學書寫者同時擁有著一個文字共和國的公民身分，如米蘭‧昆德拉指出來的，小說是全歐洲，全世界的產物，「只有在這樣一個超國家的背景下，一部作品的價值（也就是他的發現的意義）才可能被完全看清楚，被完全理解。」

政治的大事因此通常不會就是文學的大事，集體的大事也不

會就是個體的大事，這不一致有其積極性和豐碩性，才正是文學書寫珍貴存在的理由。對文學書寫者而言，某一本書的突然寫出、引進和意外被閱讀，比方說像《百年孤寂》或《生命中不能承受之輕》，所打開的視野及其想像自由，比起四年可投票選總統一次當然更實質、也更深刻而且具有弧度；某一個出版環節的急劇變化，比方說連鎖書店的出現並全面統治，或甚至看似更微不足道沒出息的，報紙副刊的萎頓和稿費的數十年如一日（一部分原因來自於政治版面的擴張和變得如此精采好看）。也可能讓政治解放所衍生過來那一點自由輕易的化為鏡裡花水中月。

年前，日本當前中社世代的最好一批小說家悄悄造訪過台灣，其中剛拿下三島由紀夫賞，被譽被下一個日本文壇旗手的星野智幸，被問到他瞄準芥川賞，一舉確立代表性地位的下一部小說寫什麼，星野告訴我們，題材正和出版當局相談拔河之中。是的，以他目前的成就和位階，仍沒有想寫什麼就寫什麼的自由，還不止如此，小說長度也嚴格限制，絕對不可以超過兩百張日本稿紙，約8萬字。

這個讓所有在場台灣小說家嚇一跳，發現自己原來如置身天堂的實例，可供我們對自由總量的問題再多想一下——日本，政治上是個民主完成的國家，但時至今日仍是個自由總量相當有限的社會，包括蛛網般穿透每一生活層面的大商社、大財團勢力及其商品，包括日本人對傳統規範和秩序的過度馴服，包括日本人奇怪的小國閉鎖心態和揮不去的歷史悲情及其危機感等等。彷彿恰成對比的，台灣過去在政治的一角留有禁忌，但社會層面的解放卻早已展開來，很多事發生得比政治解嚴早，既不是解嚴所「給予」的，因此也難以用解嚴來說明；甚至，我們很容易察覺台灣社會一直「多出來」某種狂亂的、放縱的，誰怕誰的自由，來自

於信仰、信念和價值的幾近全面崩解和逃散（也發生在戒嚴者自身），瀰漫著一股虛無味道，你也許不喜歡這樣，或有道理沒道理的憂心它，但成分上這確實仍是自由沒錯。

事未易察，理未易明，對像我這樣年紀且努力不修改記憶的人而言，實在很難去枝去葉的，當它是個乾淨清爽的「一個」概念去看待台灣這一趟解嚴，更無法也厭倦於神話它。太多事情發生了，而且最主要的，我所經歷的、我所看到的是，台灣社會各個層面的進展幾乎一無例外的總是遠遠走在政治之前，進步的、驅動的都在這裡發生，這其實是人類歷史的通則，只是在台灣更明顯、間距更大；解嚴的宣布，純就彼時的政治形勢而言，也許是有某種超前的成分，我的意思是政治上反對、挑戰的力量確實並未大到、成熟到逼國民黨非立即放手不可，這裡頭的確有著人包括主政的蔣經國自身的醒察和對未來的主動判斷，但若我們把它置放回寬廣的社會面來看，誰早一點誰晚一點不一樣都是落後的？這樣的爭辯，尤其是其中隱藏的功勞和解釋權的爭奪，實在有點好笑。

願意的話，也許我們儘可像休謨那樣子討論，事物的先後順序是否就是其因果關係？但怎麼也不至於倒過頭來說是後來的拉動前面的。

某種大而化之的影響自然還是會有的，只是不可以想當然耳，台灣文學，尤其小說部分，1990年代的確出現了可惜不夠長的書寫榮景（姑且就稱之為榮景吧），我個人對此評價非常高，只可惜台灣在世界小說地圖上位置的不明，尤其華人世界的「配額」又被苦難甦醒的中國大陸奪走（又一個政治凌駕文學的實例），未能得到名實相符的注目。但究竟這是萬山不許一溪奔的乍然釋放開來呢（想像一下我們的小說家都備好一堆禁忌題目或寫好了放

抽屜裡苦苦等著）？還是連續性的，恰恰好一個世代的書寫者正
好步入他們書寫的高原時刻呢？這端看我們對此榮景的理解和
描述。一般而言，文學外頭的人會傾向於外廓的、整體印象的，
從其社會聯繫關係和意義來看，因此比較容易注意到題材的橫向
伸展和涵蓋，不必真的去讀小說就可以討論；但文學內部，尤其
是書寫者自身，太知道彼此的實際斤兩和把戲了，則傾向於一本
一本來讀。一個精采的、令人興奮莫名的文學時刻，可能就只是
那兩三枝好筆、間歇性的三五本好作品參差問世，這就是了。書
寫的個別性及其艱難耗時本質，使他們對一般性的熱潮現象本能
性的保留，不相信有行道之人都寫好小說，「六億神州俱堯舜」
這種形態的文學天堂日子，更加不信任可以穿花蝴蝶般寫東西的
人。熱潮和海浪，第一批打上岸的通常只是垃圾，所以納布可夫
（我們今天納布可夫到底）在被問到法國的「新小說」現象時，他
的回答是：「我對團體、運動、流派之類的東西不感興趣。所謂
『新小說』實際上是不存在的，不過，法國倒是有一個了不起的
作家存在，他叫霍華・格希葉。他的作品被好用陳詞濫調的一群
塗鴉者模仿了；虛假的標籤有助於這些人的商業行為。」

　　如果你真的一本一本小說讀，如果你知道台灣有一段時日小
說有多好，你很難說那是拜解嚴之賜而不是一個個書寫者日復一
日的不放鬆自己，那是輕忽了文學書寫之難，也是對這樣書寫者
的不尊敬。

　　波赫士喜歡談時間，認為時間才是一切美麗之謎的真正核
心。如果，我們可以嘗試著問下去。如果1987年的解嚴的確開放
給文學書寫一些曾經的禁地，從此可自由進出，那麼，究竟將再
經過多少時日，書寫者才可望消化下它，從而熟稔的、恰當的、
有感的掌握它，使之有效成為文學？還有，我們可能也得持續再

問下去，何以1990年代的好光景不是想望中的進一步打開並結實纍纍？在當前這樣什麼都可以寫也敢寫的多樣化外表下，何以文學的實質面貌反而如此疲憊乏力而且單調單薄？朱天心最近有篇短文正面說到這個，我相信她是筆下留了情了，她說的是，年輕一輩的、崛起中的書寫者，「壞都壞得一樣」，就連「好也好得都一樣」。

如此，我倒不是認為今天回頭來想解嚴和文學是沒意思的，我只是隱隱覺得這兩者的關係應該倒過來才是，不是函數一對一關係的倒過來，而是各自成為主體且各自平行進展的倒過來，因為這牽涉到兩者不同的時間來歷、內容和說明能力。解嚴能說明文學書寫的不多，倒是從文學，尤其是小說具體的、實物實人的、細節的而且日復一日的呈現和詢問思索，這些，有意識的很好，無意識的可能更好、更豐碩、更乾淨公平，有機會為台灣終歸有其獨特性的這趟解嚴裝填內容，揭示出1987年之前以及以降這一場究竟怎麼回事？我們做了什麼？強調了什麼？乃至於獲取了什麼以及可能失去了什麼？整整忽焉廿年後的此時此刻此景，我們有義務比較正確的回憶它，趁我們都活著，免得後來的人只從一般性的概念去認定它，並且只從政治性的不實傳言去理解它。

說到底，文學是白紙黑字已寫下來的東西，它揭示並說明自己，有著相當程度的抵禦時間能耐，有讀懂沒讀懂的問題，倒沒有太多改動捏造的問題，時光流逝有遺忘也有清滌性的水落石出效果，時間不見得不利；倒是解嚴做為一個歷史事件，這兩個莊嚴的字並無法說明它自己，它很容易而且正在進行著種種裝填和更換，尤其，這樣一個如此莊嚴的名字，根本上就有去除蕪雜的、零亂的、不堪不光采的真相，自動淨化自動神聖化的傾向，不是嗎？

　　今天，做爲《思想》雜誌主人之一的錢永祥老師人也在場，也許他也有義務說給我們聽，比方說何以本來應該是交還給我們禁錮中消極自由的1987年解嚴，卻還是不偏不倚掉入了某些積極自由的、教我們該如何自由才對的典型自由陷阱之中，成爲新的集體枷鎖新的不自由，從而也使得解嚴開放給文學那些個政治禁區變得更難寫更森嚴，不只問作品本身，還試圖穿透書寫者的私人空間。沒有這樣嚴格的、專業學養的，總是有點討人厭的牛虻聲音，我們，一如當前這樣，只會被懶惰的、化自由爲舒適的流俗意見所淹沒。

唐諾，現任職出版公司，並從事自由寫作，以「專業讀者」角度撰寫的書評文章尤其受到注意。著有《文字的故事》、《唐諾推理小說導讀選》、《讀者時代》、《閱讀的故事》，譯作則以推理小說為主。

一九八七：

之前與之後

張錦忠

　　如何評估或反思「後解嚴的台灣文學」及其未來，顯然有點困難。就發展的觀念而言，「後解嚴的台灣文學」，或「解嚴以來的台灣文學」這個說法，頗有以解嚴「斷裂」或「斷代」台灣文學之嫌。這樣的說法，也假設了「解嚴」是個時間點，是個疆界，解嚴之後，「台灣文學」呈現了殊異於之前的文學風貌。從文學史的脈絡來看，這當然也是部份的事實。我們的歷史的確走過解嚴，解嚴之後，台灣社會各種論述的言論自由尺度大開，但是台灣文學是否求變求新，何時求變求新，則有待回顧與考掘。另一方面，「後解嚴的台灣文學」似乎預設了「台灣文學」概念從解嚴前到解嚴後始終如一。

　　「後解嚴的台灣文學」，或「解嚴以來的台灣文學」的說法，也假設了今日台灣文學的演化發展風貌，與**解嚴**這一政治社會歷史事件關係密切或有其**必**然關係；或反過來說，解嚴前的台灣文學表現也必然和戒嚴關係密切。或者進一步假設，**如果1987年，國民政府沒有宣佈解嚴，今日台灣文學當呈現另一番面目**。當然，歷史不必也不能這樣假設，就像我們無法真的回到歷史現場一樣，文學史書寫其實是「逆向建構」。但是對建構文學史而言，這樣的思考有助於我們有想像力地思考得多一點。

　　——我們且將「政治上沒有解嚴」的大陸中國文學當作對照組。大陸中國文學在文革後或後文革時期，從傷痕文學到朦朧詩，進入新時期的「文學爆炸」，到了今天，「後文革的中國文學」的說法已不見得適用於當代中國文學，雖然文革還是作品題材（如余華的《兄弟》、王安憶的《啓蒙時代》），雖然官檢仍然在張牙舞爪（而且當然還是禁書的年代）。中國沒有政治解嚴，但是經濟解嚴，社會結構早已鬆動，資本主義早已還魂。也就是說，在中國，政治解嚴未必是文學發展的必然條件。另一方面，我們很難想像，1987年台灣如果沒有解嚴，到了今日這個「大國崛起」的情勢，對岸文化生產與消費一片火紅，我們會是怎樣的局面？

　　——同樣的，在新加坡與馬來西亞這些軟性威權國家，言論自由（文藝創作也是言論自由）尺度有限。但是我們也無法假設，一旦放寬或取消官檢，文學就會展顏。因爲文學藝術場域有其本身的市場機制與發展條件，即使作家可以毫無忌憚書寫馬共或五一三慘案，也不表示就會寫出好作品來。

　　我絕非懷念強人統治的威權時代（我也趕上那個時代到台灣來），而是「後解嚴的台灣文學」的說法，其實就是「遠離威權沒有強人時代的台灣文學」，理論上當是大鳴大放的文學時代，但實際上不然。

　　其次是，在問「後解嚴的台灣文學」如何如何之前，先問「後解嚴的台灣文學」沒有甚麼、失去甚麼、缺乏甚麼，其實是很令人氣餒的問題，但是很難不這麼提問。實際上，近十幾年來台灣文學除了本土化運動（或網路文學）外，並沒有甚麼文學運動。當然，本土化與網路文學不是文學運動，前者是鼓吹政治正確性，後者是這時代的「媒介即信息」見證。試想，缺乏運動（即

使是小運動也好），文學動不起來，沒有動力（連文學獎也像一匹疲憊的馬），台灣文學何來繁花盛開（的願景）？

那麼，還是話說從頭罷。

在台灣，政府的文化計畫自1950年代起即干預與監督台灣文學的發展。作家協會、文藝獎金、官辦文學刊物與出版社、書店主導了文學生產。要說「後解嚴的台灣文學」的結構性變化，或可以說是從官方機關主導轉爲市場自由機制主導。但這不表示解嚴以前沒有市場機制與民間論域，只是市場機制與民間論域無法充分主導，主導的是國家機器那隻「看得見（或不見）的手」。

因此，既然我們談的是「後解嚴的台灣文學」，我們可以做的就是，「回到」1987年的台灣文學場域，從1987而非2007去「回顧」，以描繪台灣文學現象與進程軌跡，看看從1987往回走，台灣文學場域的狀況如何，台灣文學的文化意識爲何。再往回走的原因是，我認爲台灣文學的「解嚴」或自由化，早於政治解嚴。例如，早在政治解嚴之前，我們就已在談新馬克思主義、後現代主義。文學與文化論述在1980年代初即已在各種**新西潮**（或我所說的「後浪新潮」）衝浪弄潮，開啓了學術界對歐美後結構主義的引進與仲介。此後多年，德希達、傅科、解構主義、女性主義等相繼登陸。若干重要刊物，如《當代》、《台北評論》、《聯合文學》的創刊，《文星》的復刊，促使一個文學與文化的公共空間運作，都是在解嚴以前的事。在文學場域，波赫士、馬奎斯、昆德拉、卡維諾在解嚴以前即印證了翻譯文學在創作文學系統裡的舉足輕重功能。台灣作家操練起魔幻寫實、後設、後現代手法，一點也不生澀，顯然受惠於波馬昆卡等域外同行。

上面提到了兩個面向／關鍵詞：即翻譯文學與學院內的文學論述。兩者對文學的影響皆在於提供新視野，引發求新求變的

動機。當年學院引進「後浪新潮」，從新馬克思主義、後現代主義到後殖民論述，對創作者亦頗能在作品反思台灣的後殖民處境，或思考台北作爲後現代都會的特質。如是者20年，當年的刊物只剩下《當代》與《聯合文學》，「後浪新潮」中後殖民論述還時有所聞。不過，**後人類論述**已在蓄勢待發。

但是文化界走過1987，在1990年代對政治（族群、性別、階級）正確性與身分屬性的追求與表態，的確是解嚴後的明顯現象。換句話說，政治經濟社會變動，當然對文學場域的運作結構有所影響。解嚴以後各種認同政治與身分論述成爲風潮，也表現在文學上。從追求政治正確性與身分屬性的視角觀之，解嚴後台灣文學表現與題材的趨勢與現象可以歸納如下：（一）去威權／政治書寫（國族寓言）：解嚴後政黨拼政治，文學也有拼政治的走向。政治書寫是解嚴以前環境的禁忌，不過1950、1960年代的反共文學其實也是當時的國族寓言；（二）性別／情慾／情色／同志書寫（酷異書寫）：解嚴以前固然不乏情色或色情文學，但是在女性主義、同志論述、性政治、身體政治的衝擊之下，情色話語造就了台灣文學的意識形態快感；（三）重申台灣（主體）性／本土性書寫／原住民文學：最本土性的，最應重申台灣／土地主體性的，其實是原住民，儘管在這方面，原住民文學和國族或民族主義極少連結；原住民文學的問題，其實還是語文的問題；（四）與國際（全球化？）接軌的時差縮短：翻譯文學成爲出版主流，尤其是國際文學獎得獎作品、英美暢銷書，往往在短時間即出現書肆；（五）台灣文學表現漸漸「華語語系化」：王安憶、莫言、西西、黃碧雲、黎紫書、李天葆、余華、李永平、張貴興、黃錦樹、蘇童、陳丹燕、虹影等華語語系作家紛紛在台北出書，甚至台灣文學也是「華語語系文學」的系統之一。

　　不過，影響台灣文學的結構性的因素，並不完全是解嚴，也不是上述趨勢現象（上述趨勢現象其實無從歸納出當代的美學標準、或當代作家非回應不可的時代美學準繩），而是**文學場域內的文學／文化生產、行銷與消費模式的改變**。網路資訊文化、跨國資本主義、全球一體化、以各種名堂之名的庸俗化，在1990年代來勢洶洶，早已打敗了傳統文化市場機制與政府的文化計畫。我們看到的是文學的「想像共同體」越來越虛擬，書寫與閱讀都在瞬息萬變的網路空間進行，文本的作者讀者身分混淆。與文學或文化生產、行銷與消費模式相關者，如消費閱讀品味的多樣、通俗化（及庸俗化）與短暫、網路／數位書寫、新文類（日漫、圖文書、電玩遊戲）的流行、鋪書通路等，才是造成台灣文學場域生態（生產、閱讀、消費〔**能力**〕）改變的元素。文學界或學院內人士往往嗟歎文學的沒落。但是這樣的嗟嘆無時不有，只是解嚴以來尤烈罷了，因為社會因解嚴而更趨多元化，文化消費的選擇更多，市場機制主導了流行文化的起落，更凸顯文學讀者的流失或文學小眾分眾化。在這樣的環境下，我們要問的是：文學在哪裡？文學讀者在哪裡？台灣文學（在書店）的能見度能有多高？這些問題其實並不容易回答。

　　台灣文學棲身的空間多在副刊、文學雜誌、網路、書籍、學院，其中網路為新興空間。這些空間形成台灣文學環境裡的書寫、生產、閱讀、消費、詮釋／評論等行為。換句話說，行銷與推廣台灣文學，其實即行銷與推廣文學系統裡的書寫、生產、閱讀、消費、詮釋／評論諸環行為。過去兩大報或三大報的文學獎，今天各縣市文化局的文學作品出版補助獎勵，文建會或國藝會的補助，學校系所舉辦的相關學術研討會，對促銷與推廣台灣文學皆有其貢獻。不過，報禁解除之後，副刊越來越多元，文學副刊

與其他副刊之間的界線模糊，文學副刊不啻邊緣化（在文學副刊黃金時期，人間與聯副競相爭取國內外名家作品，為重要的文學動力），文學雜誌不多（故缺乏競爭性），發表與出版園地萎縮（其實是書店裡的文學書賣得不好，若干出版集團惟利是圖，往往以「台灣出版即將崩盤」來嚇自己，作為拒絕出版文學書的理由），文學讀者越來越少，造成文學不景氣的長期低迷氣氛。

嚴肅或高雅文學的小眾或分眾化，也反映了解嚴後文化資本與資源的非菁英化（人人都是作家，至少在部落格的網路空間，人人都可以是詩人或作家）。解嚴前新批評與現代主義的典律塑造了文學的高雅化與菁英化，文學乃中產文化的印象。但是解嚴後在自由市場機制的衝擊下，由於生產模式改變，消費者年齡層下降，圖象媒體文化得勢，網路文化盛行，勢必——矛盾地——促成文學傾向一個M型的樣態：一方面非菁英化與非典律化分居高峰兩端，另一方面更趨小眾分眾化。高雅創作文學的存在空間，就在小眾分眾化的谷底，或棲身學院建制（如中外文系、台文系所）的學術空間，沒有「自己的房間」（君不見我們的文學刊物、詩刊幾乎已是瀕臨絕種動物，可是天底下哪有沒有文學刊物、沒有詩刊的文壇？）。

張錦忠，中山大學外文系副教授，著有《南洋論述：馬華文學與文化屬性》（麥田出版），目前研究興趣為離散論述與東南亞華文學的現代主義。

解嚴以來的台灣小說：

回顧與展望　　　　　　　　　　　　　劉亮雅

　　這個題目很大，在有限的篇幅裡只能做簡單的概述。2003年，邱貴芬邀我加入國科會整合型計劃「台灣女性小說史」。我們有五個人，依照負責的時期，從日治以來分別是：陳建忠、應鳳凰、邱貴芬、張誦聖和我；我負責解嚴後的這段。隔年，大家發現女性小說史難以脫離整個小說史脈絡，但如果談完台灣小說史再談台灣女性小說史，篇幅將會太長且討論也難免重疊，因此決定將方向改為「台灣小說史」，但加入過去台灣文學史裡較被忽視的女性小說，而在史觀上也加入以前較不重視的性別視野。我們每年都開研討會討論成果，除了互相切磋，也邀請計劃以外的資深學者講評。我最後完成了5萬5千字的小說史〈後現代與後殖民：論解嚴以來的台灣小說〉，收在我的專書《後現代與後殖民：解嚴以來台灣小說專論》（2006）裡的第一章（這本書獲得國科會人文學中心補助出版，並獲得台大傑出學術專書獎）。2007年，計劃成員共同出版成果《台灣小說史論》，這篇則是最後一章。在過去十多年，我做了很多有關解嚴以來台灣小說的研究，發表在《中外文學》等重要的文學研究期刊，再收入我的3本論著《慾望更衣室：情色小說的政治與美學》（1998）、《情色世紀末：小說、性別、文化、美學》（2001）、《後現代與後殖民：解

嚴以來台灣小說專論》(2006)。就單篇論文而言，我探討過的作家包括朱天文、邱妙津、李昂、施叔青、朱天心、舞鶴、平路、紀大偉、賴香吟、成英姝、洪凌、陳雪、陳燁等等；其中有些是在書寫小說史的同時完成的。有了這些累積，讓我有相當的準備接下「解嚴以來小說史」這份龐大艱鉅的工作，盡可能全面性地探討解嚴以來的文學與文化。討論的作家包括朱天心、朱天文、李昂、施叔青、張大春、舞鶴、平路、林燿德、陳燁、楊照、袁瓊瓊、蘇偉貞、田雅各（拓拔斯・塔馬匹瑪）、宋澤萊、王家祥、賴香吟、邱妙津、章緣、成英姝、駱以軍、紀大偉、陳雪、洪凌、張貴興、黃錦樹等。

在我看來，後現代與後殖民的並置、角力和混雜，乃是解嚴以來主導的文化思想、文學主題與美學手法。後現代與後殖民理論都來自西方，引介都涉及了文化翻譯問題，以及它們與台灣既有的思想和傳統的連結關係。尤其後現代，甚至引發移植方式適切性的論辯，廣泛來說後者也屬翻譯問題。後現代於1980年代中期和1990年代初期分兩波傳入，後殖民則於1990年代初期引進，都引領風騷，兩者很長時間各擁一片天，彼此角力或合作，時而產生中間混雜地帶。參與後現代與後殖民熱潮者從學院裡的外文系、比較文學、中文系等科系學者，到新銳或重量級文學家、批評家，到主導文學風向的副刊、雜誌、期刊、出版社主編與編輯。

後現代與後殖民的翻譯效應，包括了幾場主要論戰，相關的本土化、原住民、女性、同志等社會運動及論戰，乃至於全面的文化、社會、藝術、媒體機制。台灣的後現代標舉跨國雜燴、多元異質、身分流動、解構主體性、去歷史深度、懷疑論、表層、通俗文化、商品化、（台北）都會中心、戲耍和表演性；而台灣的後殖民則著重抵抗殖民、本土化、重構國家和族群身分、建立主

體性、挖掘歷史深度、殖民擬仿，以及殖民與被殖民、都會與邊緣之間的含混、交涉、挪用、翻譯。乍看後現代早於後殖民，然而無論日治時期的新文化運動或是1980年代初開始的本土化運動，都具有文化上的後殖民精神；1987年解嚴，1988年第一位本土籍總統出現，則具有政治上的後殖民意含。早在1971年，台灣在聯合國的中國席次被中華人民共和國取代，1979年台灣與美國斷交，便使得國民黨政府自1949年正式遷台以來以中國正統自居的合法性受到嚴厲挑戰。後現代與後殖民自解嚴以來持續發燒，顯現台灣內在的匱缺與欲求：1980年代以來經濟繁榮卻被邊緣化為國際孤兒的窘境，以及1979年美麗島事件所促發的政治反對運動和本土化運動，讓國民黨中國中心的威權統治失去正當性，而必須漸漸轉為台灣中心。1980年代以來，本土化和民主化已成了擋不住的潮流。台灣的民主、進步、繁榮，以及中共對台灣的武力威脅，讓台灣人民形成了「生命共同體」。本土化則讓昔日被國民黨抹煞打壓的本土歷史與文化逐漸浮現，族群矛盾也正式浮出檯面。另一方面，解嚴所代表的民主化的成功，給予社會運動更多空間，女性主義、同志運動以及學生運動都很興盛。翻譯的後現代與後殖民是在文化無意識層面希圖終結威權統治，促進多元文化實踐，建構市民社會，並找尋台灣的國家定位。由於後殖民關注於重構國家和族群身分，而後現代則一方面強調多元異質，另一方面要玩身分流動、對身分認同抱持懷疑，因此後殖民與後現代的匯集便又激盪出性別、族群、性取向等多元身分認同，以及各種社會運動。後現代與後殖民的台灣演繹，見證了文化翻譯在解嚴以來特殊時空下龐大的生產力。與其說這只是對西方思潮的模仿學舌，不如說透過激烈的論戰，它們的問題性都被發揚或釐清。媒體和出版生態在後現代與後殖民熱潮中扮演重要

角色，甚至進一步影響了小說書寫。

　　後殖民與後現代衝擊了解嚴以來的小說書寫，成爲解嚴以來小說的主導精神，因此外省第二代、閩客小說，原住民意識、女性意識、同志與酷兒、在台馬華小說、後現代懷疑論小說，乃至於都市、跨國性、多重殖民等不同主題的小說都很蓬勃。後殖民議題牽扯了複雜的族群身分政治，使得解嚴以來許多作家投入歷史記憶書寫。解嚴、二二八議題的解禁，讓閩客族群終於可以書寫二二八、白色恐怖題材，批判國民黨對台灣的殖民歷史；陳燁的《泥河》、李昂的《迷園》、〈彩妝血祭〉、舞鶴的〈調查：敘述〉、楊照的《暗巷迷夜》都是佳例。原住民運動受到本土化運動的鼓舞而興起，一方面和閩、客的反對運動一樣，對抗壓迫他們的國民黨政權，另方面也反抗強勢的漢文化。解嚴後並進一步發展爲原住民文化復振運動，不少原住民知識精英如瓦歷斯·諾幹、利格拉樂·阿鳥、夏曼·藍波安回到部落，寫下田野調查和部落札記，傳承耆老的口述記憶。原住民意識小說也同時勃興，例如田雅各的《最後的獵人》、《情人與妓女》、舞鶴的《思索阿邦、卡露斯》、《餘生》。《餘生》採取田野調查和部落札記的形式，讓漢人敘述者深入泰雅部落生活的點滴，探索霧社事件的當代意義，包括國民黨官方歷史不曾提到的第二次霧社事件；透過部落裡的眾聲喧嘩，解構又重構歷史，辯證泰雅族的今昔。此外，宋澤萊的《血色蝙蝠降臨的城市》、王家祥的《倒風內海》也探討多重殖民、多元族群主題。與此同時，外省人則必須和「台灣」、「中國」重新協商，面對「中華民國」等於台灣的政治現實。眷村小說例如袁瓊瓊的《今生緣》、蘇偉貞的《離開同方》、朱天心的〈想我眷村的兄弟們〉、〈古都〉、朱天文的《荒人手記》尤其展現這點。張大春的《四喜憂國》、《大說

謊家》則屬於後現代懷疑論小說，一方面解構戒嚴時期大論述以
及媒體的真理性，嘲弄白色恐怖所締造的情治王國以及國民黨官
方媒體的謊言，另方面政治立場卻略帶虛無曖昧。平路的《行道
天涯》、〈百齡箋〉在後現代懷疑論之外，加入了外省第二代的
台灣認同；兩書將中華民國國母宋慶齡、宋美齡去神格化，別具
對國民黨官方歷史的批判性。後殖民與後現代的混雜以及特殊的
族裔認同政治，也促使在台馬華作家興起。在台馬華作家一方面
對馬來西亞和中國抱有雙重認同，另方面又強調雙重離散，或顯
現他們自中國離散，自馬來西亞放逐。張貴興的《群象》和黃錦
樹的《烏暗暝》都是代表作。另一方面，1990年代初女性主義運
動更趨多元，刺激了女性意識小說的發展，在女性覺醒、女性情
誼和女性情慾等主題上多所探索。同志運動首先寄身於女性運
動，而在1990年代中期因抗議台北市政府將新公園改名爲二二八
紀念公園，聲勢逐漸壯大。同志運動追求主體性的訴求，呼應了
反對運動追求台灣主體性的訴求。同志與酷兒小說也因此備受矚
目。在都市小說方面，台北都會的新興部族以及反對運動則是新
的焦點。前者以朱天文的《世紀末的華麗》、朱天心的《想我眷
村的兄弟們》、《古都》、李昂的《迷園》、施叔青的《微醺彩
妝》、駱以軍《我們自夜闇的酒館離開》、《紅字團》最爲突出。
後者則展現在賴香吟的〈虛構與紀實〉、〈喧嘩與酩酊〉、〈翻
譯者〉、朱天心的〈佛滅〉、李昂的《北港香爐人人插》等等。

　　後殖民小說去除中國中心，而以台灣中心歷史觀出發，挖掘
原住民以及閩、客、外省等不同時期移民的歷史記憶，探討台灣
歷經多重殖民的創傷、對新舊殖民主義的交涉挪用，以及殖民遺
產轉化至今的影響，藉此重構國家和族群身分。後現代小說則標
舉多元異質、身分流動、去歷史深度、懷疑論，擺出「後國家」

的姿態，藉此解構主體性、迴避國家認同。後殖民小說探索的諸多歷史記憶主題包括二二八、白色恐怖、原住民、多重殖民、多元族群；這與後現代小說著重表層、感官、戲耍、身分流動、懷疑論、虛擬、雜燴、商品化和表演性等主題截然不同。然而在都市小說和跨國性主題上，特別可以看出後現代與後殖民的並置、角力和混雜。例如施叔青的《微醺彩妝》一方面刻畫台北媒體炒作跨國流行文化，嘲諷商品化之下的後現代景觀，又隱隱認同其中的感官烏托邦想望；另方面又把個人生命史放入地方志或整個台灣歷史脈絡來看，探討台灣的殖民創傷和殖民遺產轉化至今的影響。全書跨出台北、跨出單一視角而富於後殖民的交涉、對話，且後殖民終究凌駕了後現代。就女性和同志小說而言，年輕作家受到女性主義「個人即政治」以小搏大的啓發，經常訴諸女性和同志的跨國性，甚至刻意將社會脈絡的描繪減至最低，以揭發、批判女性和同志所遭受的國家、社會、家庭暴力，突顯女性和同志身分，在精神上較趨近於後現代的去歷史；例如邱妙津的《鱷魚手記》、《蒙馬特遺書》、章緣《更衣室的女人》、成英姝的《公主徹夜未眠》、陳雪的《惡女書》。酷兒小說像紀大偉的《感官世界》、洪凌的《肢解異獸》經常糅雜科幻和奇幻小說成分，耍玩性別身分不穩定和同性情慾流動，更是明顯的後現代小說。然而中生代作家在處理這類題材時則顯露國族與女性或同志主題的纏繞，例如李昂的《迷園》、〈禁色之夜〉、〈彩妝血祭〉、施叔青的《香港三部曲》、《維多利亞俱樂部》、朱天心的〈古都〉、朱天文的《荒人手記》、賴香吟的〈翻譯者〉。美學上，後現代標榜後設實驗、語言遊戲和魔幻寫實，後殖民則從多音書寫、說故事到魔幻寫實，各具特色。此外，後殖民與後現代激盪外鑠出原住民、閩、客、外省第二代、女性、同性戀、在台馬華

等多元身分。這些身分之間可能連結交錯或有著緊張衝突關係，而多元身分也可能引發保守勢力的反挫反動。作家採取的書寫策略和位置各有不同，這些不同位置所構成的複雜圖像正顯現小說裡後現代與後殖民的並置、角力與鑲嵌。

　　一晃眼解嚴已20年了。文學史的書寫往往需要時間的沉澱，才能爬梳整個複雜的圖像。我在小說史〈後現代與後殖民：論解嚴以來的台灣小說〉一文中主要的焦點放在解嚴到2000年。2000年開始，本土政權入主中央，文化與文學的發展與之前有所銜接，但也有一些變化，或許到2010年會看得更加清楚。就我目前看到的，兩千年以來，同志和原住民意識小說稍微有些沒落，歷史記憶和其他族裔小說以及女性小說依然當紅，新近值得注意的則是自然書寫以及動物書寫的發展。自然書寫在1980年代就已出現，但1990年代末期進一步論述化，包含了環保議題和土地認同。歷史記憶小說加入了自然書寫，增添了對在地自然和地理環境的關注。動物書寫與自然書寫有一點重疊，都注重自然保育，其對動物的關懷爲台灣文學注入新的視野，後續的發展值得注意。例如吳明益的〈複眼人〉藉由科幻小說探討人與自然的關係，包括以理性或觀光之名對自然的破壞、物化，以及從保育出發對自然的融入、模擬。昆蟲才有複眼，人眼看不到昆蟲所看到的。「複眼人」擁有蝴蝶的複眼，因此能感知蝴蝶所感知的。當然實際上不可能有「複眼人」的存在，這個奇幻的人物只是個比喻，要我們打破以人爲中心，尊重自然界的秩序。

劉亮雅，現任台大外文系教授兼系主任。研究台灣當代小說、英美20世紀文學、女性文學與理論、同志文學與理論、文化理論。著有《後現代與後殖民：解嚴以來台灣小說專論》(2006)、《情色世紀末：小說、性別、文化、美學》(2001)、《慾望更衣室：情色小說的政治與美學》(1998)等書，合著《台灣小說史論》(2007)。編譯《吳爾芙讀本》。目前研究2000年以來台灣女性小說與自然書寫。

複數記憶的浮現：

解嚴後的台灣文學趨向　　　　陳芳明

釋放被壓抑的記憶

　　到達解嚴之前，台灣社會的思想活動已率先自我解放。這種解放不僅見證於黨外雜誌的滋生蔓延，也顯現在文學想像的蓬勃盛放。以暗潮洶湧來概括1980年代的文學風景，絕非誇張。在1987年解嚴前，至少已經看到黃凡《賴索》、《傷心城》的政治小說（1983），李昂《殺夫》與廖輝英《油麻菜籽》的女性小說（1983），以及白先勇《孽子》的同志小說（1984）。這些作品幾乎在同一時間問世，一方面宣告作家對苦悶政治環境的不耐，一方面似乎也呼應了當時社會的騷動現象。

　　從老兵返鄉運動、原住民復權運動，到農民北上遊行運動、勞工運動、女性運動、學生運動，反映了政治的、經濟的、社會的求變聲音從島上各個角落發抒出來。潛藏在作家思考的爆發能量，也在1980年代初期釋放出來，適時參加了這場前所未有的歷史大合唱。

　　在宣佈戒嚴時期正式終結的1987年，頗具象徵意義的一個事件也同時發生，那就是葉石濤《台灣文學史綱》的付梓出版。這

冊歷史作品，在於總結整個威權時期（包括日治殖民體制與戰後戒嚴體制）的文學流變，也在於預告一個全新的文學生產即將到來。葉石濤的《史綱》也許失之簡略，卻足夠讓後人窺見台灣文學曾經有過的壓抑與掙扎。不過，這冊專著更為重要的意義，在於它拉出另一條歷史記憶。在中原取向的黨國教育之下，台灣歷史記憶曾經受到長期的遮蔽，或者只能依附於中國歷史的邊陲。遠在1965年，葉石濤便已發誓要寫出一部台灣文學史。必須經過20餘年之後，他才完成了誓願的實現。《史綱》的出版，意味著複數記憶的浮現。縱然這冊規模有限的史書還不能與龐大的政治論述相互比並，卻已釋出一個強烈的暗示；被壓抑的許多記憶，就將要在威權體制鬆動之際不斷湧現冒出。

　　經過1977年文學論戰的洗禮，台灣文學與台灣歷史的結盟似乎已形成鮮明的趨勢。鄉土文學論戰的硝煙瀰漫時，統獨兩條路線的思考也逐步在形塑之中。這場論戰，由於歷史條件的限制，並未提出具體的答案。不過，雙方陣營掀起的文學思考，已開始挑戰質疑國民黨文藝政策的威權。台灣作家對於政治權力的干涉，都已表現出相當程度的不耐。1979年美麗島事件的爆發，使得鄉土文學論戰的後續發展被迫中止。但是，作家對國民黨體制的抗拒與批判並未熄滅。1982年至1983年再度爆發台灣意識論戰，正好可以證明所謂的文藝政策，已失去能力制約作家的思考。

　　對於統派而言，國民黨的思考立場不足以承擔「中國」的真正意義。對獨派來說，國民黨的中原取向也不能負載「台灣」的具體內容。因此，威權體制遭到民主運動挑戰時，它長期構築的政治大敘述很快就出現疲態。陳映真在1980年代所寫的政治小說〈山路〉、〈鈴鐺花〉，開始為50年代的白色恐怖記憶發出聲音。鍾肇政的歷史小說《怒濤》、李喬的長篇小說《埋冤一九四七》、

東方白的大河小說《浪淘沙》，也開始揭開二二八事件的記憶。
這些文學作品問世時，等於是宣告國民黨的立場既不夠「中國」，
也不夠「台灣」。

　　富有濃厚意識型態的這些文學作品，在藝術成就上可能有其
侷限，但在一定程度上卻完成其特殊的歷史任務，那就是在國民
黨主導的歷史記憶之外，挖掘出被埋葬許久的民間記憶。歷史造
像運動在解嚴前後幾乎臻於高峰，弔詭的是，當整個文壇走向開
放之際，1970年代崛起的鄉土文學運動卻出現式微的跡象。

　　鄉土文學運動也許不能以沒落來概括，但是，它的力道已沒
有1970年代的氣勢那樣旺盛。究其原因，當然可以從經濟結構的
改變來解釋。全球化的風潮在解嚴前後逐步席捲脆弱渺小的海
島，當台灣被整編到世界經濟體系時，鄉土的內容也不能不受到
改造。不過，從文學創造的本身來看，鄉土文學的思考是以台灣
意識爲主要基礎。台灣意識萌芽時，就已具備民族主義論述的形
式。這種素樸的民族主義，便是用來對抗國民黨所灌輸的中華民
族主義。從語法使用到藝術技巧，鄉土文學的書寫策略無非是以
台灣意識的大敘述來挑戰中原意識的大敘述。經過10年的對峙與
挑戰，無可懷疑的，已形塑了相當堅強的本土論。

　　然而，本土論的伸張並未在鄉土文學運動中開花結果，反而
是嫁接到1980年代的民主運動。尤其是1986年民主進步黨成立之
後，本土論已不再是文學論述，它成爲了反對運動的政治論述。
本土論的轉移，使鄉土文學加速結束它在特定歷史階段的任務。
如果台灣意識式的民族主義思考是爲了取代國民黨的中華民族
主義，在政治運動的場域反而可以發揮立即而明顯的效果。相形
之下，本土論在鄉土文學的創作中，能夠獲得的批判能量變得相
當有限。不僅如此，大敘述的書寫策略，也很難吸引在1980年代

登場的作家。他們追求的是一種後結構主義的藝術思考，更爲細膩而深刻的想像與感覺。

威權崩解的前夕，新的文學理論源源不絕輸入台灣。從傅柯、羅蘭巴特、德希達的解構理論，到女性主義、同志理論、後殖民理論、後現代理論，在解嚴之際不斷湧入。伴隨新的文學思潮的進口，外來的文學翻譯也同時刷新讀者的思維。昆德拉、馬奎茲、卡爾維諾、村上春樹的小說，也在最短期間成爲讀書市場耳熟能詳的名字。

台灣作家並不是因爲受到外來思想的影響而有了轉向，較爲安全地說，他們在追求自我解放的慾望時，借助於新的文學理論與翻譯作品的燃燒而變得更爲旺盛。一元論、中心論的文學觀念，曾經主宰台灣文壇數十年之久，至此漸漸被正在崛起的文學思維所取代。女性文學的大量生產，抗拒的是男性中心論；眷村文學的抬頭，質疑的是黨國中心論；原住民文學的甦醒，挑戰的是漢人中心論；同志文學的出現，批判的是異性戀中心論。這是前所未有的文學趨勢，不僅在於建構新的台灣文化主體，更重要的是，也在於強調彼此的差異。性別的、族群的、階級的差異，無疑是構成了解嚴後台灣文學發展的主要特質。

複數記憶的具體浮現

歷史記憶的重建運動，不再只是屬於本土論者。那種總體性的、父權式的思維，已不可能概括台灣社會內部的所有記憶。突破中華民族主義論與台灣意識論的行動，來自女性作家對男性歷史書寫的質疑。歷史撰寫權自來就是操在男性手上，壟斷了歷史解釋權，等於掌握社會的全部記憶。女性身份與思維之遭到徹底

擦拭，無非是由於男性史家的偏頗史觀。如果女性要獲得發言權，就必須向男性學舌或模仿。這種情況在1980年代的後半期開始被改寫。

女性作家以小說形式介入歷史書寫，是解嚴後值得注意的現象。以文學干涉歷史，是相當重要的策略。傳統男性史觀在解釋歷史事實時，往往過於偏愛「分水嶺」、「轉捩點」、「關鍵性」、「導火線」之類的時間點。大事件、大人格的描述，可以膨脹男性在歷史上的重要位置，而那樣的位置終究不是女性能夠輕易抵達的。

要翻轉在歷史發言權的劣勢，女性作家並不汲汲於營造大敘述的書寫，而是從細微的、枝節的地方著手。這種細緻而深刻的挖掘，正是男性史家從來不會注意的。傳統史家看到的盡是壯闊的歷史場景，只有在大規模的時間背景下，才能塑造英雄式、帝王式的人格。女性作家反其道而行，選擇從自己的身體與感覺出發，甚至是從被壓抑的無意識世界出發。她們採取徐徐圖圖的方式，對男性史觀進行解構。

三位女性作家在解嚴前後不約而同選擇歷史題材來營造小說，包括平路、李昂、施叔青，開啓了前人未曾有過的想像。她們刻意在男性撰寫的歷史作品之上添加新的情節故事，縱然是出自虛構，卻反而更爲眞實地貼近歷史。平路所寫的《誰殺了×××》（1991）與《行道天涯》（1995），首度對國民黨所尊崇的歷史記憶進行顛覆。《誰殺了×××》暗示的是蔣經國的情史，而《行道天涯》則是直接在書的封面印上：「孫中山與宋慶齡的愛情故事」。神聖莊嚴的黨國歷史，幾乎是所有史家的禁地。平路勇於直探禁區，並不挑戰官方所建構的史實，她從偉大人物身邊的女性，長期受到忽視的女性身體開始建構記憶。

男性史家對於過去的政治事實酷嗜歷史化（historicized），但是平路並不介入時間敘述，她最高明的地方便是把男性的時間予以空間化（spatialized）。這當然已是耳熟能詳的女性主義者的書寫策略。所謂空間化，便是不必斤斤計較於時間的正確與否，反而是小說人物的心理空間值得細心經營。平路的《行道天涯》，完全不去侵犯孫中山的崇高人格，甚至也不褻瀆他的民族精神象徵。凡是觸及黨國歷史，平路刻意遵循既有的官方格局，她的小說創造全然聚焦在宋慶齡身上。孫中山去世時，宋慶齡正處在30年華，擁有成熟的女性軀體。她進入宋慶齡的內心世界，探索這位被尊崇為國母的情感、慾望、記憶、想像。年輕的生命必然還具有憧憬與嚮往的能力，國族榮耀加諸在國母身上的枷鎖，也必然使她掙扎抗拒。平路從平凡女性的感覺去推想宋慶齡的內心騷動。這種對歷史人物的空間閱讀，恰好是傳統史家無法也無能處理的。以肉體對照國體，以情慾比並情操，相當鮮明地揭露了男性史觀的虛偽與矯情。孫中山終其一生投身於救國救民，竟無法挽救他身邊女性的肉體煎熬。

宋慶齡升格成為一位受到國家尊崇的女性後，看不見的道德、榮譽、名位都降臨在她生命。她的尊貴，變成她的囚牢。而那樣的尊貴不是由她努力爭取得來，只不過是受到丈夫的庇蔭，餘生都要活在他的陰影裡。她的人格，是依照男性的價值觀念量身訂造。平路的歷史故事，恰恰可以暴露男性記憶之禁不起檢驗。

李昂同樣以女性故事介入歷史的書寫。平路撰寫的是辛亥革命運動，李昂的《北港香爐人人插》（1997）則集中刻畫台灣民主運動。如果平路的筆法在於批判中華民族主義史觀，李昂的小說便是在反諷台灣意識論者的歷史記憶。事實上，她的小說原是以「戴貞操帶的魔鬼」作為系列主題。「貞操帶」隱喻男性道德，

「魔鬼」暗示女性情慾。台灣民主運動在本土論的塑造之下，也是另一種莊嚴的大敘述。但是追求自由、民主、解放的政治運動，不僅不能拯救女性，竟帶來更多的枷鎖與束縛。

施叔青的《香港三部曲》（1993-1997）全然取徑不同的策略，更進一步揭穿男性史觀的虛張聲勢。她寫香港故事，自然有其焦慮。施叔青擔心的是，香港歸還中國之後的命運，可能重蹈天安門事件的覆轍。這部龐大小說，其實是從最細微的地方發展出來：故事中的女性是一位妓女，歷史的開端則始自於一場鼠疫。施叔青的企圖是爲了達到以小搏大的效果，質言之，既要批判西方的殖民主義，也要抗拒中國的霸權心態。

三位女性作家的技藝，開啓了1990年代的女性歷史風景。她們的作品正式宣告，男性的莊嚴歷史記錄隱藏了多少虛構、變造、加工、跳接的記憶。格局越大的歷史書寫，更容易填塞越多的政治謊言。她們透過女性身體的探索，窺見了迷霧背後的歷史眞相。男性的威權縱然沒有因此而萎頓，至少可以確信的是，新的歷史書寫已經朝向女性知識論的建構去積極追求。

在歷史書寫的同時，解嚴後的女性作家也更加辛勤地在家族與自傳的議題構築故事。值得注意的便是朱天心所寫的眷村文學三部曲，包括《想我眷村的兄弟們》（1992），《古都》（1997），《漫遊者》（2002）。眷村是外省族群的特殊記憶，在政經結構產生急劇變化之際，這樣的記憶已無法躲避凋萎的命運。然而，眷村卻是一個世代流亡族群的集體記憶。在錯綜複雜的歷史交會之下，他們彷彿是注定要被遺忘的。國民黨絕情的棄擲，民進黨政治正確式的排斥，共產黨疏離的冷漠以對，使有過眷村經驗的外省族群在歷史洪流中找不到確切的定位。朱天心有意爲這種飄流的命運留下見證。她選擇在所有主流思考中挖出一條不可磨滅

的記憶，聲音可能是細微的，但造成的回響卻異常巨大。

屬於外省族群的作家中，張大春採取一種更高的姿態，俯視變化中的台灣社會。他文字很冷，技藝卻極高深。他也可能是解嚴前後最具透視能力、揭穿歷史騙局與政治謊言的作家。從《四喜憂國》（1988）、《大說謊家》（1989），到《撒謊的信徒》（1996）、《本事》（1998），他以正面的態度批判歷史的虛構。在故事裡，他比所有的政治人物還會說謊，還更具有能力編造事實。他要挑戰的是，歷史上的真理不必然是真理，小說中的謊言不必然是謊言。甚至，謊言深處竟存在著真理。在事實與虛構之間，他尊崇的是小說。沒有一位作家可以如此放膽，刻意貶低歷史價值，而更惡意蔑視政治人物。張大春暗示的是，事實若是可以編造，記憶當然可以創造。《本事》這本書附有英文譯名：「Pseudo-Knowledge」，亦即「偽知識」。即像雜文又像札記的這本書，以魚目混珠的方式，把事實與偽造摻雜成一種既像知識又不像知識的文體。他以這種文體來鑑照學術殿堂所傳授的知識，近乎戲謔的批判，更加彰顯人間有多少謊言在流竄傳播。

在這場重建記憶的風潮裡，原住民作家也沒有缺席。在台灣的族群中，受到歷史失憶症侵襲者，莫過於原住民。這不僅是外來殖民者與漢人移民者的文字書寫取代了他們的記憶，原住民的固有神話傳說也遭到篡改與變造。透過壓迫、掠奪的手段，漢人沙文主義取得了記憶的合法化，原住民的文化資產幾乎被破壞淨盡。1980年代以後，原住民的復權運動點燃了建構歷史記憶的希望。

泰雅族詩人瓦歷斯·諾幹，曾經沉痛表示，他讀完18冊的《台中縣志》，只「看到漢人的開墾史，完全看不到原住民的部落史」。這種以粗暴方式擦拭歷史記憶的伎倆，正是漢人中心論的罪證。

在歷史上原住民缺席的地方，正好可以看到殖民者與漢人的傲慢。因此，原住民書寫的大量生產，縱然是被迫使用漢字，已經可以預告台灣的歷史記憶必須重新改寫。

瓦歷斯・諾幹的詩集《想念族人》（1994），在於書寫原住民在他們的原鄉台灣四處流離失所的景象。如果原住民有自己的文字，這本詩集可以把感情表達地更為透徹。然而，他藉用漢文來書寫，充滿了壓抑的憤怒。詩集裡看到的原住民，流亡在礦區，在城市，在海洋，他們四處為家，唯一不能企及的竟是自己的部落。他的文字極為乾淨，節奏亦極舒緩，然而一股抑鬱之氣直通讀者鼻息。他的另一冊詩集《伊能再踏查》（1999），則是追溯族人的記憶，對日本殖民者提出控訴。瓦歷斯・諾幹的生產力極為旺盛，他的作品也足夠使他成為重要的傑出詩人。

在威權時代，記憶被變造、被擦拭的經驗，至今仍是餘悸猶存。解嚴20年來，已經見證島上的性別與族群釋放長期被壓抑的記憶。沒有一個族群的記憶，可以取代另一族群的記憶。也沒有任何一個特定族群的歷史，可以代表全部族群的歷史。所有的記憶，都可以成為文學想像的根源。台灣文學的生產力與創造力，能夠臻於蓬勃狀態，正是因為所有的歷史記憶獲得釋放與盛放的空間。如果有所謂的台灣歷史記憶，那必然是由所有性別與族群的不同生命經驗所鍛鑄而成。

然而，新的記憶也源源不絕注入台灣。外籍新娘創造的新台灣之子，正在融入台灣社會的階段。他們的記憶，必然是在台灣經驗之外，還添加了來自母親的歷史經驗；而那樣的經驗可能來自菲律賓、泰國、越南、印尼、中國。台灣的歷史經驗，無非是原住民、移民者、殖民者所共同擘畫，這是台灣文化的力量能夠保持生動活潑的重要原因。未來的台灣文學生產，必然會有新台

灣之子的貢獻。歷史想像將不只是南京大屠殺或二二八事件，越戰創傷的記憶也有可能會匯入台灣文學的想像。

學習尊重不同的記憶，其實也就是在學習如何保存台灣文化生生不息的動力。所有個別的記憶，都是獨一無二，都是無法複製。回望20年來的台灣，啓開的歷史閘門不容再關閉。文學因為記憶釋放，想像才獲得盛放。

陳芳明，現任政治大學台灣文學研究所教授兼所長，即將出版《台灣新文學史》，目前正撰寫《現代主義及其不爽》。

思想鉤沉

許壽裳與「阿里倉倉、氣象熾昌」：1945-1948

謝金蓉

後1949：複雜的新人生

　　1949年，國民政府撤遷台灣，兩岸之間波濤倥傯，突如其來的離散人潮，湧入台灣街巷。《中央日報》上一則則小廣告，吐露了時代劇變的無奈：

> 程勵兄：
> 　　弟今由海南島來臺，希見報速至基隆愛二路華興旅館一敘為盼。
>
> 　　　　　　　　　　　　　　一五一師　　張啟

　　稀疏數字的尋人啟事，交代了一位張姓來台人士，正在基隆一幢旅館，等候赴台友人的連繫。順利落腳的大陸人士，有的迎接新人生，像是劉慶瑞和郭婉容刊登結婚喜訊；也有慘遭處決的白色恐怖犧牲者林正亨，被1950年1月9日的《中央日報》宣判了他在台灣的結局：「奸匪組織人犯處決，林正亨、傅世明昨已槍斃」。同一天，《中央日報》上刊登北平福民醫院醫師「遷臺應

診」，也有由南京來台的中醫師、漢口一位女醫師來台開接生診所的廣告、上海「國泰豐油號」臺灣分號的開張廣告，本店在南京的「文藝刻印社」，臺北分社的開店廣告則宣稱：「京滬技師，彫刻精良」。

電影院看板、書店櫥窗，也紛紛傳達民間社會的變化。同樣在1950年開春，永樂大戲院上演顧正秋的京戲「法門寺」，大世界戲院放映米高梅公司的洋片，中山堂上演華納出品的「冒險愛情巨片：卡薩布蘭加」；成都路10號的大眾劇場，每天晚上推出「平劇精華、南北滑稽」的「癡女殉情記」。臺灣省新聞處電影製片廠（中影前身）在植物園裡舉行新年電影欣賞會，片單有費穆導演的「小城之春」，也有派拉蒙出品的「魯漢艷遇」。為了因應遷台人士的需要，教授台語的補習班應運而生，「臺灣話・各國話招生」的招牌出現在街上。

「後1949」帶來的改變，遠複雜於「後1945」。不過，「後1949」開展的複雜新人生，至少必須從「後1945」去理解。「後1945」開啟了台灣去殖民統治的新人生，一股新鮮的朝氣瀰漫在「光復」的主旋律裡，那是呂赫若才能寫出來的感動：

> ……這是人生很難再逢的場面，店攤上居然也出現了走馬燈、軍靴等軍用品，這是戰爭的遺產，它脈動著超越理非善惡層次，對現實痛烈的批判。變回昨天的今天的姿態，強而有力的新生台灣的氣息，正從這個龍山寺廣場燃燒起來，我想距離全島各地都步調一致地走上這和平戰列的日子，該不很遠吧！[1]

1　見1945年9月21日《台灣新報》〈街頭拾零〉專欄，筆者訪問《1945：

「後1949」從中國遷來的離散人潮，帶給台灣社會巨大的變化，圖為當時報上常見的尋人啓事（1950年2月10日中央日報）。

　　老社區龍山寺所煥發的新生味，反映了「後1945」台灣社會想要脫胎換骨的渴求，這種想望，因為「後1949」的到來、因為族裔結構的嚴重變化，而有了多面向的質變。不過，歷史的分期，不能粗暴地以蔣氏政權的撤遷作為唯一的分際。在1949年國民黨政權遷來台灣之前，已經陸續有具備政治、社會、學術、文化背景的大陸人士登岸台灣，即使他們停留的時間很短，但短而深切的介入，不見得意謂著空白。被歷史所遺忘的留白，更應得到新的注目。

許壽裳：魯迅的台灣傳人

　　影響中國20世紀甚為重要的文化巨人魯迅，並沒有像章太炎、郁達夫、錢鍾書一樣，曾經短暫停留台灣。不過，魯迅卻有

（續）────────────

　　　破曉時刻的台灣》作者曾健民，這篇沒有署名的報導文學式專欄，
　　　極有可能出自呂赫若之手。

兩位傳人，對台灣戰後的文藝
思潮、學術文化發展，產生了
重要的影響。一位是木刻版畫
家黃榮燦[2]，雖然魯迅和他並沒
有直接的師生關係，但魯迅推
動木刻版畫的精神，由黃榮燦
奉爲圭臬，並播遷來台。另一
位「傳人」是魯迅的摯友許壽
裳，魯迅在台灣的接受學，始
自日治時期台灣知識分子從日
本引進的魯迅日文譯本；《台
灣日日新報》上大版面的日本
改造社廣告，最顯著的新書宣

許壽裳個人照，翻攝自
《許壽裳紀念集》。

傳，往往是著長衫的魯迅照片。這個被轉譯的魯迅，一直要到1945
年以後，始由許壽裳來原汁原味的輸入。1946年，陳儀邀請許壽
裳來台灣籌辦國立編譯館，不到兩年，卻慘死於一樁離奇的工友
竊盜案，迄今雖然沒有人爲他翻案，但他短暫居住台灣期間鼓吹
魯迅思想，咸信是他遭遇暗殺的眞正原因。

　　許壽裳，字季茀，號上遂，出生於1883年，小魯迅兩歲，浙
江紹興人，家中經營南貨，15歲起就讀紹興中西學堂，後進入杭
州求是書院。1902年，魯迅由江南督練公所派赴日本，進入弘文
學院「江南班」修日語。許壽裳在同一年的初秋獲得浙江官費進

2　光復後來台的木刻畫家黃榮燦（1916-1952），刻畫了迄今爲止，
　唯一一幅見證二二八事件的版畫〈恐怖檢查──台灣二二八事
　件〉，他偷偷將版畫帶到上海，刊登在《文匯報》。黃榮燦和呂赫
　若一樣，逃不過白色恐怖，埋屍六張犁亂葬崗，

日治時期，台灣主要的報紙《台灣日日新報》刊登魯迅
去世的新聞（1936年10月20日台灣日日新報）。

入東京弘文學院，在「浙江班」學日語，後考上東京高等師範學
校。赴日之初，許、魯之間往來甚少，他們的友誼是從剪辮子開
始的。返回中國前，許壽裳在東京本鄉區西片町租了一棟房子，
取名「伍舍」，同住的五個年輕人裡頭，包括了魯迅兄弟。

在赴日階段，許壽裳參與雜誌和書籍的出版。1903年，他接
編《浙江潮》月刊；1907年，許壽裳和魯迅、周作人等籌辦《新
生》雜誌，因費用問題並未出刊，改為譯書，出版了兩冊的《域
外小說集》。古道熱腸的許壽裳，曾經奔走營救被囚禁的章太炎。
章於1906年出獄，流亡台灣、日本，許壽裳也曾在留日期間，和
魯迅一起請章太炎開課，主講《說文解字》。

1908年，許壽裳返回中國，起先在浙江兩級師範學堂當教務
長。辛亥革命之後，南京成立臨時政府，許跟隨蔡元培在教育部
工作，從普通教育司司長做起；他向蔡元培推薦魯迅，魯迅也就
進了教育部。1927年，魯迅介紹許壽裳前往廣東中山大學任教，
不久發生的「四‧一二政變」，學生遭到搜捕，魯迅和許壽裳憤
而辭職。許壽裳後來接受蔡元培邀請，前往中央研究院當文書處
主任。中研院總辦事處設在南京，蔡元培卻住在上海，許壽裳因

此經常往返南京、上海，在上海辦完事之後準備搭火車返回南京之前，總會去魯迅那裡坐一下。魯迅去世之前，他大部分的生涯是和文友許壽裳交織在一起的。

1933年6月，中研院總幹事楊杏佛遇刺，院長蔡元培力邀丁文江繼任，丁堅持文書處主任必須改任他的熟人，蔡元培不得已，只好同意許壽裳的辭呈。1934年，許壽裳出任北平大學女子文理學院院長。中日戰爭爆發後，北平大學遷往在西安成立的西北臨時大學，許壽裳匆匆打包行李，僅帶了一只皮箱，皮箱裡除了簡單的衣服之外，只有一本日記、以及在北京短短日子裡接到魯迅寄來的四封信。

抗戰期間，許壽裳輾轉多處，**「飄泊生涯亦自耽，忽從西北到西南」**。他在西北大學受到國民黨排擠，一年後，轉赴雲南昆明的中山大學；半年後，離滇赴川，應邀去成都的華西協和大學講授「傳記研究」和「中國小說史」。警報暫歇時，難得的小憩，不外乎日記裡從容的記錄：**「午劉書銘、顧頡剛、錢賓四邀飲明湖春」**。

一年半之後，許壽裳又轉往重慶，在考試院擔任專門委員，再受到排斥，無奈退居重慶歌樂山，深居簡出。他念茲在茲的，莫過於撰寫魯迅傳記，在抗戰飄泊的歲月裡，1936年，他失去了最重要的朋友。1940年，魯迅逝世四周年時，許壽裳在日記裡寫著：**「思為作傳，則苦於無暇，其全集又不在行篋，未能著手，只好俟諸異日耳。」**

陳儀屬意許壽裳擔任台大校長

魯迅和蔡元培是許壽裳一生的知交，但影響他人生轉折最關

鍵的一位，卻是陳儀。陳儀和許壽裳既是浙江同鄉，一起念過求是書院，又是留日同學，私交很好，一直保持書信往來。台灣光復後陳儀出任台灣省行政長官，根據許壽裳外甥張世啓的回憶文章〈樸實淡雅，勤慎恆學〉，陳儀「起初想聘請壽裳先生擔任台灣大學校長，但這項任命須通過南京的教育部，未能通過」。陳儀於是決定「自力救濟」，由台灣行政長官公署自辦「台灣省編譯館」。他透過長官公署駐南京辦事處，以密電轉告許壽裳，這就是許壽裳11月18日日記裡，出現「**航快寄公洽【按：陳儀，號公洽】，附履歷**」的由來了。

也就是說，在1945年底，陳儀已有由許壽裳擔任台大校長的想法。戰後負責接收帝大的首位台大校長羅宗洛，在他的〈回憶錄〉裡即有吻合的說法，「陳儀把台灣視作他自己的獨立王國，他認為台灣大學應由他接管，並已派好一位校長。」[3] 受教育部長朱家驊之託前來接收帝大的羅宗洛，很不能苟同行政長官陳儀的作風。而陳儀屬意的許壽裳，也未能經過在南京的朱家驊的同意。事情演變的結果，就是陳儀幫許壽裳另搭了一處舞台[4]。

前往台灣，對「後1945」的中國大陸知識分子來說，會是怎麼樣的心情？許壽裳在1946年3月的日記裡作的一首詩：「**半生飄泊空多感，九省紛紜事可憐，戰後仍無乾淨土，幾時同上五湖船**」，大略交代了一顆輾轉不得志的心靈，往哪兒停泊，差異不

3　負責編校羅宗洛〈回憶錄〉的李東華教授認為，陳儀內定之人，一說為許壽裳，「此說似非無稽」，見《羅宗洛校長與台大相關史料集》，頁23、117。

4　陳儀的用人風格，值得進一步推究，他除了希望由許壽裳接任台大校長，他還屬意由著名的文藝美學家朱光潛來台灣，擔任台大文學院院長，參見《羅》頁24。

大。同鄉陳儀的邀請，打動了他。陳儀繼續在5月3日發電報給許壽裳：「為促進台胞心理建設，擬籌設編譯機構，編印大量書報，盼兄來此主持，盼電覆。」許壽裳徵詢朋友對他前往台灣發展的看法，5月4日，他寫信給李季谷、謝似顏，接到這樣的回信：「赴臺較有意義，工作成效亦易顯著」。

在友輩認為「赴臺較有意義」的肯定之下，根據「顧密」電文，許壽裳沒有猶豫，他在6日便回電給陳儀。25日，陳儀發信，向許壽裳介紹編譯館的工作和待遇。6月10日，許壽裳接到李季谷來信，李已先去台北，發信地址是「台北龍安街高等學校舊址台灣省立師範學院」。接下來，許壽裳拍照、申請證件、打預防針、準備相關課本，準備在6月25日搭機往台。

從接到陳儀的邀請一直到半年後出發，這當中有一件很特別的準備工作，在赴台之前，許壽裳動筆寫《亡友魯迅印象記》，全書共25則，離開上海之前寫了3則，日記裡有清楚的記載：

> 起草『魯迅印象記』，成三則。（日記1946年5月18日）
>
> 快信內，附致景宋【按：魯迅夫人許廣平】一紙、『印象記』稿十一葉。（日記1946年6月8日）

以書寫魯迅作為對中國母土的告別，這是許壽裳的儀式。《亡友魯迅印象記》絕大部分是許壽裳在台灣完成的，特別是他在編譯館、台大的這一段過渡期間。不過，這本書並不在台灣出版，而是由上海的峨嵋出版社在1947年秋天出版。許壽裳在台灣出版的書是《魯迅的思想與生活》（1947年）。不管陳儀所謂的「心理建設」意指為何，對許壽裳來說，他最熟悉的魯迅精神，恰恰

可作爲在台灣一施抱負的憑藉。

6月25日，許壽裳抵達台灣，替他洗塵的邀宴，是位在北投的「南方會館」；宴畢，許壽裳在當鋪買了一本漢和字典，且花了50元，在地攤挑了茶碗、煙灰缸。那天，他在日記裡記下這個清新的夜晚：「晚飯後同至馬廷英博士宅聽音樂、吃西瓜、檸檬茶」，馬廷英是負責來台接收台北帝大的成員之一，古生物學家，地質系泰斗，受到戰後首位台大校長羅宗洛的邀聘而來。許壽裳具有留日背景，羅宗洛畢業於北海道帝大，許會先和具有留日背景的來台接收帝大學者熟悉，是很自然的事。

新書出版

許壽裳 著

魯迅的思想與生活

定價七拾元郵費五元

朋友：非斯人安有斯著！著者是我國文化界的領袖，是魯迅生前最親密的

《台灣文化》上刊登許壽裳的新書廣告。

爲了在短時間內成立國立編譯館，許壽裳付出極大心血，他不認爲單槍匹馬就能成事；相反的，他邀請同鄉、朋友一起來台灣打拼。許壽裳四處延攬人才，從中國大陸聘來了一批足以在戰後初期，銜接「祖國文化」與殖民教育的學者文人，例如，他力邀英美文學學者李霽野來台，日記裡與李霽野有關的通訊：

電李霽野。航快函霽野（1946年7月2日）
發致李霽野等信十四封（1946年7月20日）
得李霽野七月二十一信（1946年7月31日）

　　李霽野應允來台，許壽裳是在8月1日知道的。「得建功信，附來霽野允來台電」（1946年8月1日）。10月3日，李霽野終於搭上了海康輪。這一段過程，李霽野也留下了個人的記述：「1946年秋，我蟄居故鄉，一時找不到工作，壽裳先生先打電報，後寫長信約我去台北……不久，編譯館被解散，壽裳先生介紹我到台灣大學任教。」[5]許壽裳的延攬人才計畫，並非都很順利，有人先寫信向他索取台灣地圖，有人乾脆將聘書退還。

　　話說回來，陳儀對這位老友，有什麼「促進台胞心理建設」工作上的要求？許壽裳日記裡記載的雙方互動並不多，少數如7月28日，許抵台一個月後，陳儀在草山第二賓館招待許壽裳，陳儀指示：「希望編一部中國通史，分量不要多，須令學生精讀，其餘之史則變成演義，使人瀏覽，國文亦須選百篇，為代表作，令學生精讀。」事實上，許壽裳想得比陳儀更遠，他不是祇有單向輸入「祖國文化」而已，「發揚台灣文化的特殊造詣」也是他的工作重點。在他的規畫之下，編譯館的四項重點包括：學校教材、社會讀物、名著翻譯、台灣研究；館方發行輸入祖國文化的《光復文庫》，第一期的書目有《台灣三百年史》、《劉銘傳與台灣》、《魯迅及其阿Q正傳》等，也有發揚本土研究的《台灣學報》。許壽裳尚且打頭陣，親自寫了一本《怎樣學習國語和國文》。

做一個台灣文化的開拓者

許壽裳和本省文人的互動，大致是透過本省文人楊雲萍開始的。日治時期前往北京求學、後在北大任教的洪炎秋，則是許壽裳接觸本省文人的最初窗口。洪炎秋推薦他去「台灣文化協進會」位在中山堂三樓的辦公室拜訪楊雲萍。結果，他邀請楊雲萍擔任編纂，並且兼任台灣研究組主任；8月中，他們還曾一起去中山堂觀賞琉球歌誦。據楊雲萍的說法，編譯館曾預定台灣總督府二樓作爲辦公地點，可知其規模之大！（1981年10月17日《國語日報》）此外，游彌堅曾向許壽裳

由本省文人創辦的《台灣文化》雜誌，在1946年製作魯迅逝世10周年特輯。

推薦兩位本省籍人士：李登輝的老師、農學專家徐慶鍾，另一位是人類學者陳紹馨。許壽裳去世後，香港《華商報》一篇署名「憬之」的悼念文章，認爲許壽裳願意赴台，是他「打算做一個台灣文化的開拓者」。

發展台灣文化，談台灣研究，許壽裳心裡明白：「最好與大學合作，趁日本專家未回國前」。帝大的日籍教授，許壽裳清楚他們的貢獻，因此，他堅持留用3位日人，這三位均經由楊雲萍推薦，分別是研究南島原住民語言的台北帝大教授淺井惠倫、研究先史學的國分直一，以及畫家立石鐵臣。許壽裳來台之後的日記，多處記下了他和日籍滯台文人的互動，像是「晚淺井惠倫、國分、池田、立石鐵臣招飲三樂和茱。」（1946年10月17日），

立石鐵臣還送他一幅草山風景油畫。不過，日籍滯台文人無法久留，淺井惠倫回日本之前，許壽裳設宴餞行，一起出席的還有李季谷、錢歌川、陸志鴻等。

沒想到，就在編譯館漸漸上軌道後，發生了二二八事件。許壽裳在日記裡寫道：「下午赴館途中聞槍聲甚多，至館見館門已閉，對面之永安堂、間壁之中和公司均被毀。賴子清送便當，館中同仁皆困守一夜不敢出。」魯迅夫人許廣平在一篇紀念文章〈關於許壽裳先生〉裡，也記錄了她聽到的傳聞：

去年台灣事變【按：指二二八事件】，從許先生信裡說及台人曾經到過編譯館幾次，幸而無恙，那時我只不過替許先生放心，並不覺得怎的。後來聽說台人到館，曾經問過館裡的台胞，有沒有受壓迫，他們都說相待甚好，因此沒有遇到危險。最近更有人從台灣來，說當緊急時，許先生站在大門口，阻擋來人，說是如果不滿意，殺我好了，千萬不要到裡面搗亂。

《許壽裳日記》裡和二二八事件有關的敘述，一共有下列8筆：

……仰秋昨日歸途被擊數拳。信公洽問局勢，託授謙轉。（1947年3月3日）

往公署欲見公洽，以客多未得見，晤沈仲九。（1947年3月5日）

至公署知公洽客仍甚多，晤張用中、樓文釗。淺井惠倫、國分直一來慰問，以茶點、香煙見贈。（1947年3月6日）

夜十時後，開鎗聲甚密。（1947年3月8日）

台北到軍隊，知局勢漸平。（1947年3月9日）

館中編審張常惺、劉世模二人被警備司令部拘去。
（1947年3月28日）

張常惺編審已爲保釋，劉世編審則尚未來通知，即往
訪公洽請其再飭從速訊明開釋。（1947年4月5日）

保釋劉世模編審。（1947年4月7日）

　　許壽裳親自往訪陳儀3次、致信一次，無不是因爲事變幾天
後，編譯館裡兩位編審張常惺、劉世模以共黨嫌疑身分被捕，費
了一番波折，許壽裳親自去警備司令部將他們保釋出來。

　　二二八事件後，長官公署撤銷，改爲省政府，省政府在5月
舉行的第一次會議裡，突然將編譯館撤銷。許壽裳看報後才知
道，遭受莫大的打擊，「新生報及省政府公報，載編譯館經昨日
第一次政務會議決撤消，事前毫無聞知，可怪。在我個人從此得
卸仔肩，是可感謝的；在全館是一個文化事業機關，驟然廢除，
於台灣文化不能不說是損失。」（1947年5月17日）

　　編譯館突遭裁撤，應許壽裳招聘來到台灣的袁珂說道，「一
切希望和歡喜都付諸泡影了。原本計畫編寫的有較新觀點能適合
本省需要的中小學教材於是只能半途而廢，成爲一堆廢紙。」《光
復文庫》終於由台灣書店印行，出了二、三十本。接替編譯館的
善後機構，不過是一個閒散的省教育廳編審委員會。省政府不久
後送來一份請許壽裳轉任省政府參事的公文，許把參事的聘書退
還給省府。就在那時，台大校長陸志鴻聘許爲第一任中文系系主
任，許壽裳急著替他延攬來的人尋覓出路，他去台大找陸志鴻校
長，交給陸四封履歷，分別是李霽野、楊雲萍、國分直一、立石

鐵臣。楊雲萍得以進入台大歷史系，該說是許壽裳的力保。

遺民之島，安泰之島

　　誰能料到，僅做了一個學期，許壽裳突然在1948年2月18日遭到暗殺。許壽裳被發現陳屍臥室，頸部被柴刀劃下數刀，死狀極慘。雖然有關當局調查出編譯館工友高萬俥，因編譯館突遭撤銷，心生不軌，到許宅行竊，被許壽裳發現而順手將許殺死。這樣的解釋很難讓人信服。一般相信，許和魯迅是三十幾年的至交老友，他邀請來台的學者李何林、李霽野也有左傾嫌疑，再加上他接二連三宣揚魯迅，得罪當道。

　　1948年2月，距離228事件後一年，當局掃蕩左傾分子的動作，終於發生在許壽裳落腳的台大宿舍。2月23日，台大醫院舉行公祭；2月29日，在中山堂舉辦的追悼會，赫然出現一個署名蔣中正的大花圈；3月13日，袁珂去法院旁聽公審高萬俥，「疑莫能明」。許壽裳之死雖然以高萬俥謀殺而結案，工友謀財害命的他殺動機，任誰都不能信服。

　　由東京大學東洋文化研究所出版的《許壽裳日記》裡，記載了許壽裳在台灣短短不到兩年的時間裡，和本省文人、滯台日人的互動：「收楊雲萍贈米十斤」、「晚宋斐如邀飲其寓」、「杜聰明邀飲其寓」、「雇車至中山堂聽馬思聰小提琴獨奏」，二二八事件後「淺井惠倫、國分直一來慰問，以茶點、香煙見贈」等等，他對台灣的認識和感情，大抵是從抵台之後才開始培養的，時間雖短，卻無損於他的用功和深度。隨他來台的小女兒許世瑋記得父親在青田街住所裡抄錄鄭成功的抒情詩給她當習作，陸志鴻請他寫的台大校歌歌詞（譜曲者是馬思聰），更傳達了他短而

深切的台灣認同：「海水洸洸／
挾民族之輝光／沈鄭遺烈／於今
重嘉黃／民權保障／憲政提其綱
／民生安泰／氣象熾而昌／阿里
倉倉／對學府之講堂……」

許壽裳突然遇害，由他作
詞、馬思聰譜曲的台大校歌，生
命也很短。一旦進入後冷戰年
代，台大推出了白話文版的校
歌：「台大的環境鬱鬱蔥蔥／台
大的氣象勃勃蓬蓬／遠望那玉山
突出雲表／正象徵我們目標的高崇
／近看蜿蜒的淡水／她不捨晝夜地
流動……」，遠近對應的玉山、淡

1948年5月，《台灣文化》
推出悼念許壽裳的專號。

水意象，單純的寫意寫景，取代了沈鄭遺烈渡台之後造就倉倉阿
里山的民族文化描寫。許壽裳以文化傳承為己任，他所認識的台
灣，是一個遺民／移民文化締造的安泰之島。

從這一點來理解他為什麼在戰後台灣傳播魯迅思想，就很清
楚了。《台灣文化》一共有兩期和許壽裳相關的專號，一是在1946
年11月、許壽裳剛來台灣時，台灣文化協進會出版、楊雲萍主編
的〈魯迅逝世十週年特輯〉（第一卷第二期）；另一個就是1948
年5月，許壽裳去世後3個月所推出的〈許壽裳紀念集〉。這兩份
刊物是1945至1949年期間，魯迅在台灣的接受學的兩次高峰。

除了《台灣文化》的兩次魯迅熱之外，許壽裳在台灣短暫的
一年半多期間，傳播魯迅精神的場合相當頻繁。例如，1946年11
月30日，剛創辦編譯館之初，許在師院教育系演講「魯迅的人格

及其思想」。他去世前的重要活動，包括在11月，應台北市記者
團的邀請演講「魯迅」；12月，台灣文化協進會請許壽裳策畫「當
代中國文學講座」，在他的邀請之下，臺靜農講「新舊文學的演
變」、李霽野講「西洋文學的介紹」、雷石榆（舞蹈家蔡瑞月的
丈夫）講「詩歌」、本省文人黃得時的題目是「小說」。

　　《魯迅傳》雖然沒有完成，許壽裳出版的《亡友魯迅印象
記》，以及來台灣之後發表的多篇文章，在1952年6月，由人民
出版社結集出版爲《我所認識的魯迅》。來台之前，許壽裳僅寫
完前三則的《印象記》，對魯迅的追憶，絕大部分是在台灣進行
的。二二八事件後編譯館被裁撤，在他赴任台大中文系主任之前
的被架空時間裡，許壽裳寫完大半本的《印象記》，爲自己療傷：

> 　　信景宋附『印象記』十一、二兩章（1946年10月6日）
>
> 　　信景宋附『印象記』十三、十四兩章（1946年10月
> 15日）
>
> 　　撰『印象記』。（1946年12月25日）
>
> 　　撰『印象記』。（1946年12月26日）
>
> 　　信景宋，告以『印象記』八至十四先登雜誌或逕寄北
> 平鐵獅子胡同四號王冶秋，取稿費將來再賣版權。（1947
> 年4月18日）
>
> 　　信景宋附『印象記』稿自十五至二十五章全。（1947
> 年5月26日）

　　魯迅留下一句遺言「忘記我」，後代不但沒有忘記他，反而
一再重讀他。身爲魯迅在台灣的重要傳播者，許壽裳卻被遺忘至
今。

引用書目

〈魯迅逝世十周年特輯〉，《台灣文化》第1卷第2期(台北：台灣文
　　化協進會，1946.11.)。
〈悼念許壽裳先生特輯〉，《台灣文化》第3卷第4期(台北：台灣文
　　化協進會，1948.5.)。
北岡正子、秦賢次、黃英哲編，《許壽裳日記：自1940年8月1日至
　　1948年2月18日》(東京：東京大學東洋文化研究所，1993)。
李東華、楊宗霖編校，《羅宗洛校長與台大相關史料集》(台北：台
　　大出版中心，2007)。
紹興市政協文史資料委員會、浙江省政協文史資料委員會編，《許
　　壽裳紀念集》(杭州：浙江人民出版社，1992)。
曾健民，《1945破曉時刻的台灣：八月十五日後激動的一百天》(台
　　北：聯經出版公司，2005)。

謝金蓉，著有《蔡惠如和他的時代》(2005)、《青山有史：台
灣史人物新論》(2006)，目前在輔仁大學比較文學研究所就讀
博士班，計畫以比較文學為方法，研究日治時期台灣新式知識分
子的文學觀。

發現台灣第一家咖啡店

陳柔縉

　　一般人對1930年代以前台灣咖啡的印象，可說一片空白，很難用咖啡和那個遙遠的時代做連結。追溯台灣人喝咖啡的歷史，回頭望去，歷史的第一站往往被誤成台北市民生西路上的波麗路西餐廳。

　　「波麗路」於1936年開業，不畏70寒暑，至今屹立在鬧街，又是碩果僅存的戰前西餐廳，不免被放大與想像。加上戰後50年長期略而不談日本時代的社會生活實貌，許多傳述的記憶逐漸斷裂斑剝，脫離了真實的歷史。

　　在研究著作的領域，近年一些追索開始了。像《陳逸松回憶錄》提到，「台灣最早的西式茶店」是一家取名自哥德文學名著「少年維特的煩惱」的咖啡店「維特」（Café Werther），由楊承基於1931年開設。楊承基為中和人，留學日本明治大學，娶日籍太太，曾任台灣日日新報記者，是前輩畫家楊三郎的大哥。維特一開始只是一家單純咖啡店（這種型態的咖啡店，當時都用日文漢字記做『喫茶店』），後來才轉變為有美女陪侍的酒家型「咖啡店」（當時都以日文平假名記做カフェー，唸音近「咖啡」，即法文的Café。當時的台灣文藝人士若寫漢文文章，則多記做「珈琲館」，也有譯成「加扶」的。這種咖啡店雖然也賣咖啡，但重

點在與風月情色更近的酒和餐食。

專論咖啡店歷史的《咖啡時代》，把台灣咖啡店出現的時間再推前到1928年；作者沈孟穎依據當年底出版的「臺北市六十餘町案內」，詳細提列22家有咖啡香的カフェー、喫茶店和音樂茶室。之外，作者只是推測，「或甚至在更早以前」，已有咖啡館存在。

筆者2005年所著《台灣西方文明初體驗》，則指「ライオン」（唸音近似「來甕」，意即英文的獅子lion）是「臺北最早的咖啡店」，因為在1913年元旦的臺灣日日新聞，已經可見ライオン的廣告，為一有西洋料理的「喫茶店」（日文中最接近現代咖啡店概念的字眼），並以醒目的雄獅圖案做為標誌。

事實上，在ライオン刊登廣告前一、兩週，報紙曾報導，位於新公園（今二二八公園）裡頭的ライオン「一直頗受好評，老顧客絡繹不絕，讓只想喝一杯咖啡的客人有些卻步。這種情形最近有所改觀，一杯咖啡客和一杯牛奶客已經排成長龍。老闆很高興，決定每天自早晨6點半開店起打折，一杯咖啡特價8錢，一杯牛奶加糖特價7錢」。從報導中，可以確定1912年，也就是民國元年，ライオン已經在新公園賣咖啡了。

明治後半期，一些日本人海外留學歸來，洋意大發，對西洋崇拜得不得了，洋食相關的商店陸續在東京的銀座冒出土。現在仍是銀座名物的「煉瓦亭」洋食店，就在明治二十八年（1895年）創業。明治四十四年（1911年），則在東京銀座四丁目的十字路口，一棟四層樓的建築掛起「カフェーライオン」（獅子咖啡店）的招牌，紅極一時，連大臣都跑去吃午餐。不出一、兩年，台北的新公園ライオン緊接創立，店名一樣，只是不直接叫カフェー（咖啡店），模仿銀座ライオン的意味濃厚。於是，有個筆名「杜の

人」的先生，憑其去過兩個咖啡店的體驗，就在報紙比較品評了一番。

「杜の人」說，他確定新公園ライオン跟銀座ライオン很像。但後者店前有電車，建築又承接自原本的每日新聞社，其氣派非台北のライオン能比。不過，台北ライオン置身在林木扶疏的公園，有「閑寂之趣」，且從外觀看，洋房不大，頗像法國式的幽會小屋。

「杜の人」還指出，新公園ライオン的女服務生也學銀座ライオン穿著一模一樣的圍裙，穿起來的情調卻不甚相同，他覺得公園ライオン的女侍穿圍裙，好像「農夫第一次穿洋人衣服」。

雖然被「杜の人」評得有點不堪，但ライオン仍然很受歡迎，1914年底增建二樓50坪的廣間，可容180人辦宴會。ライオン也像許多西方的咖啡店一樣，以文人雅士匯聚聞名；培養出多位台灣第一代西畫家的石川欽一郎就選在那裡，舉辦藝文愛好者的固定聚會，稱之「番茶會」，或遣懷，或清論。ライオン的二樓空間也常辦攝影展，是1910年代台北重要的文化據點。

不過，筆者近來地毯式翻查各類報章廣告之後，意外發現新公園ライオン也不是台北或台灣的第一家咖啡店。一則1897年《台灣日報》的廣告，猛然把台灣的咖啡店史再往前推15年。

廣告指出，「西洋軒」賣西洋餐食，有四種等級和價格；薑汁啤酒、香檳、葡萄酒、白蘭地、喝的巧克力也賣，整體感覺頗類似現在的西餐店，但在廣告的標題，西洋軒明確定位自己是一家「歐風咖啡茶館」，因此，可推斷西洋軒為目前所知台灣最早的咖啡店。

西洋軒自稱「茶館」，這是明治時代對咖啡店的習慣稱呼，實則不賣茶。1888年，中國留美學生鄭永慶在東京上野便以茶館

新公園ライオン的二樓常舉辦文人雅士的聚會。

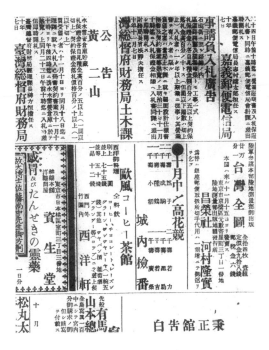

「歐風咖啡茶館」的報紙廣告。

為名，開了「可否茶館」。「可否」兩字唸做「kahi」，意指coffee，曾被認定為日本第一家咖啡店。後來另有人考證，比鄭永慶早12年，東京淺草寺內就有所謂的「咖啡茶屋」，同樣以「茶屋」指稱咖啡店。

西洋軒的廣告裡也表明了所在位置──「西門外竹圍內」，讀起來頗有詩意，但很難考證確切地址。1897年當時，台北還圍著石塊堆砌的城牆，尚未拆除，舊西門仍穩穩站在今中華路、衡陽路口。從西門走出城，可到艋舺（今萬華）。1896年的老地圖「臺灣臺北城之圖」，西門的圖案旁邊寫著幾個毛筆字「門外商家櫛

台灣史上第一家咖啡店就在西門町，圖為
目前已經消失的台北西門古城。

比」。但這個熱鬧景象不能用現代眼光來揣想；不管城內城外，
一目望去，除了有幾條矮矮的中式瓦房夾成的街道，仍是一片綠
油油。無論如何，西洋軒所在的「西門外」不出今天的西門町，
因此可以這麼說，台灣史上第一家咖啡店就在西門町。

除了廣告，關於西洋軒的資料有限，目前僅從臺灣日日新報
得知，1911年，店裡16歲的夥計菱伊新五郎騎腳踏車撞了人。

1895年6月17日，日本開始統治台灣，當時的日本已全國總
動員歐化快30年，明治天皇帶頭吃牛肉、剪短髮也已經快30年，
跟著第一任總督坐艦來台的日本官兵配帶有牛肉罐頭，因此，洋
食店跟隨政治的腳步登台，並不意外。在西洋軒之前，台北已經
出現好幾家西洋料理店。治台第一年年底12月28日，就有一家叫
「臺灣樓」的西洋料理店開張，比西洋軒還早一年多問世，但尚

無資料可確證這些洋食店販賣咖啡。

1930年代以前，台灣社會倒不受限於咖啡店，有多種管道可供領略這個西洋流行飲料；火車上就可以喝到咖啡。依1907年的報紙報導，從台北發出的第一班火車6點半就燃煤出發，旅客「拂曉治旅裝。故或有未朝食者。或欲朝食而倉皇急遽者」，於是鐵道部準備在火車內賣咖啡和麵包。

走進臺灣鐵道飯店（Taiwan Railway Hotel），能喝到咖啡，更屬當然。鐵道飯店的建築與店號，早已隨二次世界大戰的砲火隕歿，原址代之而起的是今天台北火車站前的新光摩天大樓。日俄戰爭後日本崛起，東來的客人絡繹於途，1908年，總督府建起這棟紅磚英國皇宮式的旅館，意在接待，也在誇耀。所以，鐵道旅館走全然洋式飯店的路線，內有撞球室、理髮室、喫煙室、讀書室，跟西式旅館沒兩樣，理論上必然有咖啡，但證據一直到1911年版的《臺灣商工人名錄》才出現。《臺灣商工人名錄》有兩頁鐵道旅館的介紹，餐飲費項下，指稱正餐時間外，只提供「冷肉、水果茶和咖啡」，價錢是1圓。

在台式大餐廳裡也可以喝到咖啡。1920年代以前台北最頂級的酒樓餐廳不外「東薈芳」和「平樂遊」，1924年，新臺灣總督伊澤多喜男走馬上任，台籍紳商要人即是群聚東薈芳，舉宴大開歡迎會。東薈芳後來改掛招牌，蛻變成「蓬萊閣」，一樣是台北戰前數一數二的大餐廳。1924這一年，東薈芳另設了簡餐型食堂「如意食堂」，新菜單琳琅滿目，有水餃、炒米粉，也有雞絲意麵，台灣風味十足的杏仁茶旁邊，竟寫著「珈琲茶」。咖啡定價一角（按，1角等於10錢，10角為1圓），杏仁茶、蛋炒飯和清湯米粉，也賣1角。當年的森永牛奶糖有兩種包裝，分別才5錢、10錢，1角的咖啡與牛奶糖同價，不算昂貴。

1920年代以前台北最頂級的酒樓餐廳之一「東薈芳」。

咖啡也在1910到1920年代之間逐漸被運用。

1914年，報紙的家庭欄曾介紹，丟棄早上喝剩的咖啡太可惜，可拿來做咖啡寒天。

1916年，在府前街（今台北市重慶南路）的日式菓子店「朝日堂」新發售一種雞蛋冰，報載這種冰「混合珈啡及餅。風味異常。且能耐久。定價二十錢」，是店老闆去日本取經，「自研究製法。販賣以來。頗膾炙人口也。」

台灣人也開始製造咖啡糖。日本時代台北最大的糕餅店叫

日本時代台北最大的糕餅店「寶香齋」，位於今迪化街。

「寶香齋」，位於大稻埕南街（今迪化街）。義美集團第一代創業人高番王自立門戶前，就曾供職於寶香齋24年。1917年間，台灣有一份畫報刊登了寶香齋的水果糖廣告，廣告小男孩站在一個極似木箱子上，箱子側面被5個字佈滿，沒有空隙，那五個字是「精製珈琲糖」。

這段大正年間，也開始有台灣人早餐喝咖啡了。台灣第一位醫學博士杜聰明在回憶錄中說，他「二十多歲起學森島庫太教授每朝不吃朝飯，只吃牛乳一合。後添加咖啡一杯，爾來在任何地方繼續至現在，每朝吃一杯咖啡一瓶牛乳而已。」杜聰明生於1893年，所謂20多歲，必定不出1913到1923年之間。

到了1920年代後期，1928年，台北市專售進口食品的近藤商會，在報上推銷粉末咖啡和粉末可可亞，強調早上一杯，「精神爽快」，晚上一杯，「元氣回復」。1929年，台灣人經營的商店

販賣起咖啡了；包括台中的、嘉義的，甚至是屏東東港的商行。

越過了1930年代，西門町市場（今紅樓劇場）已買得到即溶咖啡；1931年，台中一家カフェー改裝一部巴士，經營起「移動咖啡館」，穿梭在街頭。

回頭看1936年以前的種種咖啡店和咖啡商品，彷彿池塘裡有魚兒亂跳，熱鬧非凡，並非如一般想像，沒有咖啡的聲音，是一池靜水。事實上，這種超乎既有想像的台灣社會生活變遷歷史，在各種文明事物都有類似的軌跡；摩托車、汽車、電冰箱、全島公車系統、投票民選制度、現代商業手法等等，在日本統治時代都達到相當現代化的程度。台灣人對國際的認識，知識青年接觸的西洋文學與音樂戲劇，也相當普遍與深入。

法國新任總統薩科齊競選時曾說，「法國也從未刻意要隱藏自己歷史的進程，因為我們從來就不是由單一家族、民族或種族組成，而是由志願選擇共同生活的一群人組成。法國是一種理念，是一群有不同歷史背景、記憶、經驗、生活、夢想的人，共同經營的理想國度。」聽薩科齊說得多昂揚，「隱藏歷史」幾個字，嚼來卻分外沉重。從社會史的角度看，日治時代就是被刻意隱藏的歷史進程。過去被隱藏的、遺落的，台灣必須翻回來、記回來，台灣才能更瞭解自己。

陳柔縉，著有《總統的親戚》、《台灣西方文明初體驗》、《宮前町九十番地》、《囍事台灣》等書。目前正進行日治時期廣告的研究，將從另一個角度窺探台灣的現代化歷史。

讀波蘭尼四則

嚴搏非

　　從去年年初的西山會議以來，朋友們在這一點上幾乎都一致起來，就是：又到了談主義的時候了。在一個左右兩翼都沒有綱領的時代，大問題卻迫在眼前，這些大問題還不光是中國的，還連著世界的。尤其在今天，在中國的經濟體快速膨脹以後，中國的問題已經是世界的問題，中國的經驗也將直接地成爲世界的經驗了。就在這個時候，波蘭尼的《大轉型：我們時代的政治與經濟起源》出人意料地出版了。我花了幾個月的時間來讀這本書，斷斷續續寫了下面幾段心得。在這期間，中共的十七大也開完了。

一

　　在國內知識界期待的書中，卡爾・波蘭尼的《大轉型》至少可以排到前5位了。這本出版於1944年的書是著名的左派經典，說它是左派經典，是因爲它在馬克思主義的學派之外，提供了建立在經濟史分析上的對市場自由主義最有力量的批評。1944年在思想史上是很有意思的一年，就在這年，哈耶克也出版了他最著名的著作《通往奴役之路》。這兩部著作針鋒相對，都以1930年代歐洲的法西斯主義和社會主義爲解釋物件，卻得到了完全敵

對的關於市場體系的分析。

初讀這本書的時候，我沒有預料到它的難讀。波蘭尼在經濟史的背後給出了詳盡的觀念史，其中的見識即使在今天也絕不遜色。說實話，我開始時並沒有預料到這一點。我開始想做的，只是將波蘭尼這樣60年前的左派和今天國內的新左進行比較，尤其當國內新左派將波蘭尼的思想作為重要資源的時候。但很顯然，他們是非常不同的。

波蘭尼是從對經濟史的詳盡分析中展開他對市場體系的批判的，這一分析包含了嚴密的邏輯和豐富的洞見。有一個情況很有趣，就是儘管哈耶克對同樣的事實得出了完全相反的結論，但他們卻有著幾乎相同的哲學前提，即：人的認識是有限的。在哈耶克那裡，有限的認識使得計畫一定失敗，而且將導致奴役；在波蘭尼那裡，有限的認識則意味著「看不見的手」不可能成為最終的救贖。然而在所有的分析背後，他們的關注又完全一致，那就是關於人的存在的自由狀況。這是波蘭尼也是哈耶克的最終關注。

在波蘭尼所構造的超越了資本主義和社會主義的體制中，對市場的規制是以民主治理的方式完成的，「規制和控制不僅使少數人，而是使所有人獲得自由」，在這樣「建立起來的社會裡，不服從的權利必須被制度化地保護起來，個體必須能夠自由地遵從自己的良心行事，而不必畏懼社會生活某些領域中那些受行政委託的權力」。這是波蘭尼的根本立場。然而「民主」、「個體自由」這些基本的政治構造和價值指標，卻始終是國內新左小心迴避（無論出自什麼原因）的問題。這是一項重大的不同。國內新左所抓住的，只是政府「規制」這一端，而且還不論這個政府已有的性質和形態。

而另一個不同則在於，波蘭尼始終在尋求一種整體化的解決方案；他試圖超越資本主義和共產主義，試圖找到一個「完美的社會」。但我們的新左卻亦步亦趨於「摸著石子過河」，宣稱這就是最好的中國道路。在他們的文獻中，我們很難看到他們對於未來社會的完整的——哪怕是錯誤的——方案，也看不到明確的價值指向，無論是關於民主還是自由。

難道這就是60年的區別？世界左派的批判力量確實在削弱，他們的思想也和這個世界一起變得碎片化，然而世界左翼並非就全無雄心的。不幾日，市場上就又出現了一本左翼大師沃倫斯坦的《美國實力的衰落》。

二

《美國實力的衰落》是一部相當情緒化的作品，在今天這樣一個市場自由主義既破綻百出又似無對手的時代，沃倫斯坦明知對手有無法逾越的邏輯障礙，卻無奈於左翼在思想和實踐上的失敗，剩下的，只是對左翼將重新出發的堅決信心。他期待著一場新的歷史運動的展開，只是這場預計將發生的運動，目前既無成熟的思想也無像樣的方案。

所有偉大的思想都來源於偉大的歷史運動，世界左翼的思想也如此，它們來源於300年來資本主義運動的困難和問題。正是資本主義向全球推進的巨大危機，幫助了左翼思想的起源和發展。然而自19世紀以來，左翼思想從未有今日如此衰敗，其原因也許正在於左翼運動在上世紀末直至今日的歷史性失敗以至幾乎消失。但也正是今日，波蘭尼在《大轉型》中的一些預見，卻得到了前所未有的驗證。這也許正預示沃倫斯坦的信心，整體性

批判的復興將伴隨一場新的歷史運動而展開。

波蘭尼論證市場自由主義不可能成為人類最終救贖時，有一個核心論證，那就是當市場自由主義在創造它凌駕於社會之上的經濟體系的時候，必須將人類與自然環境轉變為純粹的商品。這意味著人與自然的本性必須被強行改變，而組成人與自然共同體的社會則必須從屬於一個自發的經濟市場。然而這樣一種安排的哲學信條、它的不可實現性，不僅在於它試圖取消人與自然的神聖屬性，而且在於它在實踐中遇到的不間斷的抵抗和災難。這證明了經濟自由主義的烏托邦，已經並將繼續使人類社會不斷處於危險之中。波蘭尼詳盡論證了經濟自由主義的致命陷阱，從資本主義前史一直到1930年代，我們在這裡不可能逐一引述。但我們可以看到的是，波蘭尼所講的這兩個被強行納入市場體系的元素，在今天已經激起了遠超過19世紀的巨大的世界性危險。

就自然環境而言，從1970年代《增長的極限》的預言，到今天的地球變暖、能源危機，自由市場的征伐無度已經預示了一個荒原化的世界。除非有整體化的重新安排，否則至少在現有的市場信條內無法找到解決途徑。這不僅因為這些「增長」是市場信條的邏輯結果，而且因為將自然資源商品化是構成自由自足市場的前提。而人的商品化所激起的反抗，在今天迅速的全球化過程中也將很快達到極限。當這個世界上再找不到無組織的工人的時候，可憐的資本家將無處可逃。人的神聖性的恢復和全球利潤的緊縮，直接挑戰著市場自由主義的信條，而在這一切之上，還要疊加上災難性的文化衝突。因為在全球化時代的文化衝突，真正含義在於現代性所造成的文化真空，即人在商品化的同時亦喪失了原有文化提供給他們的值得努力和犧牲的神聖目標，或者，簡單一點說即生活的目標。

那麼，世界左翼能否在今天這個時代再有所作為呢？能否伴隨著全球化危機的到來而開始一場偉大的歷史運動，從而形成新的整體化批判綱領呢？沃倫斯坦預言，這將在未來的半個世紀中發生，但前提是在左翼充分承認了他們的歷史性失敗之後。沃倫斯坦認為，世界左翼曾有過兩個構成對抗性歷史運動的論述，一個是法國大革命，另一個則是列寧主義的俄國革命，那是法國大革命的「附錄」。但這兩種歷史理論都已經失敗，而運動也已經消失。世界左翼在今天將重新出發，他們需要總結教訓，承認失敗，並在今天這個正在展開的全球化危機中，締造出新的歷史理論和行動綱領。

三

十七大終於召開了，還看不出結果。在這段「談主義」的日子裡，有朋友送來了一部紀錄片，名字叫《社會主義興衰史》，美國人拍的，中文字幕：駱小海。（駱小海就是當年清華附中紅衛兵的創始人）。1944年出版的《大轉型》，雖然從資本主義前史說起，但它的反省主要來源於20世紀反抗市場原教旨主義的兩大運動：法西斯主義和列寧主義。可惜波蘭尼沒看到20世紀的後半段：列寧式社會主義的衰亡和自由主義的勝利。但把這些弄清楚是繼續談《大轉型》的一個前提，我們就從這部紀錄片談起。

這部紀錄片從歐文在美國建立世界上第一個社會主義實驗區——新和諧公社——講起，穿過整個19世紀、20世紀，一直講到柏林牆倒塌、蘇東國家開始實行政治改革和中國的社會轉型，再到今天拉美的左翼政策和以色列現在還殘存的社會主義公社，整整四個小時，講了差不多300年的歷史。跌宕起伏，驚心

動魄。

　　300年中開始的兩百年，社會主義運動面對的正是波蘭尼說的市場從社會「脫嵌」的過程，市場開始擁有無遠弗屆的組織力量，漸漸凌駕於社會之上，並成為構築社會制度的哲學信條。歐文開始的空想社會主義實驗正是在這個時候，但這種實驗在很大程度上更像是回歸到傳統的父愛主義，試圖擺脫市場社會中的非人性部分。然而馬克思出現了，馬克思將社會主義變成了一場歷史運動，按過去的教科書說，就是馬克思把社會主義「從空想變成了科學」，但在實際上，就是將原本實驗性的思想推定為歷史的必然規律。於是，一場延續了150多年的歷史運動展開了。

　　馬克思的社會主義革命有一個前提，那就是工人階級必須「絕對貧困化」。這是無產階級成為資產階級「掘墓人」的條件。在馬克思那個時代，工人階級走向絕對貧困是一個似乎可以被推算出來的結果。然而市場的力量（即波蘭尼所說的「變遷速度」）超出了馬克思的想像，除了部分為免於毀滅性衝突而安排的階級妥協外，關鍵的變化是資本主義奪取利潤的市場運動迅速將蛋糕做到了足夠的大，使得獲取最小一塊蛋糕的工人都可以逐步免於貧困。於是，到了19世紀末，社會主義運動到了一個分岔點。在這個分岔點上，一個是伯恩斯坦的轉型，一個則是列寧主義的產生，而這兩者，都是對馬克思社會主義革命的理論困境的反應。

　　由於工人階級並沒有「絕對貧困化」，對於馬克思預言的社會主義運動，這就意味著革命的主體沒有了。革命喪失了它的主體，這場運動就成了「無人託付的政治」，伯恩斯坦轉型就從這裡開始。稍微知道點共運史的人都知道，伯恩斯坦的所謂「修正主義」，就在於從資本主義19世紀末的情況出發，主張將工人運動變為體制內的社會運動，通過議會道路，用社會主義的思想使

得資本主義制度逐步地合理化。事實上，在西歐、北歐和北美，社會主義運動在整個20世紀已經成爲資本主義運動的一部分，而且在20世紀的中後期，社會主義的政黨在這些國家中紛紛執政，成爲今天意義上西方制度的一部分。

　　然而列寧卻作出了另一種反應。列寧的反應是：既然革命失去了主體，我們就造一個主體來代替它，這就是工人階級的先鋒隊，一個職業的革命家組織：黨。於是列寧發展出了一套新的歷史論述，這套歷史論述給出了社會主義運動分兩步走的理論，在有了先鋒隊組織以後，一、奪取政權；二、改造世界。社會主義運動的這個用黨機器暴力奪權，再強行國有化，將人民生活的所有細節納入嚴密管理的分岔，在20世紀整整蔓延了70多年，涉及到十幾個國家和世界上1/3的人口，直到上世紀末才戲劇般地突然宣告失敗。當然，一場席捲全球70多年的運動，它的理論不會那麼簡單；列寧確實建立了一個新的理論，來延續馬克思社會主義革命的歷史哲學，那就是「帝國主義論」。資本主義在海外建立殖民地，使國內的工人成爲工人貴族，從而，革命的中心向落後國家轉移了。從1919年列寧建立共產國際到1943年斯達林解散共產國際，世界革命的戰略一直是列寧式社會主義的基本策略。而這一策略所面對的，就是市場自由主義的本性所導致的資本主義全球化。

　　社會主義運動的產生和失敗（列寧主義式的），表面上完全是政治性的社會運動，但實際上它應對的是市場社會興起後的問題，這些問題不斷地轉變著它們的向度和形式，然而並未因爲社會主義的失敗而消失，現代性依然困境重重。正是在這個意義上，《大轉型》對自由主義市場社會所提出的問題依然有效。

四

　　現在，讓我們回到《大轉型》的論證本身。

　　波蘭尼寫作這本書的主旨，在於描述經濟自由主義的起源並建立反駁的框架。由此，他在書中建立了兩組核心論證，第一組是「嵌入」和「脫嵌」。這是波蘭尼發明的一組術語，它的意思是說，在傳統社會裡，經濟體系並不是一個獨立體，它是「嵌入」於總的社會關係之中的，經濟資源和財富的分配從屬於社會的政治、宗教、文化等等社會關係。而經濟自由主義卻認為自由放任的市場可以使經濟自動整合成一個均衡體系，從而一切社會規制都是不必要的和愚蠢的。只要你信任市場自發調節的功效，人類社會的大部分苦難都可以被消除，市場烏托邦就有可能建成，而這個過程就是相對於「嵌入」而言的經濟體系試圖從社會中「脫嵌」的過程。於是在經濟自由主義成為哲學和政治的信條下，市場開始全面地凌駕於社會之上，整個社會被從屬於市場的邏輯。這個過程起源於19世紀初，並在20世紀初的全球性危機中被迫地出現了暫時性的退讓和中止。換句話說，「脫嵌」在經過了100年的似乎不可阻擋的成功與繁榮以後，它的基本原則造成的社會裂縫，終於引發了世界性的大危機。波蘭尼對「脫嵌」的不可能性有一個根本論證：一個自足的市場必須將人和自然變成商品，但人和自然所具備的神聖屬性將拒絕自身的商品化，這將使市場最終無法完成它的邏輯。

　　波蘭尼在這第一組論證的邏輯下，又建立了他的第二組論證，即市場與社會的反向的「雙重運動」。波蘭尼認為市場社會正是由這樣兩種相互對立的運動組成的，一個是自由放任的資本

主義不斷擴展市場的運動，另一個則是由此而來的抵制經濟「脫嵌」的保護性反向運動，這兩種運動始終相互伴隨著。在保護性運動中，工人階級的運動一直是保護性反向運動的一個關鍵部分，但有時還包括商業群體或資本家，尤其在經濟危機出現的時候，他們亦要求增加穩定性和可預見性。在今天，保護性運動還包括環境保護和文化自主性的部分。波蘭尼的「雙重運動」論證除了包含了反駁經濟自由主義的主題之外，還給出了關於歷史可能性的更大範圍的想像。它不同於經濟自由主義和馬克思主義的排斥其他可能性的選擇，即或者是市場資本主義或者是社會主義，而認爲歷史實際上正不斷地提供機會，讓市場嵌入一個民主社會，從而超越自發調節的困難。波蘭尼認爲，這正是「雙重運動」給我們打開的歷史視野。

波蘭尼的兩組核心論證差不多就是這些，但《大轉型》還有它的更精彩之處，它詳盡描述了資本主義歷史運動背後的自由主義的思想歷史，這些內容甚至超越了波蘭尼的論證本身，而構成這部著作的重要性，使這部著作實際上還成爲一部觀念史。它包括了經濟自由主義的起源、洞見、分流和困難，以及保護性反向運動在20世紀引發的歷史轉向，波蘭尼稱爲「第二次大轉型」。這次的轉型包括了世紀初的法西斯主義和列寧主義，以及30年代以後的凱恩斯主義和羅斯福新政，也就是二十世紀對自由放任的市場主義進行抵抗的廣泛而漫長的歷史運動。

時間迅速拉到了今天，中共十七大也結束了，了無新意，但波蘭尼提供給我們的歷史視野並沒有結束。如果說柏林牆的倒塌意味著20世紀的終結，那麼911的發生，則預言著21世紀給人類社會帶來的巨大問題。新自由主義試圖在全球範圍內推行它的市場信仰，但更爲複雜和廣大的反向運動，卻在東西方同時運行

著；經濟自由主義在發達國家內部已普遍讓位於政治自由主義，即它已經重新構造了它的正當性依據，然而政治自由主義自身依然有著無法彌合的邏輯缺口。西方思想家在面對這些時代的大問題時紛紛後退，美國一位重要的自由主義大師馬克‧里拉最近出版了一本新書*Stillborn God*（胎死腹中的上帝），提出「西方特殊論」來迴避今天的問題，認為自從現代性發生，西方與西方以外的世界就分離了。於是，在這樣一個無綱領無方案的時代，波蘭尼在描述「雙重運動」中曾非常強調的「變遷速度」就成了決定性的因素，也就是說，未來的變化將取決於雙重運動中哪一方的變遷速度更快；在一個缺乏偉大思想和偉大思想家的時代，歷史的進展更讓位於小事件和偶然性。也正是如此，波蘭尼「雙重運動」的歷史視野仍有著巨大的意義。它將幫助我們去看清甚至構造新的歷史的可能性，一個新的轉型也許正向我們逼近，它期待著思想的啟示。

嚴搏非，上海季風書園董事長兼總經理，常發表書評書介，從書觀察文化思想的來龍去脈，也藉書談古今論是非。

跨界：
赫緒曼的學術信念　　　廖美

　　幾年前，連著兩個夏天到高等研究院拜訪赫緒曼。第一次跟他面對面時，他年屆86，離他出版《反動的修辭》一書，已有10年。當時他的研究室散置一些畫作，用水彩也用油彩。第二年再去，我發現他的畫風明顯從寫實轉為印象和抽象。坐在沙發談天時，看到茶几上堆疊幾本從高等研究院圖書館借來的畫冊，其中有康丁斯基的專本。我好奇的問：

> 「沒聽過你們研究院有藝術學門？」
> 「這都是我請圖書館買的。」赫緒曼說。
> 「就你一個人看？」
> 「應該吧！」
> 「跟去年我來拜訪時相較，你的畫風開始轉向了？這裡，有康丁斯基的畫冊，你讀過他寫的《關於藝術的精神》一書嗎？」

　　赫緒曼當時眼睛閃亮，充滿喜悅地說：「當然！那本書是繪畫史上的重要作品，它為抽象繪畫的奠立找到關鍵概念（key concept）。」

　　1967年赫緒曼在智利，彼時左右鬥爭激烈。赫緒曼的智利友人催促他寫有關拉丁美洲「發展障礙」的分析，因為當時的觀點（或者到現在都還是）認為有一些基本的、結構的障礙，很難改變拉丁美洲國家的本質。赫緒曼當下決定，他絕對不寫變遷的障礙，而要寫認知的障礙。不是外在條件的阻攔讓改變不可能發生，而是想像的貧乏讓實踐的選項不存在。文章完成後，他下的標題是〈低度發展、變遷認知的障礙和領導能力〉（Underdevelopment, Obstacles to the Perception of Change, and Leadership）。這篇文章的切入點，讓我們清楚看到赫緒曼的取向是在找以人為主體的關鍵概念，而不是歸諸不可變的結構因素。

　　2006年，赫緒曼為他人一本題為《幫助人們幫助他們自己》的新書撰寫〈前言〉[1]，他重述作者引杜威的話作為開場：

> 如果可能，最好幫助他人的方式是不直接的，而且要維持對他們生命情境和必需生活水平的修正，這樣才能讓人們獨立地幫助自己。

　　在這本書裡，作者艾勒曼用赫緒曼1950年代在發展經濟學創新的幾個概念，論述自助人助的發展邏輯。雖然自助人助的想法看來平常，可是從來都不是發展協助的主流。一般採取的策略都是強行介入，因為給資源出錢的，總認為有權指導別人如何花錢。

1　Ellerman, David.（2006）*Helping People Help Themselves: From the World Bank to an Alternative Philosophy of Development Assistance.* Ann Arbor: The University of Michigan Press.

赫緒曼，自畫像，2002。油畫。

　　近年發生在非洲馬拉威的例子，就對出錢專家的權威指導，作了活生生的反諷。多年因為農業欠收，馬拉威人被迫生活在飢餓邊緣。最嚴重的是2005年，擁有1300萬人口的馬拉威，有500萬人需要緊急的食物援助。當年選上馬拉威總統的穆沙利卡（Bingu wa Mutharika）宣稱：「只要當總統一天，我不想到其他國家的首都乞食。」所以，他採取和西方國家一樣的政策——對農業大量補助，尤其是肥料和種子。連著兩年，馬拉威農業收成激增，2007年還有盈餘可以輸出鄰國[2]。馬拉威終結飢荒的方式就是不再聽從西方專家的意見。這聽起來不可思議，不過卻是發生的實例。接受世界銀行和西方富國援助超過20年，馬拉威一直採行自由市場政策，因為，西方的經濟專家要他們這麼辦。這些專家希望馬拉威的農民種植現金作物，拿生產的現金作物出口，再用賺取的外匯購進糧食產品。結果，在政府不介入農業補助的情況下，農民因為進口的肥料價格太高，減低施肥因而減產。最後就是一連串的惡性循環：依賴西方的糧食援助，接受自由市場規範，農業凋敝糧食不足，再向富國求援……。

　　這些西方專家作為經濟指導者，在觀察馬拉威一年又一年的失敗經驗後，理當明智改絃更張、想出新策略，為什麼他們沒有這樣做呢？比較簡化的解釋是，專業主義帶給人自信與傲慢，各行各業皆然，即使自己的專業信仰造成別人餓死或在飢餓邊緣，有些人還是不願跨過這個專業的藩籬，因為一越界，原先可依靠的，或者將蕩然無存。

　　這種不敢放掉自身專業的預設和由此預設推展出來的結

2　Dugger, Celia W. "Ending Famine, Simply by Ignoring the Experts," *The New York Times*, Dec. 2, 2007.

論，在學界比比皆是，赫緒曼算是其中的異類。他強調，發現相關議題（"related" topics）一個簡單又有效的方法就是跨學科；自我設限在一個特定領域，對他不但沒有吸引力、也很難忍受。當某些概念在其他學科可以找到支持與確證，爲什麼要固守於一種人爲界定的學門，尋思其中而不得其解呢？以總體經濟策士起家的赫緒曼，先轉向發展經濟學，最後在政治經濟和政治思想領域都有不可忽視的成就。這種由經濟學往政治學和思想史越界的舉動，在近百年來的社會科學界仍然屈指可數。

二次戰後，赫緒曼投入馬歇爾計劃，成爲幫助歐洲國家復甦和重新結盟的策略家之一。在華盛頓待了6年，看膩了官僚科層的延宕推遲與互相掣肘，他面臨是否把工作重心移往巴黎繼續馬歇爾計劃，或到中美洲的哥倫比亞當經濟顧問。赫緒曼選擇了後者，因爲，這個工作對他來說「是新的」。緣於往這個新領域探觸，赫緒曼成爲發展經濟學的先驅，在這個領域創立許多新概念，研究範圍涵蓋哥倫比亞、巴西、智利和其他拉美國家，從1950年代到1960年代整整20年，赫緒曼的研究重心都放在拉美的經濟發展，當時他可說是二次戰後，美國極少數的拉美專家[3]。這20年的經驗，讓赫緒曼寫出他在發展經濟學研究的三部曲：《經濟發展的策略》（1958），《趨向進步之旅》（1963）和《旁觀發展計劃》（1967）。

赫緒曼走向拉美的路途，多舛漫長。因爲希特勒的反猶太政策，18歲就離開出生地柏林的赫緒曼，花了將近20年的時間才踏

3　1959古巴革命，赫緒曼曾被甘乃迪總統召進白宮諮詢，並邀他入閣。幸運地（對讀者而言），赫緒曼拒絕了，否則，我們不一定會多一個秀異的政治人物，但可能會少一個拔萃的學者。

上中南美洲。這個年少離鄉的經驗，讓赫緒曼親自體會人的多面性，有不同於一般學院養成學者的視野。閱讀赫緒曼的顛沛，我們找不到煽情的修辭，雖然，讀者可能因他遭逢的艱險而慨嘆。這讓我聯想，小說因為虛構，作者非得寫得涕淚飄零，才讓故事人物可信；而真正攸關生死的人生，一步錯誤都不能發生，那有空閒躊躇感懷？

狹義來看，赫緒曼並沒有掌握歷史的舵輪；不過一些個人，的確曾把生命交在他的手上。

赫緒曼的姊夫，科洛爾尼（Eugenio Colorni），是義大利社會主義黨的核心人物。1935年冬天，就在姊姊和科洛爾尼舉行婚禮當天，科洛爾尼準備利用婚宴「掩護同志」出國，並要赫緒曼協助。當時，他們計劃把一位共產黨員送到巴黎，因為在法西斯氣焰下，整個義大利已經沒有他的容身之地。他們一起到車站，由科洛爾尼接頭確定人安全上火車，不過也作了最壞的打算——就是，如果事跡敗露，赫緒曼需要承接善後和通知相關人物。行動最後完滿達成，赫緒曼和科洛爾尼便一同回返參加婚禮。

這個冒險掩護，為赫緒曼開啟更多鋌而走險的經歷。從此五年內，赫緒曼有著許多出生入死的經驗——在義大利和法國間傳遞消息、到巴賽隆納參與西班牙內戰、志願加入法國軍隊對抗入侵法國的德軍、幫助反納粹和反法西斯的作家、學者、藝術家和新聞工作者離開歐陸[4]，這些都是年紀才20出頭的赫緒曼的自我抉擇。直到1940年冬天，他離開歐洲到美國才開始走向學術工作。

這些反抗經驗和抉擇，對他的學術關懷有深遠的影響嗎？現

4　關於赫緒曼的反抗經驗，可參考吳乃德為中譯本《反動的修辭》（赫緒曼著，吳介民譯，台北：新新聞出版社，2002）寫的〈導讀〉。

在看來，答案是肯定的。

　　試問，如果你曾經有過逼在眼前決定別人生死的經驗，或決定自身生死的經驗，你對「關於人的死活」這件事，不會特別敏感嗎？你在做一項研究，它可能成為律令的參考、決策的依據，被執行採用後，影響的是你不一定碰觸得到、但活生生的許多個體，你還會執意的說，你的價值、你的評估、你的判斷，對「所有的人」都適用嗎？你想像的所有人，通常不是多數人，更多時候是少數人，當有人落在那些看起來合理的理論或漂亮的預測模型之外時──關乎的是生死，你還會滿足於創作這類理論和模型嗎？

　　克魯曼（Paul Krugman）在談〈發展經濟學的興起與衰落〉（1994）一文，直指赫緒曼的發展理論之所以沒有堅強的後繼門派，主要是因為赫緒曼沒有把他的理論概念模型化。是赫緒曼的數理能力有限制嗎？應該不是，克魯曼自己在文章中也承認。他以赫緒曼運用數理分析，在1940年代對總體經濟的貶值理論做出貢獻為例，說明赫緒曼有一定的數理水準。克魯曼認為，赫緒曼之所以不把概念模型化，是因為他的經濟發展理論「隱含」的不是穩定規模經濟，而是持續報酬（increasing returns）經濟，這樣的經濟預設（或市場結構預設），以1950、1960年代的學術技藝，是沒有辦法模型化的。[5]比較讓我驚訝的是，克魯曼進一步表示，赫緒曼沒把理論模型化，是因為他不喜歡複雜的問題。這個評論，跟赫緒曼其實完全湊不攏；他一再反對的實際上是經濟學如

5　這不是事實的問題，而涉及學術品味和學術關懷，它比有沒有能力做數理分析，更根本而且沒法妥協。雖然在1989年，Murphy等人首先把經濟發展持續遞增模型化，不過，這個模型還是定下許多假設和限制。

何透過模型化議題，把學問弄窄了；他還寫了〈反對小家子氣〉
（Against Parsimony）的文章說明，信手捻來三個經濟學領域常
處理的問題——偏好選擇、生產活動和稀有資源，如何透過複雜
的想像，便可以讓上述議題的討論更貼近現實。

　　一個不願把現實世界通則化、不厭其煩就「事件論事件」
（case by case）的人，為什麼反而被看成是不喜歡處理複雜的問
題呢？我的解釋是，赫緒曼有一般學者所沒有的釐清問題的能
力。他常常提出繁複的問題，透過陳述和分析，一一去除龐雜，
讓問題的核心顯現。掌握到重點，要處理的當然是關鍵之處。關
鍵處不代表不在複雜處；當核心已具，再囚繞於零亂的枝節，不
是作繭自縛嗎？

　　由於這個釐清的能力，讀者在閱讀赫緒曼作品時，很容易進
入他陳述的脈絡。有時候讀得順暢，甚至會認為赫緒曼並沒有作
出特別的分析，事情本來就是如此。赫緒曼自己舉了一個例子，
來說明這個「被視為當然」的有趣事實。他說，在撰寫《反動的
修辭》時，特別把無效論和悖謬論區分開來，前者講改變的無效
果，後者談改變後反而會帶來相反的結果（通常是壞結果），這
兩個論述都被用來反對改變。直到赫緒曼撰述以前，從來沒有人
對無效論和悖謬論加以命名與辨別；不過許多讀過《反動的修辭》
的人，都認為這個區分老早就存在，不是赫緒曼的「獨創」。能
把理論寫到讓讀的人認為事物的本相原就如此，呈顯的不只是赫
緒曼透析問題的精確視角，同時展現他多麼輕易就把知識變成常
識了。有多少習用學術術語、藉由行話才能表達知識的人，會對
這種能力充滿欣羨啊！當然，把問題說得簡單易懂，不表示赫緒
曼的建議就簡單易行。相反的，因為他非常在意處理每一個問題
的特殊情境，反而要花更多心思去細緻規劃。

　　如果不從更廣的角度、更長的時間來看人類的現實行動，很多常態都可以變成當下令人津津樂道的特例；同樣的，當下主流念茲在茲的主張，看起來理直氣壯不容挑戰（例如被視爲不可逆轉的全球化，20年後，會不會是一件歷史的偶然？），事後回顧，也許只能歸入庸人淺見。我們不妨檢視一下蘇聯解體前，東歐和拉美近半世紀的發展經驗，來看一看這一段離我們不太遠的歷史，呈現的是如何的面貌。

　　東歐與蘇聯共構的冷戰圍牆，在二次戰後，走了一趟和拉美非常不同的發展道路。以機械工業和重工業爲主的東歐，不僅消費商品短缺，同時也屬「低度」發展狀態。相反的，拉美國家從戰後到1960、1970年代，總體經濟計劃都聚焦於如何透過進口替代工業促進國內的消費與資本積累，進而建立起重工業；只是，一路發展下來，最後還是以生產消費商品爲主。台灣的例子接近後者，畢竟，中鋼、中船這些重工業，最後都沒有達成原先的經濟計劃，擔待起出口重工業產品的使命。

　　爲什麼會有這樣的歧異呢？發展當然涉及意識型態。從東歐和拉美的發展經驗，這些意識型態有其時代背景，也都有清楚的脈絡可循。東歐循著俄國斯大林主義路線，尤其俄國在二次大戰的勝利被歸功於早年推動的重工業，往重工業和機械工業發展，便成東歐國家顛仆不破的信條。這期間，雖然也有發展消費商品的呼聲，但是面臨可能遭到崇尚物質和污染精神的批判，最後多半草草收場。而拉美雖然戰後左右鬥爭激烈，但是除了古巴以外，最後都是右派威權、甚至軍事政權佔上風，這些政權站在與西方共同圍堵左派共產勢力的陣線上，經濟發展的模式當然遵循資本主義路線。不過，不能把拉美的發展經驗看成一個整體。就如西方的學者喜歡把東亞看成一個整體一樣，只會簡化現實，或

像從哈哈鏡看世界，呈顯的都是誇大與扭曲的部份。

　　長期關注拉丁美洲經濟發展的赫緒曼，最是主張拉美的問題，各國殊異，要分開來看。他在1950年代提倡的「不均衡發展」策略，在經濟學的意含就是要弄清楚「比較利益」，去發揮一國所長，主張每一個國家都有自己最擅長的路可走。這樣一個發展概念過時了嗎？當我們在思考產業政策時，這個想法難道不應該是參酌的重點嗎？

　　比較叫人錯愕的是，就算主流的經濟學對發展、生產、交易、貨幣、財政、貿易有一套準則，它們被拿來運用時，有時竟是荒腔走板。芝加哥學派和倫敦劍橋學派都曾到拉美去推動他們的理念，這些實作經驗，反而讓他們在扮演拉美經濟策士的履歷上留下污點，也讓幾個「被策說」國家的人民，對英美的這些經濟策士產生刻版印象，英美國家的陰謀說，三不五時，就要被翻出來數落一番。這是怎麼一回事？

　　事件都發生在1970年代末期。智利和阿根廷為了維持持續的經濟成長，採取的是高估國內幣值、高利率的措施，藉以穩定工資和控制通膨。這樣一來，是在鼓勵更多的進口，而不利出口，讓國內產業更形凋弊。由芝加哥學派為主的經濟顧問，建議的政策不是適當有步驟的貶低幣值，調降利率，而是向國外借入更多錢（當時國際流動著因石油危機，高油價售出後的石油熱錢，利率很低），投入國內工業，一再延遲調整經濟體質的時機。另一方面，國內的資金則外流購買低利率的外幣，造成投機資金外流。幾年後，當國外利率攀升，智利和阿根廷的舉債負擔，已經到了不可承受之重。

　　接受劍橋學者建議的墨西哥，面臨的是不一樣的問題，但得到的是同樣的結果。早先發現豐富石油蘊藏的墨西哥，在1970

年代中期開始達到一定產量，石油變成重要的出口商品，為原先進行還算順暢的進口替代政策，敲下喪鐘。出售石油得來的大量資金，並沒用來調整國內其他的產業部門，而是購買進口商品和相對低利率的外幣，還是維持高估幣值的政策。這些劍橋學者提出政府應管控進口的數量，雖沒被接受，不過他們也一致反對應該對貨幣貶值。1982年開始，墨西哥同樣因為國外利率升高，一下之間，累積了高額的外債，這個外債負擔，到現在還讓墨西哥人站不起來。

這些明顯違反經濟原則的政策之所以一再發生（而且由不同的學派，針對不同國家的狀況做建言），說穿了，其實是許多經濟政策只看短期的問題，短期的利益。也許在課堂、學院、研究室，面對的是硬梆梆的理論、冰冷的數據，智性可以自在運行；一旦有機會插手操作，尤其是那些燙手的熱錢，理性可以喘息的空間就變窄了。

曾經是經濟顧問的赫緒曼，對作為經濟顧問一事戒慎恐懼。他在《趨向進步之旅》書中，試圖反省和解決的就是外來顧問的問題。作為外來者，首先要弄懂現實。了解，當然是解決問題的第一步。但是，要有多深刻的了解才算了解呢？對赫緒曼來說，就是探險般地進入廣大的無人之境，在經濟學和其它社會科學，諸如政治學、社會學、和歷史學中匍匐前進。在花了三個漫長的篇章處理巴西、哥倫比亞和智利的經濟史後，赫緒曼在書中問：「有存在一種解決問題和制定政策的拉丁美洲風格嗎？」他發現有的，那就是，急於下結論的心態。因為發展落後，追在先進國家背後，自己氣急敗壞，想要迎頭趕上，於是囫圇吞棗，得到結論就上路。也是在這個心態下，西方專家才會那麼容易被接納，因為，他們可能帶來「根本的」（fundamental） 處理問題

的方法。

　　當1960、1970年代，拉美的學者，如卡多索、法蘭克和桑科開始以「依賴理論」來反思拉美本身的經濟發展策略，同時批判西方強國的不平等介入而導致拉美的依賴發展，赫緒曼曾被這批學者譽為「依賴理論」的祖師。不過，赫緒曼在公開場合和文章中，都否認自己的理念與這一派理論有所銜接。赫緒曼之所以避諱被稱為「依賴理論」之父，主要是因為他認為這一理論的說法有一種「命定的」預設，這是他相當排斥的。於是，他在《希望的偏情》中提出拉丁美洲應該走出「失敗情結」（fracasomania）：不要認為問題可以完全解決，或者根本解決不了——一種不是太自信、就是太悲觀的態度。他更提到這種自信與自卑，如何在新一代身上產生作用；那就是，拉丁美洲那些到歐美學習的年輕一輩，有一種他們已經學到所有事情的心態，結果，當他們回到母國時，會認為他們不能從一直生活在故土的老一輩身上學到東西。這種代間缺乏溝通互動的情形，也是自信與自卑情結的作祟。這個觀察，難道只是拉美的獨特經驗嗎？我們沒有覺得這個描述是身邊很熟悉的現象嗎？

　　「人很少獲得他不需要的特質！」引自小說《危險關係》梅特伊伯爵夫人的驚嘆，赫緒曼說，這是他非常喜歡的一句話。實際上，這句話幫住他去想像人在面對發展時，為什麼會有那些玲瑯滿目的藉口和認知障礙。如果不擴大可能的領域，而是在狹小範疇裡猜想和預測，事情就不可能發生；特別的和預想不到的事，不會造臨在沒有特殊想像和努力的人身上。是的，看不到解決問題的方式，更多時候，是因為根本沒看、沒認真看。人很少獲得他不需要的特質！

　　對繪畫稍有概念的人，可以看到赫緒曼的畫作，在短期間

內，無論在技法和創作的想法上，都有明顯的躍進。顯然，他花了不少時間在作畫。於是，我忍不住問：

「你現在把大部份時間都拿來畫畫嗎？」
「是的。這是我的女兒給我的挑戰！」
「什麼挑戰？」
「我的女兒說，既然我一輩子都在跨界，為什麼不跨到我有興趣的藝術？我不是要成為畫家，不過，至少我在做我喜歡做的事——畫畫。」

　　赫緒曼不再寫學術作品，對社會科學界是一大損失嗎？我的看法是，一點也不。精確地說，赫緒曼這輩子只在寫作一本書，雖然從學科的分門別類中，他好像不斷地在撈過界，寫不同的書。仔細閱讀赫緒曼的作品，會發現他一而再、再而三地回到一些相同的主題。例如，熱情和利益在17和18世紀都還是經渭分明的價值，到亞當斯密之後，卻變成和諧的夥伴，這種由「看不見的手」型塑而出的變形，對現代社會來說，是正數還是負數呢？另外，政治、經濟和社會三個部門在一個國家的發展節奏常常不一：有時，經濟跑的比政治快；偶而，政治跨得步伐比經濟大；更多時候，社會的腳步早走在政治和經濟之前。這些步調的衝突，不一定是耗損，有時是提供下階段前進的動力。還有，國家的大眾投資、市民的公共參與和個人私領域的抉擇，也都在是否涉入、或涉入深淺間擺盪。赫緒曼不斷回頭重述或重建這些主張與命題，從不同的角度去看，或修正他先前的論述。不同學門的知識只作為他的分析工具而已，他關注的永遠環繞在上述幾個重要主題，而這些主題最終關乎的都是人的實踐與福祉。從發展經

濟學轉向政治經濟和政治思想，赫緒曼還是沒有離開他早期發展
的概念太遠。至於，如何圓說赫緒曼這一生只寫作一本書，應該
是另一篇文章的主題。

廖美，紐約市立大學經濟學博士候選人，主要研究興趣在經濟
史。目前於紐約市立大學布魯克學院商業與政府研究中心工作，
專事勞動經濟分析。

思想筆談：
自由主義的處境與未來（下）

自由主義的價值意識與社會想像

錢永祥

一、自由主義的當前處境

從上世紀末到本世紀初，自由主義的思想論述，在中文世界顯得居於守勢。所謂「守勢」，意思倒不是說它的主張與視野在客觀上不再構成有意義的選項，而是說其他的思想取向開始對它提出了質疑，而這些質疑在人們眼裡構成了忽視它、拒絕它的充分理由。跟上個世紀末它在中國大陸（以及更早一些的台灣）的處境相比，自由主義似乎進入了一個必須反躬內省的時期，無法再將自己的主張視為當然，祇要指出環境中的各類壓迫與落後作為對照，即足以證明本身的妥當，無須對話和辯論；它現在需要面對其他思路的挑戰，整理自己的立場與理據。這個發展，毋寧對自由主義的發展有利，也有助於中文政治思想界建立理論論辯的習慣。

台灣的情況論者已多，在此不贅。就中國大陸而言，對自由主義的思想挑戰來自多個方面，其中又以下列三者較為常見而突出：

第一、自由主義的現代性糾葛：無論是出於前現代、後現代、乃

至於後殖民現代性的理由，在當前的知識氛圍中，對於西方現代性作懷疑和挑戰，已經蔚然成風。因此，中國一部份知識分子對於自由主義作爲現代性的政治形式，也有所懷疑和挑戰。他們認爲，如果現代性有其嚴重的缺陷和限制，那麼自由主義也一樣是有缺陷和限制的。至少，自由主義並沒有能力去反省和彌補現代性的缺陷。至於這種反現代性的思路會採取甚麼立場，則不一而足，西方式的後現代主義、保守主義、新保守主義，或者各種古典主義、儒學社會主義、國學熱，都已經在出現。

第二、自由主義的資本主義糾葛：另一類流行的看法認爲，由於自由主義與資本主義、自由市場有著緊密的關係（甚至根本就是同一件事物的不同面向），歷史上也常常充當資本主義的政治形式與法律形式，那麼自由主義一定支持資本主義、市場體制，以致於沒有能力批判和節制資本主義與市場機能的缺陷與限制；或者必須吞嚥、維護資本主義的各種後果。於是左翼人士反對自由主義，因爲它太貼近資本主義；右翼則盡量抹除資本主義與自由主義之間的分野，不惜開除各種非「古典自由主義」的同胞（各類強調平等正義的自由主義，如十九世紀自由主義、福利國家、社會民主、乃至於美國從新政以降的自由主義，均在排擠之列）。

第三、自由主義的中國糾葛：上述自由主義與「現代性」、與資本主義的緊密關係，在它身上還留下了「西方／美國」的烙印。但由於「西方」與種族主義、帝國主義、殖民主義有著不解的歷史淵源，而中國近代史的動力所在卻是反帝、建立現代國家、形成「中國特色的社會主義」，中國與西方世界的緊張關係，自然會株連到自由主義。晚近隨著中國的「崛

起」態勢，更出現了一種相應的大國意識，強調中國與西方
世界的差異與抗衡關係，強調「中華性」的特殊、正當與價
值，對於西方的自由主義政治經濟傳統高度提防。另一方
面，大國意識強調國家的主權尊嚴與行事的自主，國家主義
和權力現實主義的思路與價值，也就自然會壓倒自由主義與
個人主義以權利為本的思路與價值觀。

這三種挑戰究竟有多少內容耐推敲、是不是足以對自由主義
構成實質的威脅，在整理分析相關的論點文本之前，不必武斷地
下判斷。不過，自由主義與其說是輪廓分明的一套理論，不如說
是一個源遠流長的思想—政治傳統；既然是傳統，就不免由於其
流變的曖昧複雜而變成稻草人：無論批評者還是贊同者，都不難
各取所需，為自由主義定罪或者敘功。相對於此，本文則想要回
頭反省自由主義本身的價值觀與關於社會生活的想像。這可以分
兩方面談。第一，自由主義與其急於反駁上述三種批評，不如回
頭整理本身的價值理念，看看在這個時代，它是否仍然能經營出
值得追求的社會理想。這無異是說，自由主義在一個新的思想環
境中，面對現代性的顛躓、社會的不公平、尤其各類「特殊主義」
的崛起，有必要重新整理一己的核心價值，回應這些質疑。其次，
本文還想相應地扭轉當代自由主義過度收縮到「政治自由主義」
的趨勢，強調自由主義的核心價值觀點，應該看做一種關於廣泛
社會生活（而非僅公民政治生活）之理想面貌的理解，事實上乃
是當前多種「社會想像」的雛形，滲透到各項基本制度。這套觀
點是不是還有活力、是不是必須被其他觀點所取代，才是自由主
義梳理上述三種糾葛的關鍵所在。

二、政治自由主義

　　在正面描述自由主義的價值理念之前，有必要先檢討自由主義政治哲學當前的一個趨向。西方學院自由主義，由於在價值多元的難局中推許「中立」，晚近有兩種常見的回應，均著眼在自由主義必須自我設限或者消極走向的「政治化」，認為自由主義應該祇是一種狹義上的「政治學說」（而不是關於社會、文化、價值的全面主張），其目的不在於解決爭訟不休的實質或者價值議題，而是尋找一個各方均有理由（道德的理由或者利害的理由）接受的架構，讓大家即使想法迥異甚至於衝突，仍能夠經營共同生活。在這兩種（重道德或者重利害）回應方式的眼裡，如何評價現代性、資本主義、乃至於鼓吹某一種文化或文明的地位，並不是自由主義的課題所在。簡單地說，自由主義祇是要提供一套政治與法律的框架，讓關於這些問題（以及許多更棘手的問題）的各種立場能夠和平共存即可。這個態度、這種對於自由主義的理解，泛稱為「政治自由主義」。

　　政治自由主義的出發點，在於大家耳熟能詳的「價值多元論」。價值多元論指出，人們所持有的信念和所追求的終極價值（其中不免包括對於現代性、資本主義、以及一己的文化、民族、身份認同的評價）不僅不一樣，通常還會枘鑿衝突，並且這個情況不是可能改善或者用說理來解決的。既然如此，社會共同生活要依據甚麼樣的共通原則呢？面對這個問題，自由主義當然要從自由與平等兩項根本價值出發。因為重視平等，所以必須承認每個人都有等值的權利去做判斷與抉擇；因為重視自由，所以必須承認每個人的抉擇會各行其是。由此，價值多元論在自由主義的

視野裡取得了無可動搖的前提地位。但在此必須強調，自由主義肯定多元論，並不是基於懷疑論（人類無法判斷不同價值的高下好壞）或者相對論（所有的價值都是一樣的高下好壞）；更不是因爲價值多元這件「事實」本身有甚麼內在的價值[1]；而是因爲自由主義肯定了個人的平等與自由，而價值多元乃是平等與自由狀態無法避免的結果。

在價值多元論的限制之下，一個社會的基本政治制度，如果還要尊重平等與自由兩項根本價值，顯然就不能再取某一種特定價值觀點作爲理據。制度的這種根據只能是「政治性」的，也就是不訴諸特定的信念與價值，不以文化、經濟、社會、或者知識性的立場爲根據，而是以某些由「公民」身份的平等與自由所衍生的價值爲根據。

當代英語系的自由主義哲學家，多數接受了政治自由主義的這個基本取向。他們之間的差別，僅在於如何理解所謂的「政治價值」。晚期的羅爾斯與拉默爾都用「政治自由主義」一詞來表達自己的觀點，雖然他們所標舉的政治價值，由於涉及「對所有人平等的尊重」或者「道德人的自由與平等」，仍然具有強烈的道德性格。但也有如葛雷的「共存自由主義」則更爲徹底，深信價值多元業已侵蝕了任何道德原則或關於道德人的共識可能，自由主義不必妄想取得任何理性的共識，從而只能以和平共存──因爲和平共存有利於自己──作爲理由，接受共同生活的原則。

1　羅爾斯一貫使用「價值多元論的事實」一詞；拉默爾也清楚分辨「多元論」（相對於價值一元論）不同於「合理的分歧」（相對於一致看法），後者祇是人類處境的一項現實，本身並沒有理論地位。當然，由於價值多元的狀態，讓人們擁有更多的選擇可能，故作爲資源還是有重大價值的。

[2]這樣的政治價值，更接近霍布斯式的利害考慮。

價值多元論所逼出來的這類政治自由主義，針對價值提出了三個想法：一、信念與價值觀不能作為政治原則的根據，因此本身並不具有直接的政治意義，對於政治生活也並無直接的貢獻；二、有關「人」的看法，足以涵蘊某種特定價值觀，也同樣不具有政治意義，無法作為自由主義的核心價值；三、政治領域與其他涉及價值考慮的「倫理」領域，因此需要截然劃分。羅爾斯、拉默爾、葛雷以及其他一些人，都接受了這種政治與倫理領域「斷裂」的想法。

我們應該如何看待這三個想法？大略言之，這套想法一方面有助於清理自由主義的價值意識，但另一方面也對其價值意識造成很大的限制。一方面，歷史上，自由主義出於現實所誘或者所迫，確實喜歡訴諸一些繫於特定信念的目標，例如說自由主義有助於追求真理、發展文明、解放個性、推動社會進步等等。政治自由主義認為這類價值不應當構成政治制度、政治原則的理據，是很有道理的。但另一方面，歷史上，自由主義基於其個人主義的出發點，須視個人為終極價值。為了說明個人如何具有這種終極的價值地位，思想家提出過一些確有見地的人格理論，其中最著名的就是康德的自主個人觀、以及密爾的個性個人觀。可是政治自由主義，從羅爾斯到拉默爾到葛雷，都明確並且不嫌詞費地排除了這兩種有關個人價值地位的說明。拉默爾直率表示：自由主義是一套「政治的哲學」，而不是一套「人的哲學」，充分表達了他們的看法。這個看法，卻需要分梳商榷。

2　約翰葛雷著，蔡英文譯，《自由主義的兩種面貌》（英文版2000）（台北：巨流圖書公司，2002）。

這種想法，將「倫理人」從政治哲學移出去、只保留形式意義下的「道德人」或者公民意義下的「政治人」，或者更極端地將政治合作建立在和平共存的利害考慮上，是有其理論兼現實意義的。現實中，為了在具體的衝突情境中求取共存甚至合作，政治自由主義提供了一種講原則（而非只算利害）的解決之道；理論上，國家的中立原則奉「對所有人公平」為圭臬，既非相對主義，也不會允許國家自行其是，當然值得肯定。但是，自由主義的視野不會侷限在政治性價值；社會生活的本質也不會賦予政治領域完整的自主。那麼，在價值多元的節制之下？自由主義的視野應該如何開展？

要回答這個問題，價值多元論便不宜喧賓奪主。如上面所言，自由主義的主旨並不在維護價值多元論，而是在維護使價值多元成為「事實」的人的平等與自由。那麼進一步問，為甚麼平等與自由如此攸關重大？那當然不是因為如此方克實現價值多元，而是因為平等與自由維護、助長了某種屬於個人的利益。可是一旦追問這種利益是甚麼，就不能如政治自由主義一樣，僅強調個人須要是公民、需要在制度上保障其自由與平等，而是要問：「個人」的根本利益何在。而當然，這是一個「人的哲學」的問題，最後終會涉及現代性、社會正義、以及普世主義等棘手議題。

三、更強韌的價值意識

如前所言，政治自由主義所關切的首要任務，是在價值多元的前提之下，協助公民找到進行社會合作——或者和平共存——的條件。本文的論點是，這個任務固然很重要，可是追問得不夠

徹底：為甚麼這件工作如此重要？顯然是因為，自由主義的制度構想牽涉到了攸關重大的個人利益。說得戲劇化（也簡化）一些，自由主義本身（以及價值多元論本身）並沒有固有的實質價值；其工具價值來自於它所維護和助益的某種地位更高的個人利益。政治自由主義堅持，對這種個人利益只能限於政治層面的解讀，從而得出公民身份之下的合作條件，即是這種利益在政治領域最具體的表現。但是如果要說明個人本身的這種最高的利益，似乎不能不先提出一套超乎政治的人格理論。問題是：這有可能嗎？

眾所周知，自由主義傳統中，一旦追問到這種終極價值的問題，往往會轉變成一套有關「自我」相對於周遭環境作為「價值之源」的分析，目的在於揭示這種個體具有終極價值。不過，既然關於「個人」價值的兩種最雄辯的理論——康德的自主性理論與密爾的個體性理論——已遭到當代自由主義者普遍的謝絕，理由在於自主與個體性兩項價值，並不是能夠普遍獲得接受的價值（不論其背後的理論又是如何爭訟不休）。那麼還有其他可能，說明自由主義所要維護的重大價值是甚麼嗎？

當代自由主義者德沃金和金立克開啟了另一條思路：不要追問自我需要具有甚麼樣的內在結構（康德）或者生活態度（密爾），方足以成為「一切價值之源」，而是追問：既然個人的最高層級的利益在於追求一己的理想人生，那麼**「追求理想的人生」這件事，究竟是甚麼樣的一回事**？德沃金這個其貌不揚的問題，實際上涵蘊著豐富的內容：一旦開始追問甚麼叫做「追求理想的人生」或者「價值的選擇」，就能逐步看出，人的最高層次的利益，不只是單純地選擇、認定一項理想安頓生命，更在於檢查和測試個人**當下**所認定追求的理想，**是不是**值得追求的理想。因

此，所謂「去追求理想的人生」，完全不等於對於特定的「理想的人生」的抉擇與認定。這裡所關注的是一種活動，而不是一種狀態或結論。在這條思路之下，我們或可以提出三項觀察：

一、個人**當下**認定或者追求中的理想人生，無法確定即是**真正**的理想人生。原因在於，理想人生所牽涉到的價值，並不是根據當事人此刻事實上擁有甚麼願望所能判定的，而是要牽涉到評價，牽涉到超乎事實而涉及各種可能價值的判斷。這種判斷不僅參照「我是甚麼樣的人」、「我希望成為甚麼樣的人」，更要參照「我應該成為甚麼樣的人」，因此永遠有懷疑、改變的餘地和必要。

二、是當事人不能確定的問題，當然更不是其他人（包括政府或者宗教導師）能夠代替他來判斷的。理由在於，理想的人生或其他價值觀，一定需要經由當事人自己來認定，才真正具有價值。世界上存在著許多美好的事物以及理想，但是它們要構成某人理想人生的一個組成部分，必須要由當事人先來認可其美好與價值。

三、既然當事人的認可，同時是一種對於自我的界定；而這種認可，又是一種高度評價性的活動，我們就必須認真面對一個問題：自我界定以及評價兩種活動，都需要大量的文化與社會的資源，絕對不是政治性層面的資源、權利與機會所能窮盡。換言之，追求最高層級的利益，並不是公民身份所能窮盡照顧的事，而是需要更廣泛的社群、歷史、文化、以及制度面上的資源與條件[3]。

3　這些想法，請參見德沃金著，馮克利譯，《至上的美德：平等的理論與實踐》（南京：江蘇人民出版社，2003）第六章，以及威爾金

　　在這三點思考的引導之下，我們回到前述自由主義的問題：自由主義需要提供甚麼制度性的條件，方足以按照這三項要求，庇護和協助個人追尋理想的人生？簡單言之，首先需要各類的自由，讓個人有追尋與懷疑的空間；其次需要各類權利，讓個人能夠擺脫既有的價值觀與身份角色、社群、政權的羈絆；第三需要文化、知識上的開放與多樣，讓個人有條件選擇與經營不同價值觀；最後，還需要各類物質性的資源（包括健康、溫飽、教育等起碼的資源），讓上述的各類權利、自由、空間、資源具有實質的意義，而不僅是形式性的妝點。這些條件，多數都是自由主義的公民身份所能涵蓋的。但是，公民還必須從事高度評價性的活動，詮釋並且找到理由去認同這套公共生活。這時候，自由主義當然不得不注意在經濟、社會、文化、乃至於生活方式上的各類制度的意義，但這類意義通常不是「中立」的理由能夠指點過問的，反而需要強大的人性理念來支持，更需要針對現代性、資本主義、乃至於國族特性與普世價值有深入的論辯。總而言之，自由主義不能以「政治性」或公民概念自限，不承認這些價值議題在詮釋——以及改造——公共領域時的關鍵角色[4]。

　　筆者認為，這條思路為自由主義開拓了一個比較堅實的發展方向。比起不過問價值觀問題、束手面對價值多元景況，僅以「政治」自限的政治自由主義，**它由於進一步追問「價值觀的抉擇」**

（續）————————————————

　　里卡的兩本著作：劉莘譯，《當代政治哲學導論》（台北：聯經出版公司，2003），應奇、葛水林譯，《自由主義、社群、與文化》（上海：上海譯文出版社，2005），不過筆者摻入了一些自己的想法。德沃金的觀點架構十分複雜，此處的敘述極度簡化。

4　政治自由主義與「整全」自由主義最大的不同，即在於「中立的理由」是否足以構成詮釋與接受公共制度的充分依據。

是怎樣一回事，立足點似乎更寬廣紮實、立論也要來得更強韌而積極：它可以導出更多的維護個人所需的資源與條件；它有可能根據各種價值觀究竟是不是正視了個人的最高層級利益，而在其間有所評比軒輊，不至於墜入「一切皆可」的相對主義；它也對於個人提出了高度的挑戰，以一種非形上的自主觀要求反思的生活，讓自由主義成為一套更凸顯人文價值的政治思想。這樣的自由主義，不但不會迴避有關現代性、資本主義、甚至於文化認同的議題，反而樂於介入相關的爭論，提出一己的明確主張。

四、自由主義的道德秩序與社會想像

不過，這套思路之所以豐富，還有一個更重要的原因，才是關鍵所在。不同於晚近自由主義將個人的價值觀視為自明，不再追問其間的牽涉和預設，上述這條思路所謂的價值抉擇、生命的安排，並不是單純的「偏好」之挑挑撿撿，而是涉及了對於制度的詮釋與評價，以及自我的身份界定，其間必然牽涉到這兩方面活動所寄身的社會想像與歷史脈絡。換言之，如果採取這條思路，我們就需要找出一種陳述自由主義核心價值的方式，不停留在純粹概念層面的分析，而是指出這些分析所揭露的自由主義核心價值，如何構成自由主義的社會與歷史經驗（以及想像）。一旦建立了這種聯繫，前述自由主義在中文語境裡所面對的挑戰，其實乃是自由主義論述要照顧的一個主要部分。

有趣的是，即使政治自由主義者如羅爾斯，也並沒有忽視自由主義所應該關照的這種廣泛面向。常聽到有人批評，羅爾斯這類哲學家陷在抽象概念的分析之中，所論根本無涉於現實。他曾辯解謂，之所以要從抽象層次極高的基本概念談起，乃是因為現

實中間的多元分裂蔓延深遠。但他更再三致意，他的出發點其實並不是抽象概念，而是提煉「公共政治文化」，將社會生活設想為「自由而平等的個人在公平的條件之下進行社會合作」，然後追問探討「這樣的社會如何可能」。我要強調，羅爾斯用「公共政治文化」作為出發點，正是因為他要突出一個常遭政治哲學專業所忽視的思想史、社會史的事實：人們對於社會生活不僅有一套基本的想像，並且這類想像作為制度慣習、詮釋傳統，已經凝聚沈澱在該社會的「公共政治文化」中。當然，一個社會的公共文化不免是曖昧混濁、眾說紛紜的，並且這種文化中所包含的社會想像不一定與自由主義同調。譬如到了今天，所謂社會生活乃是叢林式的弱肉強食、所謂社會生活乃是一部大機器的運轉、所謂社會生活繫於博愛互助、或者某種自發性的秩序、某類歷史選民的專政，都還是很體面的社會理論。又譬如一套從1840年起算的中國革命史論述、或者400年「台灣民族的歷史發展以及台灣人意識的形成過程」[5]，也仍然影響著海峽兩岸社會的集體自我意識，塑造其公共政治文化。但這些想像，誰具有更明確的道德警覺、誰能更充分地將社會生活的現狀統合成為整體、誰更能說明歷史的動向與社會制度的面貌？羅爾斯認為西方歷史已經解決了這些問題，剩下的工作就是由政治哲學家從中提煉「綱舉目張的根本理念」，或許過於樂觀；但他引歷史為證，強烈推薦一種關於社會生活的特定理解，也並非閉門造車。他選擇的社會想像是「自由而平等的個人在公平的條件之下進行社會合作」。他認為，不從這裡出發，才會墜入抽象的邏輯推演。但是從這裡出

5　毛澤東，〈新民主主義論〉；史明，《台灣人四百年史》，日文版序。

發，問題就變成：這個想像能掌握我們社會生活的多少主要面向？

　　套用另一位哲學家泰勒的字眼，可以說羅爾斯之所以要從「公共政治文化」出發，正是因為其中沈澱了今天多數人心目中社會生活的「道德秩序」[6]。

　　泰勒用道德秩序這個概念，指一套關於社會生活的基本面貌與性質的想法。他舉的例子包括前現代流行——也是中國人很熟悉——的秩序宇宙觀，即世間萬物構成一個上下隸屬的層級秩序，其間的自然秩序與人間秩序具有某種類比或者感應的關係。但到了現代，由格老秀司及洛克所發展的自然法理論，則認為社會乃是「平等的個人在互利原則下追求安全與富裕的工具」。泰勒強調，這類對於道德秩序的看法，不僅提出了一套價值與規範，並且還呈現了相關的脈絡，足以說明這些價值與規範的意義、以及其正當性何所據。

　　我用泰勒的「道德秩序觀」概念，補充羅爾斯的「公共文化觀」，是想要顯示，政治自由主義哲學家出於專業習慣，好將這類道德秩序觀抽離孤立，僅視為一套哲學前提（羅爾斯視為建立正義觀時所用的「綱舉目張的根本理念」），從而忽視了道德秩序觀作為一種關於社會生活的直觀想法，會藉著移轉、滲透、蛻變等過程，影響與轉化「社會實務」，在社會生活的各個領域，發展出不同的社會自我理解。社會的這種自我界定方式，泰勒稱為「社會想像」，例如歐洲現代有關市場經濟、公共領域、以及民主自治的圖像，即構築了現代社會成員的自我理解、生活背

6　Charles Taylor, *Modern Social Imaginaries* (Durham: Duke University Press, 2004).

景、以及相互的期待。泰勒認為，從道德秩序觀衍生成各類社會
想像，構成了歐洲現代性的歷史。

這套從道德秩序到社會想像的分析架構，幫助我們看出，自
由主義並不祇是一套概念層面的倫理─政治原則，從外面指導
（或者無力指導）社會制度；相反，它包含著一種基本的社會觀、
某種關於社會基本面貌與性格的圖像，進一步在各個社會領域中
構築恰當的社會想像，讓一己的面貌變得更明晰，同時又不得不
有所蛻變；至於由它所催生的社會想像，也必須相應於外在條件
以及當下的道德秩序觀的內容，逐漸調整自己的內容和制度型
態。

從這樣的角度來看，自由主義與現代性、與資本主義、乃至
於與非西方社會，其實並沒有已經定型了的一種相合或者相斥的
關係。歷史留下了一些遺產，我們稱之為中國自由主義的歷史。
可是這頁歷史，即使不論其內容的貧乏，原則上也不會告訴我
們，自由主義在今天的中文世界能扮演甚麼角色。相反，今天的
中文世界，彷彿處在一個遲到的格老秀司─洛克時期，在傳統解
體之後，人們仍在尋覓這個文明的基本社會觀、它的道德秩序
觀、追問社會生活的基本目的與一己的責任究竟為何、對於社會
又有甚麼期待。經過300年的反思與實踐，西方的道德秩序觀已
經從洛克蛻變到了羅爾斯與德沃金，從「平等互利」蛻變成「公
平條件下的社會合作」，從資產階級家父長共同體蛻變為擠進了
各類人等族群乃至於動物和生態系統的「混合共同體」。相對而
言，中國則經歷了皇權宗法社會的崩潰、西方現代性的入侵、建
立現代國家、以及社會主義的動員與實驗（如果不說幻滅）。中
國知識分子必須追問，這些歷史，凝聚出了甚麼道德秩序觀、甚
麼社會想像？反現代性、反資本主義、追求「中華性」共同體的

思想家們，準備提出甚麼不同於自由主義的道德秩序觀與社會想像？「自由而平等的個人在公平的條件之下進行社會合作」，與中國革命史所追求的社會想像，相類相異又何在？我想，中文世界不論要批評自由主義、或者要為自由主義辯護，應該都要面對這些問題。

錢永祥，現任中央研究院人社中心副研究員。著有《縱欲與虛無之上：現代情境裡的政治倫理》，翻譯過韋伯的《學術與政治》、彼得‧辛格的《動物解放》等書。

自由主義的理念

周保松

一

在中國近代發展史中，自由主義曾是很多知識分子價值寄託
所在。但隨著資本主義市場經濟席捲中國，很多人開始擔憂，自
由主義主張的自由市場和私有產權制度，勢將導致嚴重的貧富不
均和社會不公；而它提倡的自由和寬容，則會使得文化相對主義
和價值虛無主義泛濫。有人於是主張自由主義只適用於政治領
域，經濟領域應實行社會主義式的平等分配，文化領域則信奉保
守主義或古典主義。更極端者，則乾脆認定自由主義是西方文化
霸權的產物，根本不適合中國國情，應該全盤摒棄。要判斷這些
批評是否成立，我們宜先弄清楚自由主義的基本理念，再看看它
是否有足夠的理論資源面對這些挑戰。這是本文打算做的工作。
無庸贅言，自由主義傳統豐富駁雜，並沒有所謂公認的單一的自
由主義理論。我以下對自由主義的理解，較為接近以羅爾斯為代
表的左翼自由主義傳統[1]。

1　John Rawls, *A Theory of Justice*（Oxford: Oxford University Press,

二

每套政治理論，背後必然預設了某種對人和社會的根本看法。我認為，自由主義的核心理念，是構想社會為自由與平等的公民之間的一個公平合作體系，並要求奠定社會基本結構的政治原則，必須得到公民的合理接受。我以下將簡單闡釋這個理念的不同部份[2]。

一、自由主義最根本的信念，是視人為自由人。所謂自由人，指能作理性思考和價值判斷，並為自己行為負責的人。這樣的個體，能夠主動籌謀自己的人生計劃，可以對當下所持的信念信仰作出理性的檢討和反思，同時有能力作出道德思考，並願意服從道德原則加諸自身的要求。自由人是一個獨立自主和理性的道德主體。自由主義認為，人可以有不同身份，但最重要的，是我們必須先承認和肯定人有反思和選擇的能力。如果人欠缺這種能力，便和一般動物無異，更無法有效地參與社會合作。這樣的個體，是構成社會合作的基本單位，也是道德和政治思考的起點。什麼樣的社會制度，最能體現人作為自由人的特質和保證個體的自主能力得到充分發展，是自由主義最關心的問題。

二、自由主義堅持人人平等。所謂平等，是指在決定社會的基本合作原則時，每個人具有相同的道德地位；每個人的權益和觀點，應該受到公平合理的對待，而不應僅僅由於種族、性別、

（續）————————————————————
　　1972; revised edition, 1999).
2　這個想法源自晚期羅爾斯。Rawls, *Political Liberalism*（New York: Columbia University Press, 2005), expanded version, pp.15-22.

階級，以至天資稟賦等差異而受到忽略和歧視。就每個公民作為
獨立自主的自由人這一身份而言，每個人是平等的，並具有相同
價值，沒有人有正當的理由強加一己意志於他人身上。自由主義
並非看不到先天和後天因素造成的種種不平等，但它堅持在證成
社會的根本原則時，從道德的觀點看，這些不平等是不相干的。
但我們須留意，這種對道德平等的堅持，並不意味著在資源分配
上必須採取一種平均分配的立場。它涵蘊的毋寧是這樣的一種要
求：在決定社會利益分配和個人應享什麼權利和義務等問題上，
任何的不平等安排，均必須提出足夠理由，並得到平等的公民的
合理接受[3]。換言之，道德平等是社會合作的前提，當且僅當從
每個平等的自由人的觀點看，某種分配不平等是道德上可接受
的，它才具有正當性。

我認為，在自由主義的構想中，自由和平等有兩個層次。第
一個層次可稱為道德層次。在這個層次，「自由」界定了人的道
德身份，「平等」界定了人與人之間的道德關係。第二個層次可
稱為政治層次，即道德層次中對自由和平等的要求，推導出在具
體的政治實踐中，人們將享有什麼實質自由，以及社會分配如何
才能最好地實現道德平等的理想。就此而言，道德層次優先於政
治層次，而兩個層次的關係，則需要實質論證加以聯結，因為即
使人們同意第一層次的道德理想，對於如何在第二層次實現此理
想，卻可以有不同觀點。但有一點是毫無疑問的，即自由和平等
同是自由主義的核心價值。自由主義追求的，我稱為「自由人的
平等政治」，即在自由人共同建立的政治社群中致力實踐平等的

3　至於如何判斷何謂「合理」(reasonable)，當然需要具體論證，但「合
　理接受」並不等同於契約論中所稱的「實際同意」。

理想，而不是像很多人以為的那樣，只是將右派重視的自由和左派重視的平等，作和稀泥式的拼湊妥協。

三、自由主義理解社會為一公平的互惠的合作體系。這樣的合作有以下特點。首先，公民們不是在參與一場零和遊戲（即某一方之所得必為另一方之所失），視他人為有限資源的競爭者，並想盡辦法擊倒對方，為一己謀取最大利益。相反，它是一場互惠的遊戲，參與者透過分工合作，創造更多財富，然後透過合理分配令所有人能夠享受到社會及經濟發展的好處，而不是犧牲一部份人的利益來滿足他人的欲望。

但怎樣的互惠原則才是最合理的呢？自由主義認為，它必須體現公平的精神。但公平的標準是什麼？這牽涉到相當複雜的有關社會正義的討論。但我們不難見到，自由主義對公平的理解，和自由及平等的理念緊密相扣。以羅爾斯為例，他認為一個公平的正義原則，必須得到自由平等的社會合作者的合理同意。為達到此目標，他提出原初狀態和無知之幕的構想，確保一個公平的立約環境，繼而希望最後得出的原則也是公平的。而公平的基礎，則是羅爾斯所稱的所有合作者皆是平等的自由人的觀念，例如每個人的所得不應受到天資稟賦和社會地位的差異的影響，每個人需對自己選擇的人生計劃負責等[4]。

四、最後，自由主義相信，政治原則的基礎，必須訴諸於人人均可理解的理由，並以理性論證的方式公開表達出來，同時容許他人對這些論證作出理性評估。換言之，在政治秩序的根源、強制性權力的正當使用、財富的公正分配、公民應享的權利和義務等根本問題上，自由主義並不接受任何超越的或神秘的解釋，

4　John Rawls, *A Theory of Justice*, Part One.

更不接受柏拉圖所稱的「高貴的謊言」，而堅持憑著人類共享的
理性能力和道德良知，能夠找到真的或正當的答案[5]。以理服人，
是自由主義的基本信念。想深一層，我們將發覺以理服人和視人
為自由平等的公民，其實有相當緊密的聯繫，因為它假定獨立自
主的個體，每個人都有能力提出自己的觀點，同時願意服膺較為
合理的論證。自由主義堅持解決政治生活中各種爭議的正當方
式，是透過理性辯論和公平程序，而非暴力壓制。

　　或許有人會問，在一個價值多元的年代，理性的自由運用，
會否導致更大的社會衝突，甚至社會解體？會否導致價值相對主
義和虛無主義？啟蒙運動給予理性至高無上的地位，相信單憑它
便能發現真理和建立客觀普遍的道德原則。但當現代人活在一個
諸神解魅，上帝已死，工具理性主導的社會時，倫理和意義世界
的客觀基礎便搖搖欲墜，理性似乎只能判斷實現某一目標的手段
的合理性，卻難以判定目標本身是否合理。當彼此的目標截然不
同時，理性只能沉默。一個人的終極價值，因此只能是個人的主
觀選擇。這是尼采、韋伯、史特勞斯等對現代社會的最大憂慮。

　　面對這個挑戰，自由主義內部有不同回應。例如晚期羅爾斯
便不再堅持啟蒙運動的理性觀，改為提倡「政治自由主義」，將
自由主義的應用嚴格限定在政治領域，並主張政治原則的價值源
頭只能來自民主社會的公共文化，而非任何特定的、整全性的理
想人生觀。羅爾斯認為惟有如此，自由主義才能在一個多元社會
中成為持不同信仰的公民的「交疊共識」。羅爾斯的觀點是否成

5　對於這個觀點，可參Jeremy Waldron, "Theoretical Foundations of
　　Liberalism" in his *Liberal Rights*（Cambridge: Cambridge University
　　Press, 1993）, pp. 35-62.

立，此處不論，但我們卻需留意，後期羅爾斯並沒有放棄理性在公共生活中的重要性。例如他仍然相信每個公民均有相近的思考和價值判斷能力，能夠憑理性去證成合理的政治原則，並願意在公共領域以講道理的方式，就根本的政治問題進行理性辯論，努力謀求共識。他認為政治權力正當使用的先決條件，是政治原則能夠在人類共同理性的基礎上，得到自由平等的公民的合理接受[6]。由此可見，雖然羅爾斯承認理性的自由運用會導致多元主義，但他同時相信憑著理性的力量，自由主義仍然足以建立一個公正穩定的良序社會。而政治自由主義無論多麼單薄，也依然預設了某種對人和社會的理解，以及堅持自由和平等是值得追求的價值[7]。

三

上述討論的四方面，勾勒出自由主義的基本理念。至於這些理念會推導出什麼樣的制度安排，則是自由人的平等政治第二層次的工作。我以下將從政治、經濟和文化三方面探討，但礙於篇幅，詳細論證只能從略。

政治方面，為了確保每個自由人能夠充份實現自己的能力，自由主義會主張公民享有一系列平等的基本自由，並視這些自由為人的基本權利。這些權利包括言論和思想自由、信仰和良心自由、人身安全和擁有個人財產的自由等，也包括集會結社的自

6　Rawls, *Political Liberalism*, p.137.

7　對此問題的深入討論，可參Jean Hampton, "The Common Faith of Liberalism" in her *The Intrinsic Worth of Persons* （Cambridge: Cambridge University Press, 2007）, pp.151-184.

由，選舉和被選舉的自由，以至廣泛地參與各種政治活動的自由
等。這些個人權利會被寫進憲法，並賦予最高地位，從而保證個
人自由的優先性。自由主義亦贊成民主制，因為它是較好地體現
和保障自由平等的制度。

經濟方面，自由主義不會接受社會財富分配完全由市場資本
主義決定，因為這樣會導致嚴重的貧富懸殊，令很多低下階層的
公民難以真正實踐他們的自由。這樣的社會，還會帶來很多不好
的後果，例如使得很多貧窮家庭的孩子失去教育的機會，機會平
等徒具形式；阻礙窮人有效參與政治，富人卻可以透過政治捐
款、控制大眾傳媒或其他的方式，擁有更大的影響公共政策的權
力，違反政治平等的精神；導致階級對立，低下階層的人活得沒
有自尊自信，並令社會充滿妒忌怨恨。總而言之，不受任何約制
的市場競爭引致的不平等，會嚴重損害自由人的平等政治的理
想。

但自由主義也不會接受一刀切的結果平等的分配方式，因為
這樣做亦不公平。一、平均分配忽略了每個人的不同需要。例如
身體殘障或身患重病的人，便應該得到更多的照顧；二、平均分
配忽略了每個人需要對自己的選擇負責。設想甲乙兩人背景相
若，在起點時獲分配相同財富，甲選擇天天花錢打高爾夫球，乙
選擇努力工作。一段時間後，甲變得潦倒，乙卻累積了相當財富。
在此情況下，要求平均分配並不合理，因為這等於要用乙的財產
去補貼甲的奢侈生活。作為自由人，甲有必要對自己的選擇負
責。最後，平均分配也會導致一個常見問題，即難以鼓勵人們努
力工作以及作出技術創新，最後反而可能令整體生產力下降，對
所有人都沒好處。

排除上述兩種可能後，自由主義的目標應是這樣：財富分配

一方面要充分實現「平等的自由人」的理想，同時給予個人選擇和經濟誘因一定空間。如何平衡取捨，需要考慮很多因素。其中一個較多人接受的方案，是在奉行市場經濟的同時，政府透過累進稅和其他方式，進行財富再分配，拉近貧富差距，並提供各種福利，包括醫療、教育、房屋、失業援助以及退休保障等，從而盡量令每個公民從出生始，便享有發展個人能力和追求一己人生理想的平等機會[8]。自由主義並不接受「弱肉強食，優勝劣汰」的市場邏輯，亦反對絕對的私有產權制。一個真正公平的互惠的社會合作，要求更平等的社會再分配，尤其對弱勢者有更大的關懷照顧。

文化方面，自由主義認為在尊重他人同樣的自由和權利的前提下，政府應該尊重人們不同的生活選擇，不應強迫人們接受某種特定的宗教信仰或理想人生觀。這並非因為自由主義接受了價值主觀主義，因而無法判斷不同生活方式的好壞優劣，而是認為這樣做，才最能尊重每個公民都是平等的自由人。在自由主義的構想中，一個公正的社會，是每個人都能有機會和條件發展自己的個性，並在一個健康多元的文化環境中，追求實踐各自的美善生活。但文化市場一如資本市場，如果不加任何約束，最後也會很容易出現文化壟斷的情況，導致很多有價值的生活方式和文化傳統慢慢消失，文化生活日趨單元，限制自主生活的可能。因此，如何在尊重個人選擇的前提下，提供一個豐富多元的文化環境，令不同的文化實踐和生活方式得以有機會生存發展，是自由主義一個很大挑戰。

8　當然，具體的制度安排，要視乎不同社會的經濟發展情況而定。

四

基於上述討論，現在讓我回應一些時下對自由主義的批評。

一、那些批評自由主義不重視社會正義，不重視平等的說法並不合理。事實上，自羅爾斯的《正義論》1971年出版以來，左翼自由主義已累積了大量有關平等和社會正義的討論。羅爾斯對平等的看法，甚至較馬克思主義傳統的平等觀更為激進。最明顯的例子，是他認為財富分配不應該受到人們的自然天賦能力的差別影響，而任何的經濟不平等安排，必須對社會最弱勢者最為有利[9]。如果不將左翼自由主義（liberalism）和放任自由主義(libertarianism)作出理論區分，誤以為兩者皆毫無保留地接受市場資本主義和絕對私有產權，並反對財富再分配和社會福利，那便是最人的理論誤解[10]。即使在放任自由主義內部，也有很豐富的有關社會正義的討論，並有左翼和右翼之分[11]。

二、有人批評自由主義預設了價值主觀主義，又或導致虛無主義，也難以成立。一如前述，自由主義是一套完整的政治道德理論，對自由平等有很深的道德承擔，對人和理性有特定的理

9　對此問題的討論，可參考Will Kymlicka, "Left-Liberalism Revisited" in *The Egalitarian Conscience,* ed. Christine Sypnowich（New York: Oxford University Press, 2006），pp.9-35.

10　這點可參考拙著，〈資本主義最能促進自由嗎？〉，《開放時代》，第190期，2007，頁72-86。

11　例如諾齊克便有自己很完整的一套正義理論。Robert Nozick, *Anarchy, State, and Utopia*（Blackwell, 1974.）；至於左翼放任自由主義，可參考Peter Vallentyne and Hillel Steiner ed. *Left-Libertarianism and Its Critics: The Contemporary Debate*（Palgrave Macmillan, 2001）.

解，並視民主、憲政、寬容、人權等爲普世性價值，更相信憑人
的共同理性能力能夠建立一個公正理想的社會，因此不可能是一
套「主觀」和「虛無」的政治倫理[12]。

三、另一種批評則認爲自由主義強調國家中立，不可能提供
個人安身立命的基礎，因此不值得追求。無疑，自由主義的確不
會像儒家或基督教那樣，提供一套完整及涵蓋人生所有領域的價
值和信仰體系。這和自由主義對人的看法有關。自由主義既然認
爲人有足夠的理性能力對價值問題進行自由探索，則它必然接受
在什麼是美好人生這一問題上，容許有不同答案，並尊重人們的
自由選擇[13]。因此，自由主義最關心的，是建立一個正義的制度，
包括基本的自由權利和合理分配社會資源，使公民能自主地選擇
自己認爲值得過的生活。羅爾斯所談的「正當優先於善」，主要
是說每個公民的價值追求都不能逾越正義原則定下的基本規
範，而正義原則的基礎，則奠基於自由平等的公平合作這一理想
[14]。但這並不是說自由主義不重視善。恰恰相反，正因爲自由主
義堅信每個人都有一己對生命獨特的理解和追求，而這些追求對
每一個體皆無比重要，所以才反對國家像家長一樣，事事規管控
制人的選擇。而尊重人的選擇，亦不表示所有選擇有同樣價值，
自由主義只是認爲無論多麼有價值的生活，也要得到人們自主的
肯定認同，對當事人才有意義。

---

12 對此問題的詳細討論，可參考拙著〈自由主義、寬容與虛無主義〉，
《中國學術》，第22期，2006，頁1-39。

13 尊重人們的選擇，是尊重人們作爲自主的行動者這一身份，卻不等
於說所有選擇的內容本身是同樣地好，又或沒有任何標準判斷它們
的好壞。

14 Rawls, *A Theory of Justice*, p.31/27-28 rev.

想深一層，我們更發現自由主義對人絕非毫無要求。它並不只是要求公民被動地服從法律，而是期望他們能真心誠意地認同它的價值，並在日常生活中實踐這些價值。自由主義期望公民擁有某些德性，成為真正的自由主義者，包括對自由平等有堅定的信念，對異於一己的信念有基本的寬容和尊重，積極參與公共事務，對正義有恆久的追求，並能夠善用自己的理性能力，過一種獨立自主而又有個性的美善生活。雖然自由主義不主張用家長制的方式強行灌輸這些德性，但卻容許甚至鼓勵透過制度、教育和公共討論，肯定和培養這些公民德性。就此而言，自由主義並非像它表面所看的那麼中立和單薄，而做一個自由主義者，不見得較做一個保守主義主義者或激進主義者來得容易。自由主義包容多元，但在多元的底層，是對自由平等的牢牢堅持，這些堅持構成公民的共同信念，並成為團結社會的厚實基礎。

由洛克、盧梭、康德和密爾以降，自由主義建立了深厚的思想傳統，並在理論和實踐上為自由民主政治提供強大的支持。無可否認，自由主義的出現和興起，是回應現代性的挑戰，並力求在現代處境中建立一個「務實的烏托邦」（realistic utopia）[15]。在過去百年追求現代化的過程中，自由主義在中國一直舉步維艱，難以紮根。來到今天，據說自由主義不僅失去它的道德感召力和政治正當性，甚至成了保守反動落後的代名詞。值得思考的是：在社會制度的基本安排，個人應享的權利和義務，政治權威的正當性和社會財富的合理分配等根本問題上，非自由主義理論提出了怎樣一幅既可取亦可行的藍圖？而自由主義對個人權利

---

15 這是借用羅爾斯的說法。Rawls, *Justice as Fairness: a Restatement* (Cambridge, Mass: Harvard University Press, 2001), p.4.

的重視，對民主法治和自由平等的追求，對公平的社會合作的嚮往，如果不是中國現代化的目標，那該是什麼？只有持不同立場的人對這些共同問題作出認真思考，提出或正或反的論證，然後進行嚴謹的哲學討論，我們才有可能對自由主義有更深的認識，以及作出較爲合理的評斷。

周保松：英國倫敦政經學院博士，現任香港中文大學政治與行政學系助理教授，研究興趣為當代道德與政治哲學。

自由主義及其不滿

劉擎

　　在當今中國大陸的思想狀況中，自由主義的處境相當奇特。在許多論者筆下，自由主義被指稱為「主流意識型態」，而在另一些評論中，自由主義似乎從來位居「被壓制的邊緣」。這雖然與「自由主義」概念本身的歧義有關，但也反映出不同論者所持的立場與闡釋角度的差異。就我個人的觀察而言，自由主義在思想界的聲譽發生了相當大的變化。在20多年前，一個「自由主義者」很可能被看作是一名敏銳而勇敢的「前衛思想者」，會博得許多共鳴和讚賞。而在今天——在自由主義據說是「浮出水面」多年之後的今天，如果你仍然宣稱自己是一個自由主義者，那麼很可能會遭到鄙夷和譏諷。因為在不少人看來，自由主義者是知識和道德雙重意義上的「嫌疑分子」。就知識學理而言，自由主義者常常被等同于天真的現代化論者、幼稚的發展主義者、或者淺薄的權利至上的原子化個人主義者，大概既沒有經過各種激進的批判理論的洗禮，也未曾受到深刻的保守主義思想的薰陶。而在道德上，自由主義的主張似乎意味著崇尚「沒有良心」的市場資本主義，無視經濟平等和社會正義，涉嫌與權貴精英的宰制合謀，為資本主義的全球化背書。這種描述多少有些誇張，當然也不能代表自由主義在中國的全面形象，但也反映出大陸思想界變

化的某些重要特徵。曾幾何時，後文革時代的「新啓蒙運動」源自某種自由主義共識而興起。而20年多之後，「自由主義」在大陸思想界（特別在知識青年中）近乎是一個「汙名」。這個具有反諷意味的轉變不是很值得深思嗎？

自由主義思想在中國大陸的興起發生在文革結束之後，當時思想介面對的是「中國向何處去？」以及「人應當如何生活？」等重大的根本性問題的挑戰。在1980的「新啓蒙敘事」中，以「現代化」為關鍵字的（後來被看作基本上是「自由主義」的）論述似乎提供了一套整全性的方案，成為當時思想界的主流共識。「重大的根本性問題」似乎有了明確的回答：中國要走向現代化，人應該過一種「現代人」的生活。我們的目標似乎已經明確清楚，剩下的只是路徑問題，只是「如何走向現代化」的問題[1]。但到了1992年之後，在整個社會經受了「市場經濟」大潮的衝擊之後，重大的問題重新出現，但答案不再是明確清晰的了。思想界「啓蒙陣營」的分裂、各種思潮的競爭、自由主義與新左派的爭論等等，使得所有原有的答案都遭到了新的質疑。「走向現代化」的社會目標不再是自明正當的，「現代人」的生活也並不意味理想的人生，而可能是精神無所依歸、迷茫失落的生活。現代化的理想高歌轉而變成了「現代性問題」——現代化意味著什麼？自由民主的制度框架對於中國是可欲的嗎？「現代人」的生活是一種「好生活」嗎？所有這些疑問與憂慮都有切身感受的經驗依據。我們似乎重新回到了「中國向何處去？」、「人應該如何生活？」

---

[1] 雖然在1980年代，人文思想已經開始引介一些對「現代性」予以質疑批判的西方思潮（例如，最有影響的是尼采與海德格爾的著作），但對於整個思想界而言，這只是「潛流」，只是留給未來思想分化和衝突的歷史「伏筆」。

等重大的根本性的問題。

如何理解1980年代自由主義共識的破滅？當時的「現代化」論述與自由主義思想究竟具有怎樣的關係？重新回到對現代性的批判反思是否意味著宣告自由主義方案的破產？或者說，在面對中國的重大現實問題的挑戰面前，自由主義是否不再是一個可欲的備選方案？要清理這些問題，涉及複雜的理論分析與經驗考察。本文試圖闡述兩個主要的觀點。首先，在社會政治層面上，中國的「現代化」論述只是在某種特定的意義上與某些特定的自由主義策略相聯繫，因此，「現代化」方案遭遇到嚴峻問題，並不意味著自由主義陷入全面的危機。其次，現代自由主義具有將政治與人生分離割裂的傾向，這造成了許多理論與現實的困擾，遭到了特別是來自文化保守主義的批評。對此，自由主義者應當予以認真對待，但若要以「整全性的自由主義學說」作爲回應，或許不是一個可行與可欲的選擇。

自由主義與現代化方案

中國思想界在1990年代後期發生了所謂「自由主義共識的破裂」，這不是單純的理論分歧，而是被種種嚴峻的現實所引發和激化。以「市場經濟」爲導向的現代化規劃在1990年代之後遭遇了許多新的問題，其中最爲嚴重的是貧富分化的加劇，導致了公眾的普遍憂慮與不滿，社會公正問題成爲思想界一個關切的焦點，引起了越來越多的反省與爭議。那麼，我們是否(或者在什麼意義上)能夠推論說，中國改革發展遭遇的問題，實際上暴露了自由主義作爲一種社會政治安排方案的弊端或內在困境？由此，我們能否進一步推論說，自由主義對於回答「中國向何處去」

的問題不再是值得重視和借鑒的思想資源？從論證邏輯上說，這兩個推論必須在以下兩個假定前提之下才可能成立。對於第一個推論來說，必須預設中國的改革方案的確是一種典型的自由主義社會政治安排；對於第二個推論來說，必須預設目前的這種社會政治安排是自由主義思想能夠對中國提供的最佳方案。我認為，這兩個前提都不能成立。

但是，我並不完全贊同某些自由主義論者在相關爭論中所堅持的一種主張，即中國改革進程中出現的問題，在根本上說是改革之前舊體製造成的「歷史遺留問題」，而現代化、經濟發展、私有產權和市場經濟等等自由主義的主張本身都是可欲的目標，只是因為在舊體制的權力陰影之下這些主張未能充份實現，才造成了諸多嚴重的問題。於是，問題是中國歷史造成的，自由主義是「清白無辜的」，而出路在於更進一步地徹底「自由化」。這種簡單化的「自由派論點」遭到了(特別是來自左翼知識份子)的嚴厲抨擊，而在最為極端的批評反應中，出現了一種「倒置」的簡單化論點：我們原有的體制與歷史實踐都是正當的，問題都是「自由主義惹的禍」，而出路首先在於擺脫自由主義的「精神污染」。這樣兩種極端對立的論述之間可能發生格外「熱鬧」的爭論，但類似的爭論往往陷於意識型態的立場之爭，對於推進理論認識和現實思考都沒有多少有益的幫助。

在理論上，這兩種觀點雖然針鋒相對，卻共同默認了一種對自由主義的理解——自由主義的社會政治主張就等同於「基於線性歷史觀的現代化」、等同於單純的經濟發展、等同於輕視或無視平等的私有制，等同於放任資本主義市場經濟，諸如此類——一種在學理上簡單甚至粗鄙的自由主義版本。就實踐意義而言，這類版本的自由主義主張，當然會在經濟平等和社會公正等問題

上遭到正當的質疑。但問題是，這類版本的自由主義表述，究竟
是不是對自由主義的恰當闡述？自由主義思想本身是相當的豐
富與複雜的，因此要充份討論並正面回答「什麼是自由主義」這
樣的問題極為困難。但就本文的目的而言，我們只試圖做出某種
有限的（否定性）論證：即任何忽視平等和公正的社會政治方案一
定違背了自由主義的核心原則，或者說，任何無視平等原則的主
張都稱不上是自由主義的社會政治方案。在最一般的意義上，自
由主義理論所主張的「自由」，作為一種普世性原則，必須是對
所有人「平等的自由」，這是自由主義的核心理念，對於以羅爾
斯等為代表的「現代自由主義」是如此，甚至對於（恰當闡釋的）
以哈耶克等為代表的「古典自由主義」也是如此[2]。

　　德沃金以「自由主義」為標題的一篇闡述，對本文所討論的
問題具有相當的啟發意義[3]。德沃金曾指出，某種特定的平等觀

---

[2] 在流行的闡述中，古典自由主義往往被認為「重視自由而輕視平
　　等」，並因此遭到道德指責。雖然我個人感到現代（左翼）自由主義
　　與中國的狀況更為切近，但必須指出，對古典自由主義的道德指控
　　未必公允。西方學界近年來有許多學者指出，這種道德譴責是基於
　　相當嚴重的誤解。他們試圖闡明，古典自由主義與現代自由主義在
　　道德目標上是一致的，都訴諸於個人平等的自由，而且都認識到只
　　有空洞的權利或消極自由是不夠的，必須有基本的物質經濟手段來
　　實現平等的自由。就社會政治安排而言，古典與現代這兩種自由主
　　義的分歧只是在於，以何種方式達成共用的道德目標最為有效。（參
　　見：Loren Lomasky, "Liberty and Welfare Goods: Reflections on
　　Clashing Liberalism," *The Journal of Ethics* 4: 99-113, 2000）。中國
　　公共知識界對類似的學術討論既不敏感也不予理會，而所謂「左翼
　　自由至上論」（left-libertarianism）以及「自由至上論的社會主義」
　　（libertarian socialism）之類的學說，幾乎不在我們的視野之中。
[3] 以下段落對德沃金觀點的引述和重構，主要依據其〈自由主義〉一
　　文。見：Ronald Dworkin, "Liberalism," *A Matter of Principle*

念，他稱之爲「自由的平等觀念」，是自由主義的核心原則，也
是自由主義區別於其他政治思想派別的主要標誌。要做出這個論
證，他必須面對兩個困難的問題。首先，是否存在「具有真實而
一致的政治道德」的自由主義？這本身就是一個前提性的問題。
自由主義曾被用來描述（西方自18世紀以來）多種不同的政治立
場和派別，而在這些形形色色的自由主義派別之間，似乎難以辨
析某種共同或相似的重要原則，這就意味著自由主義可能是各種
各樣的臨時性政治聯盟。對此德沃金提出了一個論辯思路。他認
爲任何一種社會政治方案都包含兩種要素：「構成性的」原則和
「派生性的」原則。構成性原則因其本身而具有價值（valued for
their own sake），而派生性原則——作爲實現構成性原則的手
段——只具有策略性的價值（valued as strategies）。就自由主義的
社會政治方案來說，他認爲存在著貫穿一致的構成性道德原則，
這就是「自由的平等原則」。自由主義的社會政治主張之所以在
實踐中表現出形形色色的差異，是策略性問題的分歧。也就是
說，針對不同的現實情景，自由主義者對究竟以何種（派生性的）
手段才能最有效地服務於「自由的平等」這一問題有不同的選擇。

　　德沃金特別考察了美國各種政治力量對於經濟增長問題的
爭論，這與中國當下的狀況有很大的相關性。他指出，自由主義
的批評者經常指責自由主義的所謂「增長心態」（growth
mentality）。其理由是自由派致力於經濟增長，並且將「爲增長
而增長」的追求作爲可欲的生活形式。這種生活強調競爭、個人
主義和物質滿足。美國歷史上也的確有一些被視爲典型自由派的
政治家強調經濟增長。但問題是，經濟增長究竟是不是自由主義

（續）————————————————————

　　　（Cambridge, MA: Harvard University Press, 1985), chapter 8.

的構成性原則？如是，那麼一些自由主義者面對「片面強調經濟增長」所造成的種種弊端，可能會質疑「經濟增長理念」，進而可能會對自由主義本身感到幻滅，就會導致「自由主義共識的破裂」。但是，如果經濟增長本身並不是自由主義的構成性原則，而只是一個派生性的策略，一個為了追求經濟平等的目標而採用的（可商討、可辯論、可調整也可改變的）策略，那麼情況就大不相同。自由主義者可以對「經濟增長」問題持有嚴重分歧立場，但未必會因此而發生根本的分裂或陷入全面危機。

德沃金詳細論證了為什麼自由主義在許多情況下會支援市場經濟的方案：這不是出於「效益原則」（由於市場能創造高效益），而是出於「平等原則」（因為市場經濟比單純的計劃經濟能更為平等地對待各種不同的生活選擇）。也正是由於同樣的原因，當「市場」威脅到平等的時候，自由主義主張對市場做出規劃和限制，甚至在某些情況下可以支援「市場與社會主義」結合的某種混合經濟。因為市場經濟本身並不是自由主義的構成性原則，而是派生性原則。這對於中國的自由主義者的啓發是，在什麼程度上對市場經濟予以何種程度的支持、施加何種限制，都不應當是一個教條性的原則，而是一個針對具體條件和狀況的可爭辯的派生性策略。

德沃金面對的另一個難題是，自由主義的社會政治實踐在歷史上的記錄是複雜多樣的。它曾積極推動革命性的「歷史進步」，包括政教分離、普選制度與政治民主、保障和維護基本人權和言論自由，以及主張男女平等和種族平等。但是，自由主義的政治方案也曾與（國內與國際範圍的）資本主義剝削，與戰爭罪惡、與帝國主義的壓迫有著或明或暗的關係。如何在這些複雜的歷史現象中辨析「自由主義的核心理念」？對此，德沃金的論證思路是

審慎的。他指出，對於自由主義核心原則的辨析固然離不開對歷史的考察，但必須結合某種理論假設或哲學分析。如果某種觀念的確是自由主義的構成性原則，那麼它必須滿足幾個理論上的條件，其中包括「真實性條件」（人們真的持有這樣的原則）；「完整性條件」（這個構成性原則能夠與整個自由主義的政治方案清晰地聯繫在一起）；「獨特性條件」（得以區別其他政治道德立場），以及「普遍簡潔性條件」（足夠抽象而具有廣泛性）。德沃金細緻討論了「自由的平等觀念」為何能夠通過以上幾個條件的檢驗，而得以成為自由主義的構成性原則。同時，他辨析美國政治譜系中各種（自由主義的、保守主義的與激進主義的）平等觀念之間的區別，進一步來闡明自由的平等觀念的特徵。

平等並不是自由主義獨有的政治理想。激進主義當然關切平等，而保守主義也具有自己的平等觀念。那麼所謂「自由主義的平等觀念」特點何在？在德沃金的分析中，平等理念被表達為兩個原則：第一個原則要求政府將其所有公民「作為平等的人」來對待；第二個原則要求政府「平等地」對待所有的公民。第一個原則是資格權利意義上的平等，德沃金認為這是更為根本性的平等，而保守主義與自由主義同樣重視這個意義的平等。第二個原則是資源與機會分配意義上的平等，自由主義比保守主義更加重視第二種平等。一般地說，當自由與平等發生衝突的時候，自由主義與保守主義相比，更強調平等甚于自由，而與激進主義相比，更強調自由甚於平等，這使得自由主義處於政治譜系的兩極之間。這是「自由的平等觀念」的一個特徵。但是自由主義的平等觀念還有另一個特徵，那就是平等地對待各種「良善生活」（good life）的理念，這常常被表達為自由主義的「中立性原則」。以中立性為標誌的平等乃是自由主義所特有的，而為保守主義與

激進主義所疏忽，因爲保守主義與激進主義往往都在社會政治安排中，偏向某種特定的生活倫理觀念。

以德沃金的論述爲例，我試圖就自由主義「無視平等」的指責做出一定的回應。以「自由的平等觀念」作爲構成性原則的政治自由主義，並不是一套崇尚「市場神話」或「發展主義」的教條，而是可以與其他（包括中國社會主義革命所訴求的）平等與自由理想建立對話關係的思想學說。如此理解的自由主義，作爲一種社會政治安排，對於中國現代化進程中出現的危及經濟不等與社會公正等問題，不是持道德可疑的「代價論」立場，而恰恰能提供有力的建設性批判。

自由主義與現代人的生活倫理

對於1960年代出生的我們這一代人來說，人格形成期正好發生在文革之後的「思想啓蒙」時代。我們的精神成長深深地糾纏於對「重大的根本性問題」的關切。當時伴隨著關於改革開放和中國現代化的熱烈討論，同樣有關於「人生意義」的大討論。我們清楚地記得，1980年《中國青年》雜誌刊登署名「潘曉」的一封讀者來信，提出「人生的路爲什麼越走越窄？」的問題，對文革時期提倡的「毫不利己、專門利人」的人生觀提出質疑。《中國青年》雜誌共收到6萬封讀者來信，發表了30多篇文章，討論持續了8個月之久。自此之後，中國大陸的公共領域中再也沒有發生過影響如此深遠的人生觀大討論。進入1990年代之後，不知不覺地，人生意義問題變成了個人的「私事」。

值得指出的是，對於我們這一代人來說，當時「中國向何處去？」以及「人應當如何生活？」這兩個重大問題是密切關聯、

不可分割的。用學術語言來說，這是一種「整全性」（comprehensive）的思考，也期待一種整全性的答案。這種整全性傾向不只是由於人格成長對於「認同一致性」的需要，更為深刻的原因或許在於，無論是中國傳統的儒家思想，還是1949年之後國家意識型態的論述，都提供了一套「政治／人生」一體化的整全性論述。在我們接受的正統教育中，馬克思主義既是世界史、歷史觀、社會政治觀，同時也是人生觀。因此，當舊有的整全性論述發生危機的時候，其具體內容可能不再被人輕易接受，但其整全性的論述結構仍然發生著潛在的影響，對任何試圖取而代之的後繼方案都施加了一種壓力：如果一個替代性論述沒有提供對於政治和人生的整全性答案，似乎終歸難以令人滿足。

對自由主義的一部分不滿，正是由於自由主義的晚近發展有越來越明顯的「政治的而非形而上學」的取向，似乎將人生價值問題變成個人「自由選擇」的私事。自由主義的現代人似乎陷於無所依歸而茫然失措。在這種背景下，中國和西方的保守主義思潮開始了某種復興。將公共政治生活與個人倫理生活作截然的二分當然出現了許多問題。但在反省這些問題之前，我們仍然需要對相反的立場予以清醒的認識：一個將公共生活與私人生活整合一體的現代社會是可能以及可欲的嗎？一個學者可能會傾向於認同亞里斯多德的觀點，認為沉思的生活是最好的生活。但對於那些認為下班之後坐在電視機前喝著啤酒乃是最高享受（並相信「這才是生活!」）的人們，應該怎麼辦？應當對他們實施「思想改造」嗎？應當剝奪他們的特定「好生活」觀念的正當性嗎？面對價值多元的現代性壓力——自由主義對此最為敏感——自由主義作為一種普世性的主張，可能不得不是「政治自由主義」。

西方學術界對自由主義的政治與倫理的分離問題有相當多

的討論，在這組筆談文章中也有所反應。但是，這些討論的主要
論題仍然是政治的，而不是倫理的。大多數文獻探討是「政治自
由主義」是否暗藏了自身的倫理預設，或者，離開了任何特定的
關於「好生活」的價值理想，政治自由主義是否能夠證成。比如，
自由主義的「中立性原則」常常遭到批評：許多人認爲自由主義
的中立性是對一切價值都不置可否的懷疑主義，或者，本身主張
了某種特定的價值而不可能保持中立，從而陷入自相矛盾。德沃
金認爲這些批評是難以成立的。他指出，自由主義並不是懷疑主
義，因爲它有明確的構成性原則（「自由的平等原則」），主張所
有的人應當被平等地對待，這本身肯認了一種價值。同時，自由
主義不是自相矛盾的，因爲中立性原則是自由主義的政治正義原
則，不是其個人生活倫理原則，作爲政治社會原則，它不依賴於
對任何特定生活方式的偏好。但由此看來，德沃金仍然是在政治
哲學的層面上來回應這些質疑的。他試圖將中立性原則放在政治
的兩層意義上來處理：自由主義作爲一種政治道德主張本身並不
是「中立的」，因爲「自由的平等觀念」是一種價值肯認，是與
其他政治道德相區別甚至相競爭的。而所謂「中立性」，是指自
由主義的政治道德在面對各種生活倫理時的「一視同仁」。

　　但是自由主義沒有自己的倫理學嗎？當然不是。自由主義的
思想史上有很強勁的倫理主張（甚至訴諸於宗教性的信念）。但也
正是由於其倫理維度中「反對強制」、倡導「自由寬容」和對個
人自主性和個性多樣化的尊重等要求，自由主義才會在多元性壓
力下，退守到政治自由主義——試圖以可能達成的「最薄」的共
識來維持其普世有效性。它「付出的代價」是在公共生活中放棄
了整全性的自由主義，但同時也獲得了其他倫理生活與政治自由
主義相結合的可能。如果我們生活的世界，不只是有（既是倫理

的又是政治的）自由主義者，還有「儒家自由主義者」，「基督教自由主義者」，甚至「伊斯蘭教自由主義者」，在公共生活中分享政治自由主義的重疊共識，而在個人世界中保持自己獨特的倫理生活方式。那麼，對於自由主義者來說，還有什麼比這個近乎於烏托邦的世界更好的世界呢？

價值多元的現代性壓力並不是自由主義所獨有的。所有整全性的思想學說都同樣面對這個壓力。在這個意義上，文化保守主義並不比自由主義更具有優勢。如果在這種壓力下，我們不得不接受公共生活與私人生活的某種分離，那麼「整全性的自由主義」不是一個可欲的選項。因爲這意味著強迫所有的人都遵從與自由主義的倫理生活。而「強迫」恰恰違背了自由主義的倫理原則。在我看來，「自由主義的現代人」在個人生活世界中，也仍然可以從自由主義的倫理傳統（比如至善論傳統）中，發展出強勁而富有意義的人生價值。但這是「對己不對人的」的選擇。或許，當今的自由主義者可能與可欲的作爲就是「內外有別」：對人「政治自由主義」，對己「倫理自由主義」。

劉擎，華東師範大學歷史系副教授、中國現代思想文化研究所研究員。主要從事西方思想史與政治理論的研究，近年出版《懸而未決的時刻：現代性論域中的西方思想》等著作。

最可欲的與最相關的[1]：

今日語境下如何做政治哲學

周濂

　　在《尼各馬可倫理學》 中，亞理斯多德稱，年輕人不適合學習政治學，因為他們缺少人生經驗，而生活經驗恰恰是進行（政治學）論證的主題和前提。又說，一個性格上稚嫩的人也不適合學習政治學，因為他們在生活中和研究中太過縱情使氣[2]。由此可見，學習政治學必須要懂得生活的複雜性和人類的局限性，而不能一味援引書本知識或者訴諸性情理想，妄圖在人世建立一個空想的至善。也正因為此，亞理斯多德在《政治學》中指出，我們也許應該考慮「在沒有任何外在障礙的時候，哪一類型的政府更能激發我們的熱情，」但更必須考慮「哪一類型的政府更適合某一特定的國家。」因為至關重要的是，不僅必須要知道「哪種形式的政府是最好的，而且還要知道哪種形式的政府是可能的。」

1　本文的最初版本是提交給浙江大學外國哲學研究所於2007年6月12
　　日舉辦的「中文語境下公共哲學研究的回顧和前瞻小型座談會」的
　　發言稿，由於採取筆談的形式，所以在行文較為口語化，在立論上
　　也未嚴格遵循哲學論證的要求，希各位讀者見諒。本文承石元康、
　　錢永祥、許紀霖、江宜樺、周保松等先生的指正，特此致謝。文中
　　若有任何不妥之處，文責自然全在作者本人。

2　Aristotle, *Nicomachean Ethics*, 1095a2-8, translated by Terence Irwin
　　(Indianapolis/Cambridge, 1999).

而政治理論家們——我猜想他暗指柏拉圖——儘管「有著極棒的想法，」但「最好的總是無法企及的，」現實中的立法者「不僅應該熟知在抽象意義上哪一種形式是最好的，而且還要熟知在具體情境下那一種形式是最相關的。」[3]

在最可欲的和最相關的政治制度之間，政治哲學家必須要做出判斷和取捨。事實上，脫離了具體情境去抽象地談論最可欲或者最理想的政治制度反倒是容易的，難的是怎樣在複雜條件約束下思索最相關及較可欲的政治制度。一個稍顯荒謬的實情或許是，就今日語境下的中國政治哲學現狀而言，最讓人困惑不解的並非最可欲的與最相關的區別，而是最流行的與最相關的混同。不過在這篇文章中我不準備直接回答第二個問題，而是嘗試從一般性的思路出發談談我對第一個問題的幾點初步認識。

一、同質社會vs.異質社會

按西季維克的觀點，古希臘倫理學和現代倫理學存在著明顯的分野。前者以「善」（good）為優先，是謂吸引式的（attractive）道德理想；後者以「對」（right）為優先，是謂命令式的（imperative）道德理想[4]。古希臘倫理學之所以是吸引式的道德理想，乃是因為當時的社會屬於高度同質的熟人社會，有著近乎一致的、超越的目的論和宇宙觀，所以古希臘的城邦公民追求的乃是**目標的一致**，或者說是價值的一致，人們的道德行為往往是受到這種一致

3　轉引自 *Great Books of the Western World* 的譯本，edited by Mortimer J. Adler, Encyclopaedia Britannica, Inc. 1990, p. 498.

4　Henry Sidgwick, *Methods of Ethics*, 7th ed.（New York: Dover Publications, Inc., 1966）, pp. 105-6.

的目標、價值和道德理想的吸引與鼓舞而產生的。而以康德為代表的現代倫理學則屬於命令式的道德理想，由於社會形態與觀念的劇烈變遷，一個異質化的大規模陌生人社會要想繼續維持社會的統一和穩定，就只能訴諸理性的命令或者絕對責任，在我看來它首先保證**起點的一致**，也即公民基本自由與權利的一致，而對於「美好生活」此類目標的訴求則交給具體的個體或者群體去完成。

　　粗泛地說，古代社會的倫理生活和政治生活具有連貫一致性，而現代社會則在倫理生活和政治生活之間發生了某種區隔。之所以不使用「斷裂」這樣的字眼，是因為所有的政治社會，哪怕是多元主義的政治社會，也依然需要某種薄版本的道德價值作為基礎，然而，無法做出非此即彼的截然兩分，並不意味著不存在區隔與界線。

　　倫理生活問的是「**我如何才能過上幸福美好的人生？**」政治生活問的是：「**我們應該如何生活在一起？**」這兩個追問的差異，在於兩個關鍵字。

　　第一個關鍵字是行動者也即陳述中的主語不同。倫理生活首要是**第一人稱單數（我）**做出的發問，政治生活主要是**第一人稱複數（我們）**做出的發問。吸引式的道德之所以認為倫理生活和政治生活存在著連貫一致性，是因為在一個同質的熟人社會中，第一人稱複數可以**化約**為第一人稱單數，或者說第一人稱單數可以沒有障礙地**擴展**為第一人稱複數。「我如何才能過上美好人生？」與「我們如何才能過上美好人生？」這兩個追問可以等價互換。也正是在這個意義上，我們可以說在以吸引式的道德理想為中心的古代社會中，政治生活或者說政治哲學不具有獨立存在的意義，它依附於倫理生活而存在。反之，在以命令式的道德理想為

中心的現代社會裡，「我」和「我們」之間無法做到無掛礙的化約和擴展。換言之，群己的界線已經不可挽回地出現了。

第二個關鍵字是行動的指向不同，吸引式的道德指向「美好人生」這一人生在世的**終極目的**，命令式的道德指向「生活在一起」這一人生在世的**中級目的**，而「美好生活」這個終極目的則不由「我們」來提供統一的標準回答。

令人深思的是，亞理斯多德雖然主張整體主義的目的論，強調人是整體的一部分，但他認為脫離了成員的善，也就無所謂共同體的善。亞理斯多德從未否認人類生活中的個體要素，因為如果人在同質性公民中彼此同化，就再無實施共和政體的必要。千人一面的公民不需要「輪流」執政或「部分」參與管理，因為他們沒有任何屬於自己的東西可以對共同體有所裨益[5]。可見，對亞理斯多德而言，即便是政治共同體（Gemeinschaft）而非政治社會（Gesellschaft），也仍然是一個異質整體，而不是抹平一切差異的同質整體。

以塞亞・柏林在〈政治理論還存在嗎？〉中指出：「假如我們提出一個康德式的問題：『在哪種社會裡，政治哲學（其中包含著這種討論和爭論）在原則上可能成立?』答案必然是，『只能在一個各種目標相互衝突的社會中』」[6]。這一表述的重要性在於，它暗含了「政治哲學」與「各種目標相互衝突的社會」存在著「定義性」的概念關聯。換言之，「政治哲學是在處理一個各種目標相互衝突的社會的問題」乃是一個分析命題。恰如柏林所

5　尼柯爾斯，《蘇格拉底與政治共同體》，王雙洪譯（華夏出版社，2007），頁224-5。

6　以賽亞・伯林，〈政治理論還存在嗎？〉，網路資源，http://bbs.philosophydoor.com/Article/politics/1121.html

說，在一個只受單一目標支配的社會裡，爭論只會涉及關於什麼是達到這種目標的最佳手段，而且關於手段的爭論也是技術性的，即性質上是科學的和經驗性的爭論[7]。這種爭論充其量只是治道而非政道。

雖然「政治哲學」和「各種目標相互衝突的社會」存在著定義性的概念關聯，可是差異如此之大的個體要想(和平地)生活在一起，也需要某種同質性。所以，在今日中國的語境下探討政治哲學，首先我們就在概念上共同預設了這是一個對任何一個單一的全能教義[8]都無法得到全體一致贊同的社會，其次，如果這個社會還想成其為一個統一乃至穩定的政治社會，則必須要追問，我們應該確保何種程度的同質性？以及這種同質性的根據在哪里？

羅爾斯在《政治自由主義》中指出：「如果我們把政治社會看作是以認肯同一個全能教義而統一起來的社群的話，那麼對一個政治共同體來說壓制性地使用國家權力就是必需的。」[9]如果說《正義論》時期的羅爾斯還曾經企圖提出一個「普適性」的正義原則，那麼此時的羅爾斯已經充分地意識到這一企圖的危險性，因為哪怕這個政治社會是統一在康德、密爾甚至他本人的理性自由主義基礎之上，只要人們試圖將政治社會統一在一個全能

7　同上。

8　Comprehensive doctrine通常譯為「整全性理論」或「完備性學說」，本文從商戈令先生的譯法，其譯為「全能教義」，因「全能」一詞意味著無所不能及無所不包，而「教義」一詞意味著權威性和絕對性，「全能教義」似比其他譯法更加傳神與到位。

9　John Rawls, *Political Liberalism* (Columbia University Press1996), p. 37.

教義的基礎之上——不管它是宗教性的還是非宗教性的，「壓制的事實」就必然存在。伯頓‧德雷本對此評論說，即使某人讀了《正義論》並被羅爾斯說服了，但是隨著時間的推移，此人的學生還是會不接受這個理解，所以為了保持單一教義的權威以及政治社會的高度同質性，就必須訴諸政府權力或壓制性的權力[10]，或者柏拉圖式的「高貴的謊言」。而如果我們既不願動用政府的壓制性權力，又不願宣傳高貴的謊言，則政治社會的同質性程度和根據就必須另求他途。

二、成就卓越vs.滿足欲望

吸引式的道德是一個上升的道德路徑，它要求倫理（政治）社會中的所有個體都朝向被統一定義的「榮譽」、「卓越」和「至善」前進。可是榮譽、卓越、至善這些概念從來都只與少數人存在概念上的勾連，**它們天生就是層級概念，我們不可能妄求所有人都平等地分有卓越，這在概念上就是不可能的**。也正因為此，理性清明的亞理斯多德才會在《政治學》中一方面批評法勒亞忽視人對榮譽和卓越的欲望；另一方面，又批評希樸達摩在城邦中賦予這種欲望的地位過高[11]。

今日中國的許多保守主義者習慣於厲聲斥責自由主義者忽視「榮譽」、「卓越」、「至善」這樣的人類理想。相比之下，

---

10 Burton Dreben, "On Rawls and Political Liberalism, " in The Cambridge Companion to Rawls, edited by Samuel Freeman, （Cambridge University Press， 2003），p. 319.

11 參見尼柯爾斯，《蘇格拉底與政治共同體》，王雙洪譯（華夏出版社，2007），頁223。

施特勞斯本人頭腦清楚很多，他指出：「我們不能忘記這樣一個
明顯的事實，通過賦予所有人以自由，民主同樣也給了那些關心
人類卓越性的人以自由。」[12]施特勞斯的大弟子阿蘭・布魯姆曾
經批評那些「心急火燎的自由主義辯護者們」可能混淆了辯護與
諂媚這兩個概念，認爲施特勞斯之所以不做民主的諂媚者恰恰因
爲他是民主的朋友和同盟。在我看來布魯姆的這個批評同樣適用
於那些心急火燎的自由主義反對者們，他們可能混淆了不諂媚與
反對這兩個概念，不做民主的諂媚者不意味著就必須要做民主的
反對者。

　　羅爾斯的論述和施特勞斯一樣的心平氣和。在《正義論》中
他說：「雖然作爲公平的正義允許在一個秩序良好社會中承認卓
越的價值，但是對人類至善的追求卻被限制在自由結社原則的範
圍內……人們不能以他們的活動具有更大的內在價值爲藉口，利
用強制的國家機器來爲自己爭取更大的自由權或更大的分配份
額。」[13]把對人類至善的追求嚴格限定在自由結社原則的範圍
內，反對使用強制的國家機器來訴求卓越的價值，這種立場和態
度正是在命令式的道德理想的問題域內，在承認異質化、大規模
的陌生人社會以及各種目標相互衝突的社會前提下，堅定反對
「壓制的事實」的一個邏輯後果。

　　我們認同阿里斯多芬在《雲》中的判斷：欲望和私利在政治
中占據主導地位，意味著不義之詞獲勝，以及高貴政治生活的告

12　Leo Strauss, *Liberalism: Ancient and Modern*（University of Chicago Press, 1995）, p. 24.

13　John Rawls, *A Theory of Justice*（Oxford-New York: Oxford University Press, 1971）, pp. 328-9.

終[14]。但是問題的關鍵在於，當我們置身於欲望和私利已然擺脫非法地位的時代，並且承認正義業已成爲社會制度的首要美德，那麼我們就必須正面思考和回應欲望與私利，把它作爲理論的條件和起點(但非標準和終點)，而不是僅僅停留在情緒性的批判和道德性的全盤拒斥。在現代性的背景下，人類卓越與榮耀的理想的確不復可能在政治生活中實現，就此而言，「高貴的政治生活」也許是告終了，但以複數形式出現的「高貴的倫理生活」卻獲得了更大的空間，在這一點上，我相信施特勞斯會和羅爾斯達成一致的意見。

沃爾澤曾經坦承：「在某種重要的意義上，只有自由主義(我主要是指洛克式的自由主義)理論能夠回答這個問題(政治義務理論)，因爲只有自由主義完全接受了社會規模的變化以及由此產生的新個人主義。」[15]這個論斷或許還可以作進一步的延伸，就對現代世界的多元主義特徵作出「正面」回應而言，也許只有自由主義能夠給出一個最相關、最可行同時也是較可欲的哲學答案。

三、我們是誰？

既然政治哲學依舊是從第一人稱的角度出發問問題：「我們應該如何生活在一起？」那麼接下來的一個追問就是，「我們是誰？」我們因何而可以自稱爲「我們」？這也就是我在第一節中

---

14 參見尼柯爾斯，《蘇格拉底與政治共同體》，王雙洪譯(華夏出版社，2007)，頁228。

15 沃爾澤，〈政治疏離與兵役〉，收於《政治義務：證成與反駁》，毛興貴編(江蘇人民出版社，2007)，頁19。

提出的那個問題，「同質性的根據在哪裡？」

霍布斯式的政治社會為公民提供的是一種「免於恐懼的自由」，為了避免在自然狀態因一切人反對一切人而橫死，我們寧可將權利全部託付給一個不受約束的主權者，但是這是一種最低限度的免於恐懼，來自利維坦的恐懼絲毫不比自然狀態的恐懼更小。由共同的恐懼而集結在一起的「我們」，只具有「權宜之計」的暫時穩定性。政治自由主義時期的羅爾斯在某種意義上帶有霍布斯的氣息，他同樣追求免於恐懼的自由，把政治社會的穩定性作為核心的目標。但是他與霍布斯的差異在於，這種必須要避免的恐懼還應該包括來自國家政府的恐懼，這種由於共同的恐懼而集結在一起的我們必須具有基於道德基礎的恆常穩定性。

從這個角度出發去理解「國家中立性」原則或許是一個比較合適的路徑。國家中立性原則一直備受爭議，但是如果我們回想羅爾斯所理解的政治社會乃是「自由平等公民之間世代相繼的公平合作體系」，就會發現這樣的一個政治社會並不是完全「中立的」政治社會，而是一個接受了自由、平等、公平、互惠等現代基本理念的現代社會。它接納包容各種「合理的全能教義」，但堅決拒絕那些違背甚至反對自由、平等、公平、互惠基本價值的「不合理」的全能教義。「人是目的而非手段」這一康德的基本道德信念，就是這類政治社會最根本的道德信念。我們之成其為「我們」的共同基礎也正在此。至於那些反對這個基本信念的人，則被排除在「我們」之外。用德雷本的話說，對於希特勒這樣的人，我們根本不會試著和他理論，而是「給他一槍」[16]。在這個意義上，自由主義的中立性原則顯然無法做到完全的中立，

---

16 Burton Dreben, 2003, p. 329.

它只是**近似中立**，因爲任何政治體系最終都或多或少必須依賴於某種善觀念，但正如喬治‧克勞德所說，即便如此，自由主義仍然能夠論證，他們提供的政治框架是比任何對手更有包容性的[17]。

談到國家中立性，還須引用威爾‧金里卡的一個觀點，他認爲「國家中立性的最好理由恰恰是社會生活是非中立的，人們能夠而且實際上在社會生活中的互競的生活方式之間作出區別，肯定某一些，拒斥另一些，而無須使用國家機器。」[18]自由主義認爲，國家權力在面對各種合理但互競的價值觀時必須保持中立，但社會生活的自然發展會自然而然地表現出非中立性，有些生活方式、價值理想會排序較高，而另一些則會排序較低。國家中立性與社會生活的非中立性可以達成一個較爲和諧的生態環境。各種合理但互競的人類卓越、榮譽、善觀念將在這樣的一個國家中立框架中找到容身之地，同時在社會的非中立性中覓得各自的序列排位。

當然，一個不容回避的問題是，社會生活的非中立性很可能在事實上對許多傳統價值觀造成極大的衝擊，從而導致式微乃至消亡。一個不爭的事實是，讓昆曲和超級女聲在自由市場上中進行所謂公平競爭顯然是不公平的，但是如果我們瞭解卓越的東西從來是屬於少數人的，不非分地奢求昆曲成爲超女一樣的流行物，那麼我們或許會對這一狀況抱相對釋然的態度，並且期望社會生活中的另一些非中立因素可以對前者有所傾斜。在價值排序

17　喬治‧克勞德，《自由主義與價值多元論》，應奇等譯（江蘇人民出版社，2006），頁37。

18　威爾‧金里卡，《自由主義、社群與文化》（上海世紀出版集團，2005），頁260註腳。

上靠前的事物並不一定在流行程度排序上靠前，這本是一個當然之義。今日中國的某些保守主義者之所以心急火燎、憂心忡忡，我猜想部分原因不是擔憂他們主張的價值在排序上不高，而是焦慮他們的流行程度不廣。**把最可欲的做成最流行的，拿最流行的等同於最相關的，都是思維混亂的表現。**

四、誰是真正的懷疑主義者？

以劉小楓為代表的某些保守主義者，一方面援引施特勞斯，批評自由主義者敗壞了高貴的倫理生活，一方面援引韋伯和施米特，批評自由主義者敗壞了高貴的政治生活。在他們看來，自由主義者的各種主張都是些卑之無甚高論的淺薄論調，議論自由經濟和社會公正都是政治不成熟的典型特徵。比如劉小楓在《現代人及其敵人》中就反復論述：

> 對韋伯來說，「政治不成熟」的政治經濟學是一種天真、誇張的理想主義，「以不斷配置普遍幸福的菜譜為己任」，加油添醋以促進人類生存的「預約平衡」；施米特則說，自由主義政治學迂腐可笑，持守一些抽象的普遍理想，以不斷配置普遍的個人自由和權利的菜譜為己任，加油添醋以促進人類生存的「自由平衡」……。[19]

> 經濟改革後的中國有如俾斯麥新政後的德國，在國際

---

[19] 劉小楓，《現代人及其敵人》（華夏出版社，2006），頁123。

> 政治格局中已經日漸強盛，由於國內經濟因轉型出現諸
> 多社會不公正現象，經濟學家們爲自由經濟抑或經濟民
> 主和社會公正吵翻了天，於是有韋伯式的聲音說：中國
> 學人還沒有『政治成熟』，不懂得中國已經成爲經濟民
> 族，如今的問題端在於如何成爲政治成熟的民族。[20]

　　劉小楓引嚴復和韋伯爲例，稱是「戰爭狀態」讓嚴復明白了
「自由民主政體肯定要不得」，是「國家危難」讓韋伯宣稱民族
國家的利益和權力高於一切。姑且不論戰爭狀態和國家危難是否
必然推出上述結論，退一步說，即使這是一個正確的推論，問題
的關鍵仍在於：首先，戰時狀態是否是政治生活的常態，以至於
我們可以罔顧嚴復和韋伯的論證前提，直接得出「自由民主政體
肯定要不得」和「民族國家的利益和權力高於一切」這樣的普遍
結論？其次，國內政治與國際政治的邏輯是否一致？在國內政治
的問題域內探討社會公正與在國際政治的問題域內強調國家利
益不具有相容性嗎？我擔心這些中國的韋伯們，或者因爲思維混
亂、或者刻意混淆視聽，在國內政治中主張國家利益和權力高於
一切，在常態政治中堅持自由民主政體肯定要不得。

　　在論及現代政治正當性時，劉小楓堅持施米特的政治神學立
場，認爲唯有宗教才能賦予政治以正當性基礎，宗教一旦與政治
發生分離，「政治生活背後的正當性問題無異於被刪除了」[21]。
因此之故，劉小楓認定啓蒙運動的結果——基於自然權利的人民
民主——將無法眞正爲政治生活奠定正當性基礎。他援引《理想

20　同上，頁106-7。
21　同上，頁90。

國》中關於「天上的」政治與「地上的」政治的區別，認為唯有天上的政治才能克制人身上的「多頭怪獸」，而「『地上的政治』的根本問題就是正當性的空虛。」[22]

劉小楓與施米特面臨的共同困境在於：一方面堅持認為只有「天上的」政治才能賦予地上的政治以正當性，另一方面又不得不承認基督教歐洲的傳統政治規範已經無可挽回。由於無法承受這種「黑暗中的忍耐」，在他們看來脫逃的出路便只剩下一條，即把政治理解成為生存處境性的：哪怕你僅僅是碰巧生為德意志人，但德國的國家利益就成了你的政治立場，同樣的，如果你碰巧就是美國人，那麼美國的國家利益就成了你的政治立場。真正崇高的政治只在於區分和決斷誰是國家的敵人。更進一步的，由於天上政治的絕對保障已經喪失，所以在具體的政治生活中，「就必須──即便只是在最極端的情況下（是否到了最極端的情況，仍須由自己來決斷）──自行決斷誰是敵人，誰是朋友。」[23]

綜觀劉小楓對現代政治正當性的批判，不難發現他與施米特共用的一個基本論述邏輯，不妨簡述如下：由於啟蒙運動割裂了宗教與政治的關聯，導致現代政治把政治社會的本性理解成為「人造之物」，任何人造之物就其定義而言都是虛構的，其正當性都得不到來自超驗領域的絕對保障，所以這些人造之物，也即「地上的政治」的根本問題就是「正當性的空虛」。換句話說，由現代性構建起來的所有價值理念，如人民主權、個人自由、權利、民主、分配正義、普遍幸福等等，就「虛構」這一本性而言

22　同上，頁141。

23　施米特，《政治的概念》，轉引自劉小楓，《現代人及其敵人》，頁123。

都在一個水平面上，都不是對根本問題的思考，因此也就都註定
將停留在表面上，不同的主義和意識型態之間的差異也就可以被
抹平。而一旦來自宗教的、絕對意義上的正當性不復可得，則陷
入諸神之爭的人類就只能訴諸生存決斷論的政治來解決衝突。

在我看來，這種以神學的立場刻意貶抑哲學，假借超驗的維
度斷然否棄歷史與經驗的給定性，非此即彼，在絕對的正當性和
絕對的非正當性兩極之間來回急劇震盪，從虛構、絕望再到決斷
的生存論政治的思考邏輯，**不僅缺少基本的思想「節制」，而且
隱含著最危險的虛無主義和最大的政治不成熟**。正如馬克·里拉
所指出的，那些試圖從施米特有所借鑒的人必須要萬分謹慎地區
分「自由主義的真正意義上的哲學批評者和出於神學的絕望而實
踐政治的人」，如果不做這一根本性的區分，則註定會一無所獲
24。

就施米特和劉小楓對現代性的診斷——啟蒙之後正當性與
合法性發生了斷裂和緊張——而言，我沒有任何異議。但對於他
們的解決方案——即一方面站在絕對的神學立場徹底否定地上
政治的一切正當性，另一方面又出於神學的絕望而訴諸生存決斷
論的政治理解——我表示最深刻的懷疑。

熊彼得說：「文明人與野蠻人的差異，在於前者瞭解到個人
信念只具有相對的有效性，但卻能夠堅定不移地捍衛這些信念。」
25這個說法提醒我們，即便人民主權、個人自由、權利等等全都
是虛構的，相信這些東西的存在，並且堅定不移地捍衛它們也不

24　Mark Lilla, *The Reckless Mind: Intellectuals in Politics*（The New York Review of Books, 2001）, p. 76.
25　參見理查·羅蒂，《偶然、反諷與團結》，徐文瑞譯（商務印書館 2003），頁69。

等於「相信獨角獸和巫婆的存在」(麥金太爾語)。在政教分離的
現代社會裡，政治正當性的超驗根據已經無可挽回地失去，但從
超驗到決斷之間仍有漫長的路可走，仍有許多的備選項可用。哈
貝馬斯認為現代政治的正當性只可能來自於合法性，而要想使
「正當性來自於合法性」這一「悖論式的現象」得到合理解釋，
就必須確保人民行使政治自主性的權利。哈貝馬斯的具體方案自
有商榷的餘地，但是他對後形而上學時代的哲學命運的立場卻是
令人激賞的——「形而上學把哲學從軟弱無力的後形而上學思想
的貧瘠中解放出來的願望，只可能以後形而上學的方式才能實
現。」[26]

　　巴斯卡說：「我們知道的太少因而當不了獨斷論者，但又因
為知道的太多不能成為懷疑主義者。」[27]羅爾斯、哈貝馬斯這些
「淺俗」的自由主義者們，孜孜以求、苦心踐履的正是巴斯卡這
個論斷：左右開弓，同時拒絕和狙擊「道德實在論」以及「現代
價值懷疑論」。反觀某些保守主義者，恰恰是要麼因為焦慮知道
的太少所以成了懷疑主義者，或又自以為知道的挺多而成為了獨
斷論者。

五、結語

　　北京城有家老字號的點心鋪子，專賣給老人家祝壽的「百子
桃」，這種百子桃的妙處在於，大壽桃的個頭兒賽過西瓜，可是

26　Habermas,"Richard Rorty's Pragmatic Turn," in *Rorty and His Critics,*
　　edited by Robert B. Brandom(Blackwell Puilshers Ltd，2000), p. 33.
27　參見阿蘭·布魯姆，《巨人與侏儒》(華夏出版社，2003)，頁300。
　　由布魯姆來引用巴斯卡的這段話尤其顯得意味深長。

打開大壽桃的肚子一看，裡面居然藏著100個小壽桃。在我看來，政治自由主義的理想恰如這個大壽桃，其目的是爲了給那100個小壽桃提供了一個各得其所的框架性結構。大壽桃的意義在於，有了它，100個小壽桃就有了「生活在一起」的可能，不會坍塌壓縮成表裡如一、實打實的一個大壽桃；失去它，這100個小壽桃則會散落、分裂成爲各自爲政的小壽桃。

健全的現實感是探討政治哲學必須擁有的第一美德。如果我們同意在今日中國各種合理的全能教義都有其存在的價值，並且同意在未來中國合理的多元主義將成爲一個永恆的、或者在可見未來不會消弭的現象，那麼某種形式的政治自由主義或許就是最具相關性的政治框架構想。這種政治自由主義自有其實質性的道德信念和基礎在，它雖然不是徹底的中立，但的確爲盡可能多的合理的倫理生活敞開了可能性。人類始終嚮往高貴的倫理生活，始終關懷根本性的人類處境問題，我一直認爲，在回答「何謂美好人生」時，社群主義和保守主義的某些方案一定要比自由主義更能安身立命。但**最重要的問題不一定是最首要的問題**，自由主義者在回答何謂美好人生之前，更希望先行回答「我們應該如何生活在一起」，並且認爲在多元社會中美好生活的問題，必須要放在如何生活在一起的問題框架下，才可能得到眞正的回答。

以賽亞·伯林嘗言：「我已厭倦閱讀那些人，他們總是站到一列，有著幾乎完全一致的觀點，毋寧說，我更願意閱讀敵人，因爲敵人會穿透那些思想的防線。」[28]我從不厭倦閱讀與我站在一列的朋友們，因爲我總是從他們身上汲取到足夠的養分，同時

---

28 參見揚-維爾納·米勒，《危險的心靈》，張龑譯（新星出版社，2006），獻辭。

我也不認為存在著什麼敵人，在面對轉型時期的中國問題時，「我們」有的只是論友而非敵人。就共同關切而言，我們只不過是站在一列的、有著不同觀點的朋友。

周濂，香港中文大學哲學系博士，中國人民大學哲學院講師，專攻語言哲學和政治哲學。

論中國自由民主的（不）可能性

陳宜中

　　近年來大陸知識分子對台灣民主的評價，正面有之，負面亦不少。但即使是持正面評價者，亦多半認為台灣經驗未必適用於中國大陸；而台灣民主所展露出的種種負面現象，也多少影響了大陸知識分子對中國民主化的態度和判斷。不過，此種影響仍相對有限。隨著近30年改革開放、20餘年快速經濟發展而來的諸多內部隱憂，才是使大陸知識分子逐漸對「自由民主」感到遲疑的關鍵所在。

　　暫且不論中華帝國所遺留下來的各種民族問題，伴隨著中國經濟崛起而來的，是相當嚴重的城鄉差距、貧富差距、及其他種種社會不公正問題。在這樣的發展路徑下，在所謂「拉美病」的肆虐下，自由民主化幾乎是難以想像之事。「亂」，是今日大陸知識分子的共同隱憂。「怕亂」，使中共一黨專政的「天命」似乎又合理了起來。

　　儘管「自由民主」如今已成為世人衡量政治正當性的基本標準，但現實地看，成功的、相對穩定的自由民主僅僅出現在少數富裕國家，其總人口數甚至不及中國大陸。以中國之大、人口之多、農民之眾、問題之複雜，現階段要實現成功的、相對穩定的自由民主，幾無異於天方夜譚。倘若大陸內部的隱憂以及台灣民

主的流弊，有助於中國各界及早擺脫「只問政治正確而不計實現條件的庸俗化自由民主論調」，那未嘗不是好事一件。

然而，某種成功的、相對穩定的「自由民主」、「憲政民主」或「民主共和」，或許仍是中國各界所應努力追求的中長期政治目標。現今以「中國特殊性」、「先強國再說」或「時候未到」來迴避此一問題的想法與做法，很可能是缺乏遠見的。在可預見的近期將來，中國內部或許尚不至於出現龐大的政治自由化與民主化壓力；不過，一旦出現較為嚴重的經濟或政治危機，這類訴求肯定會再次浮上檯面。消極地看，今天不為「和平演變」未雨綢繆，不為其提供更有利的實現條件，到了明天便可能付出慘痛的代價，甚至只剩下「鎮壓」與「失序」兩種選項。更積極地說，如果中國無法掌握難得的歷史契機，在未來幾十年內擺脫政治專制之國恥，則再怎麼以阿Q精神強辯自己的「中國特殊性」，到頭來也還是難以實現「恢復固有地位」乃至「超英趕美」等目標。

近年來，在「中國崛起」的虛幻氛圍下，大陸知識分子對當局的批判顯得愈發趨於保守。所謂的新左派，往往不夠左；所謂的自由主義者，則往往不夠自由。即使從相對溫和的「社會民主主義」的角度來看，工人的組合權利與罷工權利都理應是憲法所保障之基本權利；但在此重要課題上，被公認為中國新左派代表的幾位論者卻所言甚少。表面上，中國新左派要比中國自由派更關切社會公正；但實際上，新左派的分配正義主張至今仍相當薄弱，遠遠比不上西方的中派和中間偏左派。就此而言，今日中國新左派「左」的程度還比不上孫中山，比不上美國自由主義者杜威和羅爾斯，甚至比不上19世紀要求投票權的英國工人階級。

在今日中國，不追求政治自由的經濟自由派，稱得上是自由主義陣營的主流。但這類所謂的「資產階級自由派」，頂多只是

半調子的自由主義者，似乎從不曾受到現代自由民主主義的洗禮。他們一方面要求中共保障其私產權及身家安全，但對另外那好幾億窮苦的農民、工人、農民工、城市新貧卻了無同情，而僅僅視為不安全因素。和19世紀德國的資產階級自由派類似，今日中國的資產階級自由派反對政治民主，仰賴專制國家為其維持秩序，害怕遭到抄家式的階級鬥爭。這些封建權貴資本主義的既得利益者及其同路人，當然不可能是中國自由民主化的動力來源。就和大多數中國左派人士一樣，他們是中共一黨專政的鐵桿支持者，只是動機與理由不同而已。

誠然，一人一票的選舉民主既未必能夠確保自由權利，也未必能夠確保社會公正；在某些不利的現實條件下，甚至可能淪為民粹主義的內衣外穿，或不自由的偽民主。然而，在沒有此種選舉民主的地方，政治自由卻勢必受到高度打壓；而連帶地，思想與言論自由、底層人民的抗議權利，乃至其他重要的公民基本權利，都很難獲得有效的或平等的保障。由此觀之，倘若中國自由主義所追求的不僅僅是少數人的特權，而是包括政治自由在內的更廣泛的公民權利，及其有效的、平等的保障，那麼「自由民主」仍將是難以迴避的課題。

誠如不少左派論者所指出，一人一票的選舉民主並不是「真民主」，而至多只是一種「形式民主」。以今日台灣為例，此種形式民主似乎未必特別有利於經濟發展、社會公正、政治清明、族群和諧、兩岸和平等等，甚至讓某些人開始懷念起威權時代。但若以瑞典及其他北歐國家為例，在一人一票的形式民主下，個人自由、政治平等與社會公正等重要目標也並非無法得兼。反之，在缺乏此種形式民主的地方，大概也不會有什麼「真民主」可言。以「真民主」、「更民主」、「實質民主」或「社會主義

民主」之名捍衛一黨專政，終究只是自欺欺人或自我安慰之虛詞。

當然，今日中國也有政治自由派，乃至自由民主派。但或許是出於自由主義對民主的先天疑慮，或許是出於對文革與階級鬥爭的記憶，今日中國的自由民主派似乎普遍看輕了自由民主的實現條件問題，尤其是「社會公正」之於中國自由民主化的重要性。試想：如果中共突然垮台，讓中國走向自由民主的道路，這種自由民主眞有可能自我再生產嗎？會不會是另一個俄羅斯或伊拉克？另一個第三世界的「不自由的僞民主」？或甚至根本難以爲繼，倒退爲更壞的政治專制？單從今日中國的貧富差距及其所衍生的種種社會怨懟來看，任何貨眞價實的「自由民主」、「憲政民主」或「民主共和」派，恐怕都必須高度關切社會不公正問題。否則，中國恐將永不具備自由民主的實現條件。

在歐洲，「自由民主」原是「憲政自由主義」與「選舉民主」的一種歷史性妥協。本來，資產階級自由派一直對民主戒愼恐懼；因爲他們擔心，一旦下層階級取得投票權，將會對他們所珍視的自由權利構成威脅。因此，他們一方面向專制國家爭取其階級特權，另一方面則與國家聯手，鎮壓來自於底層人民的政治民主與社會公正要求。對19世紀歐洲的資產階級自由派來說，一人一票的選舉民主幾無異於洪水猛獸。支持這種民主的是羅伯斯庇爾、是社會民主主義者、是恩格斯、是條件得天獨厚的美國人，而不是歐洲的既得利益者。不過，此種反民主、反社會公正的自由主義，終究敵不過來勢洶洶的民主化浪潮。「自由民主主義」的出現，即代表著資產階級自由主義對政治平等與社會公正的雙重讓步。

歷史地看，要實現成功的、相對穩定的自由民主，便必須有效因應來自底層人民的社會公正要求。在英國與美國，自由民主

的鞏固發生在兩次大戰之間；在其他西歐國家，則要等到二次大戰以後。而這些歷史經驗顯示，為使一人一票能夠運作，為使民主不至於導致階級內戰，為使底層人民不至於鬧革命，便必須對他們的社會公正要求有所回應。或許，自由民主並不要求瑞典式全方位的福利國家，但極端的貧富差距或階級對立卻不可能與之相容——德國的威瑪共和即是一例。

在19世紀德國，資產階級自由派往往與俾斯麥式國家站在同一陣線，而被排斥、被抵制的工人階級則逐漸走向革命；正因為威瑪共和係建立在此一階級對立的政治社會基礎之上，希特勒才得以從中獲利。與此相對，在英國走向一人一票的過程中，工人階級要求平等的投票權及其他公民權利，但基本上不鬧革命；而英國的中產階級知識分子與社會團體，則投入了大量心力揭發工人階級的惡劣處境，並為社經改革奔走呼籲。這個德國與英國的反差，對今日的中國大陸可謂意味深長。

從1990年代以降的自由主義與新左派之爭來看，中國大陸似已逐漸走向了階級嚴重對立、左派與右派互為仇敵的德國式情境。一方面，新左派與老左派抗議社會不公，支持中共一黨專政，並把右派與自由派視為罪惡之淵藪。另一方面，資產階級自由派為了維護其既得利益，也堅定支持中共一黨專政，並把新舊左派皆視為大敵。至於夾在這兩股力量中間的自由民主派，則出於對中國左派的厭惡或恐懼，很自然地選擇寧右勿左。真正比較中道的、穩健的「自由民主與社會民主聯合陣線」，則千呼萬喚不出來，既不見容於支持一黨專政的新舊左派與資產階級自由派，亦未必見容於對「社會民主」語多保留的自由民主派。

可以說，此種中道力量的長期缺席，恐將使中國永難具備和

平演變的成熟條件，將使成功的、相對穩定的自由民主永遠與中
國絕緣。

陳宜中，現職中央研究院人社中心副研究員，主要研究領域為近代
西方政治與社會思想、當代政治思潮、社會民主、全球正義、自由
主義等。

討 論 與 批 評

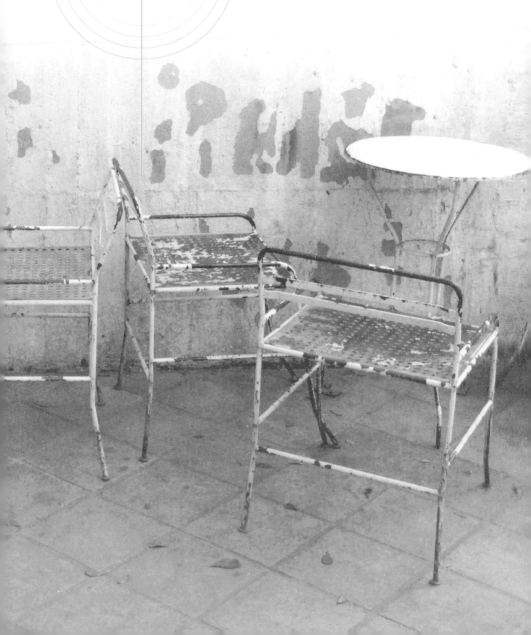

《被出賣的台灣》：

葛超智其書其人與台灣民族主義　郭譽先

一、前言

美國人葛超智在1965年出版的《被出賣的台灣》[1]，乃是最早詳細敘述二二八事件的專書。

當年以日本為根據地的台灣獨立運動，發展有限；負責人廖文毅先生終於被國府威逼利誘弄回台灣，台獨運動似乎已經走入窮途。然而美國的台灣獨立運動，卻由於大量台灣留學生湧入北美，漸漸在太平洋彼岸發皇光大，而及時出版的葛超智這本書，可說乃是「旋轉乾坤」的主要原因之一。

以二二八事件為博士論文研究主題的陳翠蓮女士提到[2]，葛超智這本書曾經是眾多海外台獨人士的啟蒙書，葛超智也因此被

1　George H. Kerr, *Formosa Betrayed*(Boston: Houghton Mifflin, 1965)。中譯本《被出賣的台灣》，陳榮成譯(台北：前衛出版社，1991)。中譯本譯葛超智為「柯喬治」；也有人譯為「喬治‧科爾」，或只稱其姓「科爾」，或者「柯爾」。但如下文所述，「葛超智」才是他的正式中文名字。

2　陳翠蓮，《派系鬥爭與權謀政治》(台北：時報文化，1995)，頁414。

❧ 263 ❧

視爲「台灣之友」。例如致力引進西方文化以及宣揚台灣文化的林衡哲醫師，便恭維此書爲有關二二八事件的權威之作、台灣史的經典[3]。他親自去看望風燭殘年的葛超智，還贈送美金千元爲壽；表達的可說是被啓蒙者的感激之情。更突出的例子是，台灣獨立運動中的元老級人物、曾經爲之坐牢多年的黃紀男先生，也直接承認葛超智爲其思想上的「啓蒙之師」[4]。台北市二二八文化館推崇葛超智先生不遺餘力，相信也是由於這本書。

　　這本書特別受到台獨朋友們的重視與宣揚，一部分是由於其出版時間，正逢彭明敏先生發表〈台灣人民自救運動宣言〉，以及銜接上台灣留美學生的迅速增加；更主要的原因則是許多讀者先入爲主地假定了此書的權威性。作者葛超智當二二八事件時正在台灣，前後待了一年多；身居美國領事館的駐台副領事（葛超智是他的正式中文名字），顯然擁有第一手資料；出書時則在美國有名的柏克萊加州大學任職或者任教，無形中爲此書戴上了學術性的光環。該校政治科學系主任R. A. Scalapino寫了一篇強烈同情作者主張的序，更爲本書內容助威。

　　從海外到島內，爲台灣獨立運動的宣揚不遺餘力、也爲民進黨的文宣工作做出過重大貢獻的陳芳明先生，曾經生動地描述他初讀此書的體驗[5]：

3　林衡哲，《雕出台灣文化之夢》（台北：台灣出版社，1988），頁370；
　　林衡哲，《開創台灣文化的新時代》（台北：台灣出版社，1995），
　　頁43。

4　黃紀男，《黃紀男泣血夢回錄》，黃玲珠執筆（台北：獨家出版社，
　　1991），頁139。

5　陳芳明，〈激流亂雲〉，《七○年代理想繼續燃燒》，楊澤主編（台
　　北：時報文化，1994)，頁47；陳芳明，《台灣人的歷史與意識》（台
　　北：敦理出版社，1988），頁231。

　　我找到第一冊有關台灣史的書籍，竟然是二二八事件
紀錄。在揭開歷史面紗的霎那，一股沛然莫之能禦的力
量，排山倒海似的襲來。我震駭於那場慘劇的真相，也
暈眩於我過去的茫然無知。初讀這本書時，心爐裡有一
股烈火熊熊燃燒，讀完之後，卻又好像被投擲於密封的
冰窖，精神與肉體全然凍僵。我的心房，成爲我刑求自
己的囚房。一股嚴厲的聲音強烈質疑我的過去，緊接著
是一再自我鞭策、自我折磨，從而使我對整個國家認同
產生懷疑。如果我是一個被指控的台灣獨立運動者，那
麼我必須承認，政治的轉向無疑是在那段時期發生的。

　　詩人陳芳明，經過（以上他自述的）這樣一番政治意識上的
脫胎換骨，毫不費力地加入彩筆推動政治風潮的行列，而且成就
斐然。葛超智這本書在今日台灣政壇上和媒體的綠色意見領袖們
的心中，應當也產生過類似的效應，即或程度或有所不同。
　　本文以下的評論深入檢視葛超智其人其書，力求有憑有據。
然而，由於中文本的譯筆，一些細節沒有達到專業水準[6]（但是
大體忠於原著，偶有輕微歪曲[7]，不妨忽略不計），本文將以英

6　例子不勝枚舉。同一個人，如叩關日本的美國海軍提督 Matthew C.
　　Perry，在書中兩個不同地方（頁34與頁400）被譯成兩個不同的中文
　　名字與官銜。再如英國首相邱吉爾（頁52、53）被稱爲「總理」。簽
　　完降書之後（頁99），用印（蓋章）被譯爲「密封」。還有，將「非機
　　密 unclassified」譯成「未經分類」（頁395）。
7　例如（頁11）將 Henchman 譯爲「劊子手」。再如（頁327）將refugee
　　譯爲逃兵。再如（頁213-214）將政治組織political organization譯爲政
　　府組織。最匪夷所思的是，竟把「中華民國」譯成了「中華共和國」
　　（頁280）。

文原著爲本。爲了方便讀者，引用頁數則以陳榮成先生中文本爲
準。

　　葛超智是在事件發生之後被驅逐出境的[8]。此書對於事件發
生前後的台灣統治者，行政長官陳儀，大肆抹黑，已經超過「報
驅逐之仇」所能解釋。限於篇幅，筆者將另有一文專談此書對於
陳儀的抹黑。

二、葛超智這個人

　　葛超智出生於1911年，根據網上的資料，1935年得到夏威夷
大學的碩士之後，赴日本研究日本政治與歷史，但是似乎並未再
攻得任何學位，兩年後即轉往台灣，在台北的高中以及日制高校
（其高等科相當大學預科）教英文。那個時代的國際交流遠不如
今日普遍。他迢迢萬里去殖民地台灣教英文，極不尋常。至少有
兩本回憶錄（黃紀男[9]、賴永祥[10]）後來猜測他是美國潛伏在台的
情報人員。二二八紀念館的網頁上介紹葛超智生平，直言無隱，
說他隸屬美國海外戰略局（OSS）；該館對葛氏十分推崇，又藏
有葛氏的大批文檔，相信有足夠證據，才會如此點明他英文教員
之外的戰略局秘密身分。

　　由他的身份，我們可以說，葛超智從年輕就是一個有志立功
異域的（美國的）小班超。何以這樣稱呼他？東漢班超乃是中國
古代「勤遠略」的代表人物。孫中山民族主義演講詞中說得分明，

8　葛氏被驅逐出境見於上引黃紀男書，頁164、177。

9　猜測葛超智屬於美國情報組織，見黃書，頁137。

10　賴永祥等，《坐擁書城》，賴永祥先生訪問記錄（台北：遠流出版
　　公司，2007），頁51-52。

「勤遠略」就是帝國主義。美國走向帝國主義，時在19世紀末。但是個別的美國人，作爲「勤遠略」的帝國主義者，則早已有之。比葛超智早90年，有一位美國人William Walker在中美洲的尼加拉瓜國，一度自立爲總統；還有一位「將軍」George W. L. Bickley曾越境進入墨西哥舉事[11]。今人多半知道美國1961年突擊古巴豬灣失敗，卻不知道那是第二次了。早於此110年，有一位出自美國南方的英雄人物Narcisco Lopez便招募同志，遠征古巴，被古巴人捕獲。他和他的50位同志，一共51位小班超，被古巴人處死[12]。典型在夙昔，稱戰前就加入情報機關的葛超智爲小班超，並無褒貶之意。

1940年，美國開始貸款給重慶的中國國民政府，但是日本美國之間的外交關係尚未惡化。姚嘉文先生有一本書提到，該年五月美國在台北的領事館有一位（日本人）通譯松尾，因爲間諜嫌疑，被日本憲兵隊拘捕，供出美國在台灣收集情報的許多計畫，引起日本總督府的警覺。美國在台灣的小班超的眞實身份可能會被暴露，工作當然受到影響。葛超智在次年六月離開台灣教職返美[13]。同年8月，美國開始對日本禁運軍用物資。四個月之後，珍珠港事變爆發。

美日開戰，葛超智進入美國海軍爲太平洋戰爭盡力。美國海軍原本打算攻佔台灣。臨時設置的研究中心緊鑼密鼓，忙著爲美

11　J. A. Garraty, *The American Nation* vol. I (Addison-Wesley, 1998), p. 363.

12　B. Bailyn et al., *The Great Republic* (Lexington, Mass.: D. C. Heath & Co., 1977), p. 615.

13　大部分資料都說葛超智離台返美於1940年，但是賴永祥先生回憶爲1941年6月。

國佔領軍準備有關台灣的資料。據他自己說，研究中心裡唯一的
（在台灣潛伏過3年多的）「台灣專家」就是葛超智。佔領台灣
之後，他至少就是美國駐台佔領軍的首席顧問吧？不料美國戰略
突然改變，決定不取台灣；這位以為有鴻鵠將至的美國小班超，
建功立業的機會失之交臂，其憤激失望，不難想見。

二次大戰結束，葛超智以海軍駐華武官處[14]的身份，由重慶
飛台北配合中國接收台灣，然後進入國務院系統，成為美國駐台
灣副領事，受（設在南京的）美國駐華大使館管轄。他顯然認為，
光憑日文資料和他在台灣教書（潛伏）3年建立起來的人脈，就
是個台灣通，足以主導世界第一強國的台灣政策。他上書主張台
灣應當被美國託管若干年，再決定其歸屬。不幸，他的意見被國
務院的上級視為「帝國主義」，未被採納。小班超建功立業的第
二次機會，未能實現。更不幸的是，身為副領事的他，急功躁進，
竟被當時負責台灣軍政的長官陳儀驅逐出境，這對於他立功異域
的前途當然大有影響。於是他回到軍方，改在琉球待了幾年，依
然不得意，再轉往學界。葛超智換了好幾個大學，沒有一個待得
長久。仔細分析一下他這本書的內容，見到其中錯誤之多，就可
以大致判定，他實在不可能在那幾家有名學府，維持教席或者正
式的研究職位。

崇敬葛超智的人喜歡說葛氏多麼愛台灣、關懷台灣，唯一的
證據只是他出過兩本關於台灣的書以及寫過一些鼓吹台獨的文
章。其實，在美國學術界，出書與人道主義關懷，並沒有必然的

---

14 陸以正譯，〈葛超智給國務院遠東司長的密件〉，《歷史月刊》，
第219期（2006年4月），頁58。陸氏憑其外交專業知識評估，葛超智
所自述官銜有所誇大。

關聯。例如葛超智出的前幾本書就是琉球史，而非台灣史。說穿了，寫台灣史，對於不懂中文的葛氏，是個不可能達成的任務。寫琉球史則是他在1950年代，由美軍軍方提供助手與譯員等資源（因爲他也不懂琉球土語）的一個正式研究計畫，配合軍方要求寫出一本以「復活琉球人的獨立認同」爲目的的書。戰後，美軍原來考慮扶植琉球獨立。（美軍在琉球禁用日本昭和年號，並提倡一種與 日文頗有出入的書面語言，直到1960年代後期，美國還在各種正式文檔中稱呼「琉球Ryukyu」，而避免使用「沖繩Okinawa」這一日本式稱呼）後來美國決定將琉球交還日本，可說是日本外交的一個大勝利。負責「沖繩返還交涉」的日本外交官吉野文六去年（2006）發表回憶說，正是因爲美國因越戰大耗財力，才使得經濟上漸漸變成強國的日本乘虛而入，以3億2千多萬美元的低廉價格「購買」了琉球。美國政府早先派給葛超智鼓勵琉球人獨立的原始任務，終於放棄。小班超的第三個立大功的機會，不幸又破滅了。

網上見到有中文網頁爲葛氏呼冤，說他因爲同情台灣人而受到麥卡錫主義的關注，以及後來離開史坦福大學是由於蔣介石的壓力云云，這是笑話。1960年代中，麥卡錫主義早已退潮，與蔣家或者國民黨密切相關的「中國遊說團」在國會也已失勢，蔣氏不可能有任何力量影響美國大學內部的人事。何況，麥卡錫主義抓的、整的乃是共產黨或者親共分子，葛氏言論表現極端堅決反共，怎麼會受到麥卡錫主義的迫害？持此說者被葛氏唬了。

葛超智其人極端愛國，以至於狂妄。他在書中至少3次（頁101，106，220）提到，不少台灣人稱美國爲「神之國」。別的書刊文獻似乎還真找不到他這樣的說法（包括以葛氏爲啓蒙師的黃紀男，儘管本身自認爲基督徒，也沒有這樣說）。即使真有人

這麼說了（葛氏舉了台灣人來信為證），葛氏也須知不該太當真。世界各地有人對於美國副領事諂媚幾句，經常可能發生。一個夠格的外交官不會因而大驚小怪，葛超智不是科班出身，於是有那麼一點不知輕重。

更可能的是，他並非不知道，而是故意歪曲或者誇大了輕與重，來推動他自己立功異域的大業。例如黃紀男先生在葛氏的影響下，和幾個朋友私下成立了一個以黃本人為主席的「台灣青年同盟」，每週聚談時政。然後黃氏本人就以這個小團體主席的身份寫下英文請願書，於1946年6月交給葛超智轉呈美國政府以及聯合國，主張通過公民投票來達成台灣獨立（因此，他多年來以台獨運動的先知先覺自豪，因為直到二二八事件之前，連廖文毅兄弟都還沒有主張台灣獨立）。熱心過度的葛超智誇張了這些小團體的實力和能力，而且他的誇張顯然最後被國務院的專業人員看穿了[15]。此事後面還要再另外討論。

一個荒唐有趣的書中例子可以說明這位大美國主義者的一廂情願。

有兩個加拿大護士在屏東鎮上，碰上了二二八事件。她們事後向葛超智描述所聞所見：地方領袖用裝有擴音機的卡車來通知人們開會討論事情。雖然該地區並無美國人居住，那擴音機播放的竟是美國的國歌《星條旗》。由此項見聞，葛氏斷然結論如下：

> 從這項事實，我們可看出台灣人民已下定決心，依循

---

15 國務院否定黃紀男等人的實力，除了表現在葛超智離開國務院之外，也可見於其巡迴大使與黃紀男先生的一席談，前引黃書，頁262-264。

> 「純美國式」的方式來開鄉鎮會議。各地人民都深信，美國已經準備好要來支持他們所曾熱切宣傳的民主政體。（頁274）

　　從這樣一首歌，葛氏營造出來的潛台詞就是：大多數的台灣人都嚮往美國的自由民主，願意被託管；而他們為了反對中國統治，不惜對中國一戰。美國既然在全球宣傳自由民主，當然應當全力支持這些仰慕美國、效法美國的革命者。與此潛台詞相呼應，他也不止一次在書中主張，二戰的真正的戰勝者美國，應當擁有權利處分像台灣這樣的戰利品，開羅宣言的承諾也好，中國所付出的犧牲也好，都不值得考慮。（此所以他才被美國國務院官員貼上「帝國主義者」的標籤）

　　其次，他對中國人的強烈歧視，使得他在書中造謠造出了一些違反常識的話。

　　當時（1940年代）中國確實相當落後。但是僅僅從常識也應該知道，中國有少數優秀的學校，也培養了一些出色的人才。在葛氏筆下，所有的中國派來台灣接收的官員，都是一些不學無術的，只知搜刮的高級乞丐。最突出的例子是他對於嚴家淦的一段描述。

> 有一天，嚴家淦居然坦白告訴我說，他對於目前通貨膨脹的解決辦法，覺得簡單極了，「多印些鈔票」。（頁140）

　　嚴家淦先生不只出身書香世家，畢業於有名的上海聖約翰大學，而且已經在福建省政府作過5年財政廳長。他會不知道，多

印鈔票絕對解決不了通貨膨脹嗎？其次，中國人從孔老夫子時代就熟悉的為官之道，「謹言慎行」才能夠「祿在其中」。副領事先生和嚴家淦處長有什麼過命交情，能夠讓出身世家的嚴處長推心置腹，自曝其醜？

如果嚴家淦這人的IQ與EQ如此低下，如果他的經濟頭腦和政治頭腦都如此不堪，他怎麼能夠以財經官僚的專業一路爬上去，一直做到行政院長、副總統和總統？台灣那麼足以傲人的，居東亞四小龍之首的經濟奇跡，也只是傻人傻福而已？李國鼎先生[16]口述歷史，縷述嚴氏任財政部長時的政策（多方努力，達成收支平衡，為後來起飛奠基），也絕無大印鈔票之說。葛超智只能是故意編製謊言，抹黑中國人和中國政府。他重視日本而對中國人極端歧視，根本無法想像台灣的經濟在中國人管理之下居然也會大大飛躍，於是他造了這樣一個在他看來不可能被戳穿的謠。

崇敬葛超智的朋友們可能依然拒絕相信葛朝智會故意說謊。容我再信手拈來一個葛氏說謊的例子。早在二二八事件發生之前，他就告訴被他啟蒙的黃紀男先生：台灣人已有兩派人士主張獨立，並且指名道姓，名律師陳逸松領導「託管派」[17]。葛氏此話不可能不是說謊。

二二八事件的開始幾天，時任國民參政員的陳逸松先生是二二八事件處理委員會裡的重要人物。如果他真是託管派的領導人，自然應當藉此良機在處委會內外，多多散佈「託管」的主張，以促成其實現。然而現在已經可以看到有關事件經過的種種記述

16　康綠島，《李國鼎口述歷史》（台北：卓越文化，1993），頁196。
17　葛氏告訴黃氏陳逸松領導「託管派」，見前引黃書，頁139。

和回憶，完全沒有這樣的說法。當然沒有，也不會有，因為陳氏初光復時，熱心組織台灣的三民主義青年團，根本是個當時有名的「祖國派」。在二戰時期，他還偷偷擁有一本孫中山全集與一張中華民國國歌的唱片[18]（他當然知道，戰時這是可以加罪坐牢的行為）。如果說陳逸松領導託管派，有什麼第一手資料提到過陳氏的任何託管活動，或者他的託管旗下還有什麼夥伴或者追隨者？幾年前，筆者在美國休士頓曾經有機會向陳老的遺孀請教此事。老夫人堅決否認。她說陳老當年與美國領事館根本很少來往。

　　還有更強烈的證據說明，陳逸松不可能是什麼託管派的領導人。1972年，陳氏得到邱永漢先生之助，得以離開台灣。幾個兒女都已經在美國求學或者定居，如果他真是個主張託管台灣的人，豈不正好可以順勢留在美國，加盟（憑他的資歷，或者竟可以領導）那時新起不久的美國台獨運動；他卻跑去大陸做了兩屆人大常委和政協常委。這證實了他確實是個「祖國派」。陳逸松先生那時並不是去投奔他發達了的老朋友。不要忘記，那時中國大陸的文革尚未結束，老幹部（更不用說本來就遠在權力核心之外的台籍幹部）受迫害乃是常態。他交情最好的老共產黨員蘇新，那時正戴著「叛徒」的帽子在河南的一所幹校勞動改造；後來反倒多少是因為陳氏才得以停止勞改[19]，回到北京。

　　葛超智書中所述，不準確的太多了。例如他提到當時的名人，茶商同業公會主席兼報紙負責人王添燈先生，竟說他也是律師（頁207，208）。這些都需要另文澄清。不過，談葛超智此人，

18　林忠勝撰述，《陳逸松回憶錄》（台北：前衛出版社，1994），頁297。

19　蘇新，《未歸的台共鬥魂》（台北：時報文化出版，1993），頁253、348。

不能不談他為何被陳儀驅逐。因為這可能牽涉到對於二二八事件的深入的、或者也是比較正確的評價。

在他這本書中，根本避而不提他自己被驅逐；當然也就沒有觸及他自己為何被驅逐。黃紀男的《夢迴錄》說明，陳儀驅逐葛超智的理由是「在台灣宣導和唆使台灣託管以及台灣獨立」[20]；黃還為此叫屈，因為他覺得葛超智並未教唆煽動云云。但是，黃氏自己也說，葛超智本人基於美國利益，原則上贊成台灣付諸託管，而且基於其對蔣氏政權獨裁、腐化之鄙夷，以及對台灣人的認識和同情，基本上贊成台灣獨立。試想一個外國外交官如果在夏威夷對本地人說「我基本上贊成夏威夷獨立」，即使別的話一字不說，對美國政府而言，這已經是「宣導和唆使」了。黃紀男為葛超智叫屈，是叫得太天真了。

更具體細究葛超智被盟邦中華民國驅逐的罪狀，黃氏自己在口述回憶裡就提到兩件事。在事件處理委員會開會時，正在台電任職的黃氏每天奉課長之命去中山堂會場旁聽，同時他也每天應葛超智之囑，向葛超智轉述他在處委會會場的所聞所見；副領事已經可以說是在用中華民國國民黃氏做間諜，刺探消息了。第二件事更加無可辯駁。葛超智對黃紀男說：「台灣人一定會被（當時的省參議會議長）黃朝琴出賣。」哪一個國家作為地主國，能夠容忍外國外交官做出這樣明顯的挑撥離間[21]？當中華民國外交官陸以正因為投書美國報紙而被美國政府驅逐時，他投書內容只是原則上做出抗議，遠遠達不到這樣的挑撥程度，就被驅逐了。

---

20 提到葛超智「贊成台獨」見黃書，頁163。另外，在頁138，提到葛超智晚年不復熱心台獨。

21 黃氏在處委會開會期間每天向葛超智轉述開會情形，以及葛副領事向黃氏批評黃朝琴議長，均見黃書，頁154。

此外，還有一個嚴肅的思考：在二二八事件發生之前的那一年裡，葛氏對人談起陳儀和他的政府，是不是也使用了同樣的污蔑、歪曲和誇大呢？他並未提到。從1945到1965出此書時的20年之中，沒有任何事情改變了他對陳儀及其長官公署的看法與說法。因此，我們今日有理由相信，葛超智在1946年對他四周的台灣人，經常用（他們熟悉的）日語散佈他對陳儀當局的污蔑、歪曲和誇大，早已逾越了正常的外交行為規範。那時除了獨強美國之外，世界各地面臨戰後絕大的經濟困難，隨時可能招致社會動盪，哪一個政府，心力交困之中受得了這樣的污蔑、歪曲和誇大？

這樣看來，台灣的陳儀政府是不是早該通過正式的外交手段，將他驅逐出境？在書中，葛超智自己提到一件事。3月8日平亂的國軍登陸台灣，美國駐台領事館竟然打算撤僑（頁306、314）。葛超智向南京美國大使館發出的撤僑請求，毫無必要，當然被駁回。這撤僑請求是不是坐實了他（也許和他的美國新聞處同事一起）做賊心虛？鈴木茂夫的一本紀實文學，對於葛氏的這個側面，描繪得十分傳神[22]。王育德先生的追述[23]，更具體地提到，那時葛超智副領事「本身都打算逃亡了」。世界第一強國的外交官打算逃亡？這不是心中有鬼、做賊心虛，是什麼？

如果陳儀驅逐葛超智是對的、合情合理的，一個更重要的問題自然浮現。葛超智這個人對於二二八事件，以及事件造成的慘痛犧牲，究竟該負多少責任？

他的責任主要並不在於他在事件過程中找黃紀男探聽處委

---

22 鈴木茂夫，《台灣處分──一九四五》，陳千武譯（台中：晨星出版社，2003），頁256。

23 王育德，《王育德自傳》，吳瑞雲譯（台北：前衛出版社，2002），頁266-267。

會情況，以及他本人到處觀察甚至於照相，也不在於他曾經給一些本地朋友提供緊急避難，而**首先在於事件之前那一年他的言行，可能發生的影響。**

　　葛氏已經儘量避免授人以柄。但是，一個世界第一強國的副領事，民主大國的外交官，一開口自然有份量。他又在台北教過三年書，在講究尊師重道的東方傳統社會，他的話語對於台北一些血氣方剛的知識青年，更具有若干權威性。直接間接聽到了葛副領事的這些污蔑、歪曲和誇大的話，這些青年信以為真，心中會醞釀些什麼樣的反應甚至於行動？例如他說（頁150）他親自接觸到的上海的闊人「顯然認為陳儀已經據台夠久了，早已搜盡了油水，他們擔心陳儀再留在台灣的話，台灣的全部經濟會遭致無法補救的創傷」。台灣經濟正在困難之中，熱血青年聽到他這種話以及其他種種抹黑，哪怕只是經人轉述，能不油然而起「保家衛鄉，捨身取義」之想？今日回顧，1947年3月，至少台北地區所流的血，正有相當大的比例出自許多熱情澎湃，而認識不足，卻自詡替天行道的學生青年。

　　葛超智值得追究的還可以遠不止此。有足夠的跡象讓人懷疑，台灣各地菁英從人間「蒸發」的悲劇有可能來自葛氏的播弄。這將是筆者另一篇文章的內容。

　　萬里覓封侯，功名命裡求。葛超智未能在東亞外交上大顯身手，一遂封侯之願。檢討起來，主要是時運不濟。當然，他的教育背景，不免影響了他的格局；不懂中文也吃了點虧。但他鍥而不捨，在1949年繼續向國務院上條陳，也繼續以台灣通的身分向報刊投稿，主張在台灣成立一個以台灣漢人為主的傀儡政府。他強調這一切都是基於美國利益，但是他的進言依然未得到美國當局具體採納。次年韓戰爆發，美蘇冷戰突然轉熱。美國總統杜魯

門決定改弦易轍，支持蔣介石作爲一股牽制新成立的社會主義中國的力量。葛超智的把蔣介石換掉的建議，自此被束之高閣。如果沒有韓戰，美國已經在台灣培養吳國楨與孫立人作爲過渡，蔣氏父子對於吳孫兩人投鼠忌器，他的主張說不定也就有機會漸漸得到實現。

　　葛超智晚年的一些「轉變」，從這樣的角度看來，也就不足爲奇。被他啓蒙的黃紀男先生說，葛氏「對台獨不似當年熱衷，也無意介入島內任何政治運動」。台獨的聲勢正在高漲，林衡哲醫師所謂的「我們台灣人子子孫孫將永遠感激著爲永恆的台灣人民之友」，怎麼晚節不保，不愛台灣了？

　　說穿了有三個主要原因。首先，他垂垂老矣，在輪椅上衰敗地走向人生終點；引起過他勃勃野心的國務院的官位和影響美國外交政策的成就感，都不再具有多大意義。其次，他所主張的是（通過聯合國，交由美國）託管，「獨立」一詞原只是誘因或者口惠；眞讓台灣獨立了，美國得到的利益比美國託管台灣要小得多，面對的麻煩和風險卻不小，而且可能相當長遠。葛超智即使尚未老邁，也可能要打退堂鼓。

　　更重要的是中美相對國力的改變。1990年的中國已經不是1950、60年代的中國，雖然各方面都還遠遠不是美國的對手，畢竟有了兩彈一星，又由於開放給世界各國投資，也在東亞重新建立起來了一些影響力。二戰結束時，葛超智可以堅持台灣應當被視爲美國的戰利品；韓戰前，他可以鼓吹託管；乃至於1965年出版《被出賣的台灣》的時候，他還可以贊助台灣獨立運動；因爲這些主意實行起來，不用付甚麼代價。1990年以後，情況完全不同。現在美國要把台灣當作美國的戰利品，恐怕必須付出可觀的美國子弟鮮血爲代價，熱愛美國和美國人的美國小班超，儘管初

衷不改，權衡輕重之後，當然也就不那麼熱衷台灣獨立了。

三、葛超智這本書

翻開《被出賣的台灣》，有一條提倡、鼓吹台灣人獨立於中國之外的主線。為了闡明這一條主線，葛超智不惜說謊也不妨。他的目的是他本人立功異域，以及擴大他眼中的（未必符合國務院決策者眼中的）美國的利益。

他建議由聯合國託管台灣。其時世界獨強的美國，控制了整個太平洋，實質上將是「美國管轄」；所謂「聯合國託管」，只是包裝，豈能掩蓋小班超「勤遠略」的帝國主義的本質？此所以美國國務院當年未便輕易採納他的建議。將近20年後，他寫此書強調台灣的民族主義向來有之。（所以，把台灣和大陸分開，只是順水推舟，並非對盟邦不義）他通過此書告訴美國讀者下面幾件事：

1. 台灣人自清朝便想獨立，只是未遂而已。他在導言裡，描述清朝（頁33）在台灣「兩個世紀無效率及暴虐的統治」：

> 因此產生了當地台灣人憤慨的傳統，並且醞釀出對大陸當局的敵視心理。暴動和流產的獨立運動時常發生，以致……「三年一小反；五年一大亂」，十九世紀就有卅次以上的暴動

「小反」根本談不上什麼「獨立運動」，其理易明。「大亂」如林爽文之亂、朱一貴之亂等等，文獻斑斑可考，前期的大部分與明鄭留下來的以「反清復明」為宗旨的（如天地會之類）秘密

團體有關，後期則常來自對地方官吏劣政的反抗。沒有一個是以台灣「獨立」（於中國之外）爲號召的。**哪有一個明文記載的「流產的獨立運動」**？[24]

2.經過日本人的多年統治，台灣人本來也不怎麼歡迎祖國。

例如葛超智提到光復時的慶祝，認爲慶祝光復的牌樓，不是台灣人搭建的：

> 中國兵在城裡的主要道路上蓋起勝利的拱門（牌樓），他們從附近人家的果園取下樹幹枝葉來做框架和裝飾品（頁99）

中國軍隊眞要搭蓋牌樓，技術上既不熟練，恐怕也沒有這一筆經費。更重要的是，這樣做實在違反華人社會的習慣。眞這樣做了，一定會傳爲奇談，被人記載下來。

親綠的台灣史學者出的一本台灣史[25]記載分明，歡迎國軍慶

---

24 翁仕傑，《台灣民變的轉型》（台北：自立晚報，1994），頁46-52。見書中表一，引自劉妮玲《清代民變研究》頁110-118。 這是台灣歷史的基本常識。即使強烈主張台灣獨立的人士也不否認。例如呂秀蓮副總統在楊青矗《台詩三百首》序中也說：「……反清復明之語，像夢囈一般虛傳二百多年，因缺乏台灣的主體性，……大小革命130多次，因無法凝聚力量而告失敗……甚至日據時代余清芳起來革命，武裝抗日，仍然執「大明慈悲國大元帥」旗幟。戰前知識分子在日人異族統治下，期盼祖國能爲其出一口氣，都有虛幻的祖國夢，……」葛超智歪曲基本台灣史的常識，硬要製造「台灣民族主義古已有之」的淵源，竟然能夠得到美國名校系主任不假分辨地稱許，必須從葛氏出書的時間點來理解。

25 李筱峰、林呈蓉編著，《台灣史》（台北：華立圖書，2003），頁232、234。

祝光復的牌樓，是台灣人自動搭建的：

> 本土金融業前驅陳忻所發起，結合了林獻堂、葉榮鐘
> 等（日治時代的）民族運動人士組成「歡迎國民政府籌
> 備會」，在各地建造歡迎的牌樓，自台北各都市以至鄉
> 下的各街巷，歡迎用的美麗彩門。

民間除了歡迎團體，還有個人出資建牌樓慶祝光復、歡迎祖
國的紀錄：例如，上述同一本書便提到花蓮名醫張七郎建了這樣
一座。此外，耆老的口述歷史[26]也留下了詳細回憶如下：

> 日本戰敗，祖國的人即將來到台灣時，台灣人是真心
> 的歡迎，期待又期待。有一個包商叫許清榮（現住高雄）
> 自己耗資五萬多元，在台中火車站前搭一個很大的歡迎
> 門（牌樓）。

當時人在台灣的葛超智，日語流利，自然會知道入目到處都
是的牌樓，是誰搭建起來的，居然推到中國兵身上，當然是欺負
他的美國讀者好騙。今日台灣讀者貿然接受了這樣的謊言，當年
連歡迎國軍的牌樓都不是我們自己建的，當然就樂於把「光復」
一詞改為「終戰」了。

3.二二八事件後期，國府軍隊和情治機關殺戮百姓，比南京

---

26 中央研究院近代史研究口述歷史編輯委員會編，《二二八事件專
號》，張深鑐先生訪問記（台北：中央研究院近代史研究所，1993），
頁211。

大屠殺更糟（頁294）。

葛氏對於台灣人死亡的估計總數是5000以上，若包含後來（1964以前）的白色恐怖可能可以達到兩萬（頁303）。葛氏這些數字可能誇大了多少倍，將是我另一篇文章的內容。即使以五千到兩萬計，比起南京大屠殺，也低了一個數量級有餘。葛超智的用心，昭然可見。

4.台灣人一直仰慕我們美國的軍力和自由民主，尤其是威爾遜總統的理想主義（頁67、86）和他在一次大戰時提出的「民族自決」口號。很多台灣人甚至祈禱著美國人能先把台灣佔領。二戰前台北的報紙報導美國新聞之多，僅次於日本本土的新聞。人們所關心包括美國大選（頁102）。「威爾遜總統提倡的少數民族自決原則，可以說是台灣自治運動的聖經。年輕的中學生在學校裡常常討論：菲律賓成為美國的一部分，實在是菲律賓人的一大幸福。」

戰時我們美國過於重視羅斯福總統對於開羅宣言的尊重，竟決定了將台灣這個重要戰利品交給中國。因此美國代表同盟國向台灣發出的種種宣傳與心戰資料，都拼命為中國說好話，美化了台灣人心目中的中國。所以有些台灣人熱烈歡迎光復，乃是由於被我們美國宣傳所誤導（頁66）。美國領事館和美國新聞處散發的書刊，在全世界宣揚美國革命贏得獨立自由的歷史，台灣人相信美國會支持他們的反抗。「美國所引導的同盟國，前不久才把台灣從殖民地奴役中解救出來，現在台灣人卻又要仰望美國在幫助他們逃離新的奴役集權了。」（頁227）結果呢，戰後中國取得台灣之後，既貪汙腐敗，又殘酷無情，對於藉二二八事件尋求改革的台灣人民，大肆屠殺，所用武器大部分來自我們美國（見頁288）。繼之以多年的白色恐怖。蔣經國已經在準備接班，而

其壓制島上的自由主義則不遺餘力。我們宣揚自由民主的美國不能對追求自由民主的台灣人坐視不救。

美國對不起台灣人民，背叛了台灣人民對美國的信賴（頁300）。這是葛超智全書的主旨。中文版書名中（以及在頁300）將betray一詞譯為「出賣」，也許不如譯為「背叛」較妥。

葛超智大大地誇張了1944-1947年台灣人對於美式民主的嚮往與追求。

受過高中教育、又住在大城市的年輕人，對於美國總統威爾遜的民族自決，有些憧憬，相信大約是事實。但是這只占全台灣人口的一小部分，不會超過5-10%。但是這一小部分人口，其年齡層恰巧也受到相當徹底的皇民化的灌輸，當時真正強烈親美的，恐怕遠不如葛氏所想像那麼多。回憶那個時期的文章以及描述那個時期的小說，數量相當大。其中有多少記述台灣人在第二次大戰時「祈禱美國人來佔領台灣」？如果真能找到（我還沒讀到過一篇），恐怕也是極其少數的例外吧。或者，說穿了，這只反映大美國主義者葛超智的妄自尊大而已。

受到日本人歧視的中學生，有些羨慕菲律賓人得到美國准許獨立。這應當也有些事實根據。然而，當時年齡和閱歷比較成熟的意見領袖，尤其在日本治下參與過自治運動的台灣知識分子，並不如此天真膚淺。倒不是說（1946年前後的）他們能夠預見獨立60年後的今日菲律賓政治經濟各方面並不高明，而是那時候的他們在此前（威爾遜主義被宣佈之後）的20、30年間，已經見到了威爾遜主義中所揭櫫的、理想的部分，在（包括列強和美國國內的）現實世界裡，受到了多少挫折與扭曲。近在海峽對岸，中國五四運動以及其未靖餘波，便起因于原來傾心於威爾遜主義的大批中國知識分子，在國際政治對待中國山東問題的醜惡現實面

前，突然憬悟。

那時的台灣知識分子，對外界事務很注意，也相當瞭解；彼此之間常有左和右的討論與辯論。即使是右傾的台灣知識分子如林獻堂等人，哪怕僅僅通過他們對中國大陸事務的關心，也知道威爾遜主義揭櫫的美麗願景，不見得符合國際現實。對於台灣知識分子中的左派如蘇新，整個威爾遜主義也不過就是資本主義世界爲了回應列寧的「世界革命」號召，所提出的對策，當然不堪民眾之信賴。不錯，台灣知識分子中的活躍人物，在面向日本政府放聲爭取地方自治權利的時候，可能言必稱威爾遜，引用日本政府不便輕易貶斥的「世界新思潮」。但若根據他們在戰術上樂於引用威爾遜總統，就說他們會祈禱美國來佔領台灣，葛超智未免太低估台灣知識分子的智慧和胸襟了。至今的資料，還找不到在二二八事件那一週，有哪一位有名望的台灣知識分子出來公開主張威爾遜的民族自決。連「無名小卒」黃紀男都沒有爲此挺身而出，也可以看出來葛超智之誇張了。

5. 台灣最基本的利益區別，就是台灣人與中國大陸人的敵對關係（頁131）。

葛超智用盡各種手段，在讀者心目中強調此種「敵對關係」。他的手段包括：

甲、描述許多兵士甚至低級軍官的搶掠行爲，卻完全不提陳儀政府不但三令五申禁止搶掠，甚至不惜用就地槍決[27]的「土」辦法來懲罰過止搶掠。陳儀並不像軍閥那樣擁有自己的軍隊。當他發現無法將駐台軍隊的軍紀弄好，他只能乘蔣介石內戰的需要，將這些軍紀上不合格的「賊仔兵」送回大陸去。葛氏單方面

27　張炎憲等，《淡水河域二二八》（台北：吳三連基金會，1996），頁44。

地描述搶掠，同時抹黑陳儀的人品，巧妙地「坐實」了台灣人與中國大陸人的敵對關係。

乙、誣衊大陸統治者來台掠奪本省的耕地。他說：「很清楚地，比較有效率的日本地主……將被孔、宋、蔣三家取而代之。因此民眾向行政長官請願，要求……讓台灣佃戶優先購買。」（頁245）

孔宋兩家當年主要是被人指責利用財經政策的內線消息和漏洞，實施五鬼搬運而肥己。從沒人說他們用佔有耕地剝削佃農的古老方式發財，蔣介石一家更從未以大地主身分著稱。三個人那時都在南京從政，怎麼會遠遠跨海跑來台灣買耕地？中共取得政權之後，也沒聽說揭發了這三大或者四大家族在大陸上擁有過多少耕地？再說，蔣家後來敗退來台灣，大權在手幾十年，擁有過一寸耕地嗎？

丙、歪曲1951年實施的三七五減租的背景。葛氏書中說「但事實上，日本人在戰前即已建立佃租管制和土地法院。1951年順利減少的苛刻田租是中國在1945年控制台灣以後才開始的。」（頁402）

陳儀信仰民生主義，並且基於這個信仰而推行國家社會主義，甚至主張將來要實施集體農場；這其實乃是他在台灣施政失敗的一個主要原因。給葛超智這樣顛倒黑白，同情佃農的陳儀倒變成幫助地主剝削佃農的了。

丁、惡意貶低1953年實施的耕者有其田，葛超智說：

> 但對成千的台灣人而言，由於這耕者有其田政策，降低了他們本已相當節儉的生活水準。許多人懷疑，這政策的用意是在摧毀成長中的中產階級基礎（1947年的領

導者皆出自此階級），而不在於幫助無田的農民。（頁
402）

　　葛超智還引述他以前學生給他的信：「百分之九十的台灣人
愈來愈窮。在這幾年中我失去了所有的田地……因此我們也無力
教育我們的子女了。」此說值得細加評論。
　　在土改中和土改後的台灣地主與佃農，其個人遭遇各有起伏
升沉。但是台灣土地改革之成功，乃是台灣經濟得以起飛的一大
因素。
　　台灣土改之所以順利，一部分是由於外來政權不受地方上的
地主勢力的牽制。二二八的血腥鎮壓的經驗和白色恐怖無所不
在，也使得地主們絕大部分都不敢抗拒和破壞土改。地主群的不
滿與怨恨，總體而言當然是事實。
　　可是台灣土改，作為經濟政策，其成功也是毋庸置疑。而這
卻是施行大農莊制度的美國的大部分人，包括葛超智，所不易體
會的。耕者有其田的實施，不只提高了農民的積極性和生產力，
也因而提高了他們對於各種商品的購買力。另一方面地主也被逼
著走向工商業化，至少不再把資金固定在土地上。此兩者都大大
有助於工商業。工商業興盛的結果是中產階級迅速擴大，而非（如
葛超智所說）被摧毀；從而使得台灣大多數人都得到相對平等的
受高等教育的機會，而非（如葛超智所說）失去教育機會；貧農
之子，可以讀到碩士、博士，考上律師甚至幹上總統。
　　葛超智見不及此，倒也罷了，竟還吹噓日本土地政策如何優
越，卻忘了美國佔領日本期間，對日本的最大貢獻，正是美國佔
領軍，作為外來政權，具有不受地主牽制的無上權力，在日本推
行土地改革（把耕地從地主手中轉交給小自耕農），得到極大的

成功（若照曾任美國駐日大使的哈佛教授賴世和的說法，遠比中國共產黨的土地改革成功得多）[28]。戰後日本經濟可以迅速脫胎換骨，只花了30年，不需死人，就差不多達到了當年死人無數還達不到的「大東亞共榮圈」的經貿目標；美國命令和指導之下完成的土改，正是一個重要原因。

菲律賓是另外一個極好的對照。菲國擁有豐富的天然資源，又已經建立了嫡傳的美式民主；大多數受過教育的人都通曉英語這個發展商業與科技的有力工具。當年幾乎人人都十分看好菲律賓的前途美景。結果幾十年下來的成績，十分有限。說穿了很簡單，窮苦農民沒有購買力，而有錢人把錢放在土地上最不花腦筋，也不用冒什麼（市場的以及技術開發的）風險。這樣不但培養不出競爭力，也建立不起來減少貪腐的誘因。未能實施土地改革乃是一個關鍵。卡拉蓉女士取得政權之勢如摧枯拉朽，結果仍然失敗於未能實施土改，因為她自己的家族就是一個大地主[29]。美國名記者James Fallows 提到一位菲律賓女士的深切感慨：「早知道你們美國會這樣幫助你們的敵人日本完成土地改革，我們在二次大戰時，就（不該組織遊擊隊幫你們打日本人，而）寧可（跟隨日本）做你們的敵人了。」[30]

連台獨大老黃昭堂博士也承認台灣土改對台灣經濟起飛的

---

28 Reischauer, E. O., *The United States and Japan*, 3rd Edition（1965）, pp. 280-282; 又見 William Manchester, *American Caesa:A Biography of Douglass MacArthur*, pp. 599-601.

29 James Fallows, *Looking at the Sun: The Rise of the New East Asian Economic and Political System*（Pantheon, 1994）, p. 256.

30 同上。

貢獻[31]。他並未學舌葛超智，把台灣1950年代土改政策視爲中國人剝削台灣人的基本矛盾。

四、台灣民族主義

所以葛超智就是在許許多多錯誤和謊言上，建立起台灣民族主義。

R. A. Scalapino 爲這本書寫的前言，傳神地點出了出版這本書的兩點作用：

1.「……台灣民族主義的發生當然是**自然發展**的，……但這民族主義的運動特別在台灣人的知識分子中激起迴響。」

人爲地堆砌錯誤和謊言，還能夠算是自然發展嗎？當然不能。可是不自然發展出來，又怎樣？一樣可以達到鼓吹的目的。通過像林衡哲、陳芳明那樣的，自己先被自己的眞誠所感動了的、出色的宣傳家，葛超智製造出來的台灣民族主義，這幾十年來確實已經征服了許許多多台灣的知識分子。這些知識分子再繼續發揮他們本身的影響力，爲新國家認同呼號、奔走，以至於陳水扁總統最近對外國記者聲稱「台灣人民自認爲台灣人而非中國人者，已經高達60%」了。陳總統本人也在多方努力，把這個數字繼續往上推拉；他罔顧民主代議政治的（左右相爭的）常態，竟然宣稱「台灣沒有左右問題，只有統獨問題。」便是一個將台灣民族主義置於最高優先的例子。

台灣民族主義發展到今天這樣的規模，葛超智此書發揮的作

---

31 黃昭堂，《台灣爆發力的秘密》（台北：前衛出版社，1991），頁66-72。

用極可能超過其他任何書籍。今年9月[32]有一位家庭主婦在報上發表短文〈誰跟你「我們」〉，自述剛剛讀完葛超智此書之後，對於中國人的憤怒，可見此書影響力之大。綠營學者陳儀深先生11月也發表了一篇文章，稱葛超智爲「台灣人的密友」[33]，據他說，由於某電視台對與此書的介紹，此書正在台灣熱銷。看來此書對於台灣民族主義的成長，還在繼續擴大其影響。

其實，葛超智對於台灣民族主義的人爲製造和播種，不只是通過他自己這本書而已。

他所通過的其他「工具」，還包括在道德勇氣上受到過無數人尊敬的彭明敏先生。彭氏1983年在台獨季刊上刊登了一篇他在世界台獨大會中的演講。文章裡便正式強調，今後台獨運動的最高理念乃是台灣民族主義，當時引起許多人的討論與爭議，今日則已經漸漸成爲台獨的主流思想。彭氏在回憶錄《自由的滋味》原序中感激葛氏爲「打出初稿，提供寶貴意見並核對一些事項」。有關二二八事件前的台灣的描述，彭書許多章節根本很明顯來自葛氏的《被出賣的台灣》（包括某些錯誤和謊言）。

此外，葛超智還通過他個人的職務交往，散佈他製造的台灣民族主義，證據確鑿的便是自稱被他啓蒙的黃紀男先生。等到葛氏這本書出版之後，通過日益眾多的留學生，其影響無遠弗屆。我的一位初中同學回憶，1967年離台留學，抵達美國第一件事便是到圖書館找這本書來讀，從此建立其政治傾向，效應之強大，可見一斑。3年之後，蔣經國遇刺，用來行刺的那把槍，就來自翻譯這本書的陳榮成先生。西諺筆勝於劍，信哉。

32　《台灣日報》，2007年9月28日。
33　《台灣日報》，2007年11月9日。

2.「台灣人民的自決，正與我們的價值觀和國家利益不謀而合，不僅如此，這本書應能刺激美國對台灣政策的深思。」

這應當才是葛超智這本書的原始目的。如本文開始時所提到，堂堂名校的系主任竟然「赤膊上陣」為他這本書大敲「美國對台灣政策」的邊鼓，豈是偶然？這本書出版的時間提供了足夠的線索。

且看在1964-1965這段時間，中美台三者發生了什麼大事？1964年10月中國引爆了第一個核子裝置，同年與法國建交，國際地位大大提升；經濟上也終於擺脫了3年所謂「自然災害」帶來的挫折。美國則陷入越戰的泥沼，難以自拔，開始一面增兵一面考慮如何才能承認現實世界裡的中國。台灣面對的則是賡續十幾年的，數量上占國民所得10%的美援即將（於1965年）停止，誰也不敢預料前有坦途。最明顯的指標便是聯合國創始會員兼安全理事中華民國的席位問題。1964年因為會費欠繳的危機，聯大採取不表決。次年，雖經美國大力協助，排除中華民國會籍的提案結果以47：47的比數，驚險過關。如果不是中華人民共和國的毛澤東主席翌年搞出一個文化大革命來，中國在聯合國的席位1966年一定易手。

在那時台灣眼看就會被統一的時代背景之下，美國外交界和國際政治學界急著探索，也不吝於製造，各種中美關係的可能性，尤其是如何處理台灣問題。中國要代表接近四分之一的世界人口進入國際舞台嗎？先滿足美國的預設條件，就台灣問題讓步吧！葛超智這本書鼓吹的是他所製造的台灣民族主義，對美國預設有利於美國的條件，大有幫助。此所以名校系主任願意為葛超智的書捧場，正好像彭明敏的《自由的滋味》出版時，能夠找到曾任美國駐日大使的哈佛大學教授賴世和寫一篇鼓吹台灣民族

主義的序，並不讓人奇怪。這兩本書的價值，都不在其學術性。

認清了1964-1965這個關鍵時刻「中國即將起來，台灣即將垮台」的時代背景，應當可以說，在聯合國中華民國代表團任職顧問的彭明敏先生應該也不是「恰巧」在那個時段發表他的〈台灣人民自救運動宣言〉（後來常被人簡稱爲〈台獨宣言〉）。筆者相信他是個自由主義者，也一直欽佩他爲了理想，不恤犧牲的勇氣，但是最近才恍然發現，他的陰暗面也遠甚于常人[34]，不免也要回過頭來，重新檢視彭氏當年冒險究竟有無其他動機。他自己提到他與台北的美國大使館人員時有來往，使館中設有頗詳盡的關於彭氏的檔案資料[35]。當然，40多年前的動機是否純潔，早已經不再重要，反正台灣民族主義今日看來已經成爲一種相當強烈的思想、信仰和力量了。

於是引入另外一個話題。葛超智這本書爲什麼能夠發揮這樣大的作用？

中文譯本的譯者序言，第一句話說得好：「美麗的政治神話抵擋不住滔滔雄辯的事實」。問題是，他所謂「滔滔雄辯的事實」，

---

34 林雙不，《安安靜靜台灣人》（台中：晨星出版社，2000），頁112-141。林雙不先生至今（2007年6月）還在熱心促進核四公投，實在不像個有心說謊之人。如果林氏書中所言屬實，則彭明敏先生行爲已經涉及嚴重道德缺陷，絕不能說只是性荷爾蒙分泌過多、引起行爲失控而已。我本人過去也十分敬重彭氏的道德勇氣，如今不能不對此重做評估。人們常常好奇彭氏脫逃的細節。筆者現在則對於另外一個問題更有興趣：如果他與兩名助手（魏廷朝、謝聰敏）沒有立刻被捕，〈宣言〉成功發佈之後，他原定的下一步棋是什麼？美國大使館人員在棋盤上的角色是什麼？

35 彭明敏文教基金會，《彭明敏看台灣》（台北：遠流出版公司，1994），頁41；彭明敏，《自由的滋味》（台北：台灣出版社，1986），頁92、114。

如本文所指出，其實是由許多錯誤和謊言堆砌起來的。那麼為什麼國民黨政府的政治神話竟抵擋不住葛超智的錯誤和謊言？

舉一個極簡單又具體的例子。葛超智在《被出賣的台灣》裡面至少五次提到陳儀有個日本情婦（頁79、80、95、151、329）。其實那是陳儀的夫人。此乃當時普通台灣人都知道的事[36]，身為副領事而且日語流利的葛超智不可能不知道。試想如果有一個號稱「台灣通」者，寫了一本介紹今日台灣的書，在書中說陳水扁有個情婦叫做吳淑珍，恐怕很少人會有興趣把他這本書讀完，更不可能相信書中所說的話；因為如此下流抹黑，書的可信度太差了，也足以砸爛該書作者的「台灣通」招牌。可是葛超智這本書，書中的下流抹黑，如前所述，遠不止此；卻多年來贏得許多人（包括優秀出色的知識分子與專業人士）的青睞和吹捧，是為了什麼緣故？

第一個原因是蔣氏父子的白色恐怖。蔣氏父子對台灣經濟起飛（任用得人）的功勞不容抹煞。但是白色恐怖的統治（除了直接受害者之外）造成的心靈扭曲和思想禁錮，影響既深且遠，是統治者集團一向漠視也感覺不到的。

白色恐怖之下，二二八事件的整個經過，包括有關陳儀種種，順理成章地變成一個大禁忌，誰也不敢談。禁忌到什麼程度？事件中無辜死難的郭章垣院長有個獨生女郭勝華女士。她就坦然對訪問她的記者承認，她對二二八事件的知識主要來自葛超智這本書[37]。受難者家屬尚且如此，本文開始所引述的，震撼過陳芳

---

36 張炎憲等，《台北都會二二八》，口述歷史A05（台北：吳三連基金會，1996），頁104便提到廖德雄隔了幾十年都還記得陳儀妻子是日本人，可見那是一般人的常識。

37 沈秀華、張文義採訪，《噶瑪蘭二二八》（台北：自立晚報，1994），

明先生的經驗，還會讓人意外嗎？統治者大概以為人民自我壓抑和自我封鎖造成的沉默，就說明問題不再存在。其實不然。記憶的傷口被封閉之後，如陳芳明所說，沉默變成一株毒藤在傷口底下蔓延，一旦得到葛超智的書來打開傷口，提供營養，毒藤立刻就爆發式的蔓延成為枝繁葉茂的串聯反抗。至於書的內容有多少真假，並不是人們關心的焦點。

　　第二個原因是大中國不爭氣，無意地和有意地，幫這本書的流行製造條件，也就為台灣民族主義的滋長，製造條件。中共多年來，一直以國共內戰的觀點來處理有關二二八事件的評價[38]。既然是國共內戰的一部分，當然要儘量抹黑醜化當初代表國民政府的，陳儀主持的行政長官公署。這樣一來，葛超智的抹黑醜化正是得其所哉，在大中國的宣傳機器掩護之下，數十年來不需要擔心被戳穿。等到1987年全國和浙閩的政協聯合出書為陳儀平反，可說是亡羊補牢，為時已晚；被葛超智書先入為主的台灣人（如陳芳明[39]、吳錦發[40]）已經拒絕相信，甚至於感覺傷口抹鹽，彷彿再次受到傷害。

五、結語

（續）

頁36。

38 例如上海辭書出版社1979年版的辭海卷上，頁17，「二二八起義」條就說：「3月8日起，在全省進行大逮捕大屠殺，群眾被屠殺大三萬餘人。」，比陳水扁總統所說的數字，還高出了將近一倍。

39 陳芳明，《台灣人的歷史與意識》（台北：敦理出版社，1988），頁189。

40 吳錦發，《做一個新台灣人》（台北：前衛出版社，1989），頁82。

　　《被出賣的台灣》一書，只是葛氏將自己平時累積的剪報之類資料，包括許多道聽塗說，加上他自己編織的台灣民族主義的想像，拼湊而成，談不上什麼學術性。有關歷史和人物，充滿錯誤與謊言；對於歷史的詮釋，更不時流露含有政治用意的偏見。但是由於出版的時間、作者的身份、以及種種其他原因，40年來時勢推移，竟將此書變成台灣「綠營」人士視爲必讀經典。無心插柳柳成蔭，這本書竟爲宣揚台灣民族主義，立下大功。

　　葛超智多年主張台灣應由美國託管。他的主張並未得到實現。但是，他在副領事任內的侮蔑抹黑做法，則有可能影響到東亞格局。二二八事件之後一個月，被陳儀驅逐的葛超智副領事被調回南京的美國大使館，爲司徒雷登大使擬稿，向國務院報告事件之前因後果。又過了不到一個月（5月8日）國民政府駐美大使顧維鈞向美國國務卿馬歇爾要求十億美元貸款。短短兩週之後（5月22日）[41]，貸款要求便被美國國務院正式拒絕，對國民政府的打擊極大；從此各地軍事行動節節失利，可說已經把蔣介石的失敗註定了。那麼葛超智「及時」的報告，會不會正好是壓垮駱駝的最後一小綑稻草？就在1947年5月這時候，美國大體決定了（不只放棄蔣介石，也）轉而扶植戰敗國日本[42]。迄今60年，美日間的關係與東亞格局，大體上都來自這個決定。讀過葛氏書的人，多半都能體會到葛氏親日鄙華的心態，是則他這一小綑稻草，說不定還眞發揮了大作用。當然，這只是揣測。

---

41 *United States Relations with China: with special Reference to the Period 1944-1949*（A White Paper compiled by the U. S. Department of State in 1949, reprinted by Stanford University Press, 1967）, p. 364.

42 Hsu, C. Y. Immanuel, *The Rise of Modern China*（4th ed., New York: Oxford University Press, 1990）, p. 368.

　　二二八事件造成的慘烈犧牲，以及之後多年的白色恐怖，造成了許多台灣人的悲情心理和對於中華民國政府的敵視，也為葛氏這本書所製造、鼓吹的台灣民族主義，準備下最完美的土壤。台灣獨立運動得力於這本書極大。葛氏其人其書可以說是今日台灣民族主義的一個重要源頭。（當然，台灣民族主義的源頭絕不只這一個。例如史明先生，就與葛超智不可能有任何淵源。）

　　抗戰8年，付出極大代價，把中國民族主義打成一股龐大的思想、信仰和力量。如果中共1949年建立新民主主義的聯合政府之後，努力調動當時全國知識分子的積極性來全力促成中國之現代化，而能凜於條件之欠缺，不急於實現共產主義的烏托邦天國，庶幾避免掉以後種種重大失誤；則台灣民族主義面對大中國的龐大而且自然的民族主義的吸力，雖有小班超葛超智其人其書，也不會有機會茁長壯大。如今已經規模不小的台灣民族主義，本身業已具備生存發展（包括製造神話）的能力，遠遠超過葛超智原書宣傳的目標。如何避免大中國與小台灣的兩個民族主義激烈碰撞，才是今天真正的問題。

郭譽先，美國加州大學洛杉磯校區工程博士，退休工程師；曾在海內外報刊發表人文性質的文章。近年研究興趣在民族主義與兩岸問題。

色 戒 二 論

「色」，戒了沒？

近日全台最流行的運動之一，莫過於去電影院看一場「色｜戒」，而最發燒的話題之一，則非電影裡的三場床戲莫屬。但截至目前所見的大眾媒體報導，無非繚繞在主角是否假戲真作，僅在色情的「色」與「情」字的表面意義與娛樂效果上打轉，記者們著墨更多的不是湯唯的毛、梁朝偉的蛋，就是劉嘉玲的醋。對於隱藏在主視覺背後的歷史細節、角色人物、色的象徵意義和電影內容的建構刻畫與安排卻完全視而不見，真是辜負了金獅獎評審團犀利的慧眼與李安婆娑的淚眼。

這部電影能獲得金獅獎的原因，據評審的說法是在於它的完整與完美。但這說法在媒體上並沒有出現更進一步解釋說明，導致這部影片在兩岸三地上映以來出現兩極化反應，是藝術片還是A片，色得有沒有道理，雙方各有所執。根據影展評審的說法，本文在此提供幾點補充說明與讀者共享。

這部影片的結構、手法與要旨皆不等同於原著，需獨立於小說外另做分析。影片裡最外顯的結構是以王佳芝粉墨登台救中國到覺悟下台救情人為主軸，順序倒序拍攝手法交錯，穿引這條主軸所引出的枝繁末節。影片裡基本的完整結構就在於主軸與情節枝葉色色分明卻又連結縝密，故事轉折時運鏡如行雲流水，行於

當行，止於當止，發展完全。

除此之外，李安的「色｜戒」展現了更爲內斂緊密的結構，情節發展繫於一個以女主角內心頓悟爲主的軸心，在這一點上，李安鏡頭裡和張愛玲筆下的王佳芝有很大的不同。在影片裡，王一開始仰慕鄺裕民，在爲國爲民的歷史大洪流中隨波逐流，扮演了別人眼中理應如此的自己。在這種「完成大我」的集體意識氛圍下，王接受了「犧牲小我」的團體安排，用傳統女性視爲最珍貴的貞操換取傳統男性視爲最重要的青史留名，這段電影敘述的確建構了張愛玲筆下上海女性的虛榮。

但是，值得注意的是，李安在處理王佳芝最後放走易先生的情節，鏡頭裡的王佳芝表現更多的是因爲看清了眞實、明瞭了眞情，還有覺知了自我。電影「色｜戒」比原著增添了不少的人物對白與情節，成功地改造王佳芝的性格，重新詮釋與建構變動時代裡男女的無奈，並爲王最後的選擇做合理化的鋪陳。在小說的結局裡，王佳芝想要逃到親戚家裡，但是在電影中，王卻躊躇於華麗衣飾的櫥窗前，望見了玻璃內的紅男綠女，彷彿若有所悟，果決地回頭叫了車，最後選擇自投羅網。必須一提的是，她沒有服用老吳給的毒藥，她選擇的是死在易先生的手裡。將這最後的選擇對照先前的情節與對白，王先是恍惚地聽著鄺裕民與老吳對於她任務的爭論，再是眞情流露地訴說自己的女性心理與心事，老吳拂袖而去，鄺的肢體表白，就能清楚地明白這些安排乃是編導蓄意地用以鋪陳王佳芝最後的選擇。那選擇，是一種對於時代與人性、富貴和男女的頓悟。

李安的王佳芝最後看清了歷史洪流中多少眞假的政治術語，多少形色人物在華麗的理想裡包藏著私人的慾望與情緒。老曹與老易，爲的是私欲而加入了汪精衛政府，所以電影對白呈現

記者會上李安與湯唯（右）、王力宏（左）合影。

攝影／黃義書

了他們的貪心與恐懼。鄺裕民與老吳加入特務的動機為的是家恨，國仇不過是包裝這最初動機的美麗糖衣。李安的王佳芝最後明瞭了，不管是什麼結局，自己終將無處可逃。既然國民黨與汪精衛政府都不會放過她，那麼至少她能夠在最後選擇的是，死在一個在她臨終前仍相信是愛她的、在乎她的而會為她流淚的人的手裡，而不是落在那些利用她的人的手上。此外，她所選擇的死法，一如電影編導在她身上用心建構的聰慧，會讓愛她的人一輩子記得她，讓利用她的人奉她為烈士。

在眾位貴夫人的「方城之戰」中，嬉笑怒罵地對某位部長的地下情人品頭論足時，王佳芝開始覺察自己已經愛上了老易。比對著那些喧擾在外的，只剩王佳芝與易先生兩人聲音的世界，更顯出互動的肢體與交流的眼神才最能明白那個時代背景下的真實與真情。與老易的三場情慾戲裡，男女體位是一種精心設計的

手法。從第一場戲裡女主角被插入的體位由後往前移，繼之第二場從下、旋轉左右、交錯曲體到第三場戲裡從在上到潸然躺下，都象徵著王佳芝的性格、意識與命運的轉變：從被動到主動，從被告知到主動覺知，從自艾、沈溺到清醒，從被迫、屈服到做出屬於自己的抉擇，從無權、爭權、掌權到棄權，從愛國意識、個人意識到自我意識。場場緊扣軸心發展，少一分則太狷，多一分則太淫。結構、畫面、象徵與情節多方面複雜因素清楚而合理地連結，故為完整。

電影「色｜戒」與原著相似的是敘事手法，寫實間或意識流的風格。但不同是，李安的「色｜戒」在細節的畫面裡卻充斥著解構的美學特質：它細膩地著重邊緣，向挑戰傳統歷史與社會敘事中心前進，去解構一切既有的道德、歷史評論甚至是刻板的性別印象，顛覆了所有過去被視為「偉大的」、「愛國的」與「正確的」意識型態。繼之以「渺小的」、「無奈的」、「失敗的」、「諷刺的」與「可笑的」，重新建構與詮釋那段歷史，呈現出1930年代末與1940年代初香港與上海形形色色裡的真真假假。

男主角易先生為「汪偽政府」特務機關工作，是人人喊殺的「漢奸」。不論是在國民黨或是共產黨所建構的歷史裡，都背負著反派與邊緣角色的負面評價。但在影片中，不論是易先生在公共領域的辦公室牆上或是私領域住處，甚至連第一次交給王佳芝鑰匙的信封上，都一再反覆地出現孫文的照片，還有自由、平等、博愛的政治術語，這都顯示當時汪精衛政府仍十分在意自己在政治上正統的承繼。這些看來微不足道的畫面安排，加上電影角色不經意的對白裡透露，汪政府很可能劫走美國賣給國民黨的軍火但卻沒有讓日本帝國知道，強烈地暗示汪與日本合作的目的與動機有可能不是像表面賣國那樣的單純。在與易先生生活一段時間

後，敏感的王佳芝看到更多的是一個被日本人與中國人逼得兩面不是人，在妓院裡「比任何人都還懂娼妓」的邊緣人。隨著時勢，易先生逐漸地感受到自己將是歷史的失敗者，隨之而來的評論與定位已顧不得個人的真假動機與目的，性命與死後聲名足以堪慮。此時王佳芝以一首「天涯歌女」表示願意患難與共，過去一切堅信的國家與政治立場，以及工作和局勢所造成兩人在心理上的多疑與作戲頓時拋諸腦後。外在的形形色色與真真假假一線崩解，國家民族與政治立場更像是一場謊言，還不如個人私欲與情慾來得真切。電影以描繪大時代下「渺小的」、「無奈的」與「失敗的」男女主角命運，控訴國家政治的無情與假意，挑戰過去已建構的歷史裡那些堅定不移的信仰與意識。越是耽於表面與外在形色的幼稚與盲目，越是成了這部影片最想嘲笑、諷刺與顛覆的地方，將解構美學特質發揮得淋漓盡致。

除此之外，李安的王佳芝以女性「自覺、自決與自絕」的主體性，顛覆了張愛玲筆下的王佳芝。原著裡的王佳芝，演戲演到分不清楚台上與台下，在外在權勢與內在情慾的關係中，永遠是被動的輸家，就算到了生命的盡頭，仍舊無法清楚地明白自己與內心的情感。但電影裡的王佳芝則不然，隨著情勢發展，鏡頭裡呈現更多的是她冷眼的覺查，而不是虛榮的迷失。李安的王佳芝是勇敢果決而有覺查能力的，對照著她周圍的男男女女，在群體與集體中間更顯得不同。李安的王佳芝比張愛玲的王佳芝更具主動抉擇的權力，她不是原著裡要逃要躲的王佳芝，她最後自投羅網而直接招供，她臨死前的臉色更多的是從容的自如，而非迷惘的悲哀。電影裡的老易也不是原著裡的老易，沾沾自喜地面帶三分春色，想著王佳芝「生是他的人，死是他的鬼」，反而有著更多迷失與迷惘的悲戚神色，被迫地接受了王佳芝的選擇。

　　儘管在電影的開端，王佳芝是被時代、同儕和虛榮牽著走而身不由己，但是在即將終了之時，她卻搖身一變，成為一個能夠一句話就改寫所有可能的結局和掌握許多人物命運的角色。儘管如此，電影的結局拉長了鏡頭，像是暗示著這樣小我的權力在國家、社會與民族的「大石坑」前是如此渺小卑微。在歷史趨勢與個人命運的發展過程裡，不管是被迫、迷惘或自願，李安的王佳芝已經得到了自己最需要和最在意的真情，在不受任何他人的干擾下，最後選擇的不是決定生存的目標，而是死亡的意義。換一種角度來看，相較於電影裡其他主要人物的結局，王佳芝的自覺、自決與自絕恐怕還是最幸運且最具力量的。

　　李怡評論電影「色｜戒」的最大敗筆，在於鄺裕民所說的一句「引刀成一快，不負少年頭」，因為一個反汪精衛政府的「青年愛國知識分子」，怎麼會不知道這是汪精衛在清末刺殺滿清親王時所留下的名言，還去引用它？但如果明白了「色｜戒」的解構要素，就能欣賞編導的細心與用心。試問，在國民黨教育下的「現代知識分子」還有多少人知道，我們念茲在茲的國父遺囑是出於汪精衛之手？1930、1940年代的大學生，成天忙著用他們自以為的方式愛國、救國、刺殺、革命加戀愛（還有嫖妓），他們的知識程度在過去已建構的歷史中，被所謂「正確的」與「愛國的」意識美化了。其實影片裡那些青年幼稚與盲從的樣子，並不比當代18分的大學生好多少，鄺裕民的錯誤引用才是正常與真實現象。當鄺在台上與台下觀眾激情地喊著「中國不能亡！」，當影片裡的青年們假愛國之名行殺人之實，一個個因為自己個人的恩怨情仇戳刺著所謂的「漢奸」，卻又怎麼樣也殺不死的過程，一切過去我們以為偉大的、激情的、愛國的與理所當然的，都被當下我們覺得荒謬的、可笑的、諷刺的與不可理喻的所取代。影

片裡所要傳達的重要訊息之一，就是要觀眾仔細地思考、理性地挑戰過去我們所堅信的歷史，和我們現在所面對的時代，不要過於相信外在華麗的形色，不要耽於表面的聲色，更不要隨波逐流地立下判斷：誰是犬是馬？而誰愛國？誰又是漢奸？

　　近來媒體大幅地報導李安回台看色戒映後的觀眾反應，嚎啕地卸下心房大哭，後來又直說要為女主角湯唯找一個好婆家。這些的反應與舉動讓我將李安的「色｜戒」聯想、連結與比較更多的不是張愛玲的原著，而是小說《金瓶梅》。東吳弄珠客於崇禎本金瓶梅序中曾評，書中之情節描寫與情色手法，「蓋為世戒，非為世勸也」。又接著說，「讀《金瓶梅》而生憐憫心者，菩薩也；生畏懼心者，君子也；生歡喜心者，小人也；生效法心者，乃禽獸耳。」當觀眾、評論家與審查官員們為電影的「色」應不應該存在與刪減爭得面紅耳赤之際，或許更該明瞭的是編導在「戒」字所下的功夫與深意。在電影放映之前，相信李安心裡對於我們這個一直宣導與建構禮教的社會所能給予的反應懷著忐忑恐懼，怕的是這三場床戲會引起不是君子撻伐，就是禽獸效法。但苦於現在不能像蘭陵笑笑生一樣隱姓埋名，把導演的名字掛成台南哭哭生，加上票房、演員與觀眾諸多期待，一切讚美、指責、損失與獲利等無形壓力終歸落在他一人身上。台灣觀眾熱烈的反應與普遍的接受，解除了導演先前的壓力，淚，自然地婆娑而下。但電影畢竟和文學作品的表現方式有所不同，《金瓶梅》摧毀的是虛構人物潘金蓮、李瓶兒和春梅的形象，「色｜戒」卻要犧牲真實演員湯唯的色相，在禮教社會長大的李安自不免俗地想為她的終身負責。

　　不論是電影「色｜戒」還是小說《金瓶梅》，形色與情色僅是一種象徵的手法，而為世所戒才是作品的要旨。文評家嘗論《金

瓶梅》的藝術具有多重「明假暗眞」的層次，最初淺的像是，文本裡說的雖是北宋的故事，卻暗諷明末的社會，作品裡明顯地描寫色情，卻轉喻地暗指著人物間權力爭鬥和內心情緒衝突。這些手法乃希冀世人辨明眞假，爲達引以爲戒的文學目的。在這點上，李安理解「戒」的意義已經不同於張愛玲，反而更似笑笑生，因爲原著裡的「戒」字停留在「戒色」多於「世戒」的層面。李安的「色｜戒」不僅懂得張愛玲冷眼處理大時代下的男女關係，更進一層地揉合了傳統裡笑笑生的藝術層次與弄珠客所云的悲憫情懷，賦之與新意（義）。影片講的雖然是1930年代末1940年代初的香港和上海，卻不得不使現在的我們深思與戒愼。當你看著世間男男女女忙著眞眞假假的情愛，當身旁形形色色的人物忙著上台、下台與拆台，當媒體裡的政治人物忙著宣示愛台、互控賣台與互咒垮台，或許不禁要問，這些華麗的、表面的與膚淺的形色、景色與情色，歷史一再重演，而我們到底深以爲戒了沒？

陳相因，聖彼得堡大學碩士，劍橋大學博士。現職中央研究院中國文哲所助研究員。目前進行個人研究計畫〈安能辨雌雄？：二十世紀中俄女性作品裡「性別意識與國家認同」的建構與解構〉。主要著作有英文論文 *Conflicts between Patriarchal Morality and Female Sexuality in the Prose of Viktoriia Tokareva and Tie Ning*，俄文論文 'Тема смерти в поэзии Анны Ахматовой 1912-1922 и философия Лаоцзы: мягкое и слабое может побеждать крепкое и сильное'，和中文論文〈托卡列娃小說中兩性特質的演變〉。

在台北看李安色戒

宋家復

　　我本來不懂，看完電影「色｜戒」，突然覺得我可能懂了李安為何流淚！

　　9月26日晚上在台北的電視上看到李安哽咽落淚，據說是因為他太在乎台灣觀眾對於「色｜戒」一片的反應，所以幾天來身心壓力蓄積，一直到25日晚間台北首映之後，現場的李安感覺到和觀眾的心「緊」在一起，才如釋重負，一夕成眠。隔天在陽明山家人晚宴過後、媒體追問下真情流露，說自己實在並不在乎什麼威尼斯、紐約首映，台灣華人的反應才是他心裡最掛懷的，談話時李安含淚不能終語。

　　看著電視畫面，我當時其實不懂，李安為什麼這麼在乎台灣觀眾對「色｜戒」的反應？即使在乎，有到要泫然淚下的地步嗎？以李安過去的記錄來看，我不願懷疑他待人接物的誠意，所以落淚應該不是為了影片宣傳的戲外戲；要說他珍惜自己成長、家人聚居的寶島台灣，所以希望故鄉親友、識與不識的台灣同胞們都能喜歡自己的作品，那麼，「色｜戒」也不過是他眾多作品中的一部，怎麼過去沒有聽說過他為了「喜宴」、「飲食男女」、「理性與感性」、「斷背山」、「臥虎藏龍」向台灣落淚？這是怎麼回事？我看著電視即時新聞一再重複播放李安揮手無法繼續言

語的畫面，心裡無意識地疑惑著。

9月29日晚間親身看了「色｜戒」，走出戲院，我想我明白了李安為什麼那麼在乎台灣觀眾的觀感，因為，「色｜戒」實在是在台灣外省人第二代爭取自己在當今世上生存地位、不得不置之死地而後生的全力一擊！

在被「泛政治化」罵名加上亂棒打死之前，容我將這個片面的井底觀察分成三段來論證：第一是回到歷史，第二是擱置歷史，第三則是剝除歷史，於是只剩下赤裸裸的人與身體。

首先，「色｜戒」是一個回過頭去尋找歷史的題材。雖然原著是張愛玲的「小說」，但是誰也無法否認，這篇「小說」打從娘胎就帶著歷史的印記。如果沒有歷史的印記，小說一九七零年代最初在台灣發表的時候，就不會有為漢奸張目的筆戰（張系國vs.張愛玲）；如果沒有歷史的印記，龍應台和汪榮祖也不會為了丁默邨（片中易先生？）的死因究竟是不是「貪看湖上清風」，最近還在台灣《中國時報》上議論紛紛。

好的，即使歷史，或者更精確一點講，中國近代史，之於「色｜戒」的確很重要，但這又和台灣的外省第二代有什麼關係？

眾所周知，所謂在台灣的外省第二代，指的是1949年前後，隨著蔣介石國民政府逃遷到台灣的各省人士，他們彼此通婚、或者與台灣本地閩南或客家人結褵所孕育的下一代。在台灣現在流行的族群劃分法裡，李安就屬於這一個族群，他父親原籍江西。這群人並不具備任何生理上的特徵（例如膚色之類）可以一眼就和本地的閩客族群區分開來，過去主要是依靠語言（帶有南腔北調的國語亦即普通話）、聚落（例如住在眷村或公家宿舍裡）、身份證籍貫注記等等顯性標準來判定，但是隨著幾十年來台灣社會政治的變遷，這些顯性標準都已經逐漸失效。也就是說，當大

家的身分證上都只注明出生於台灣某地的時候，當絕大多數閩客人都能聽說普通話、或雜居在閩南村落或者客家莊裡的外省人也能操流利方言的時候，如何還能分得清誰是台灣人？誰是在台灣的外省人？所以，早有識者指出，台灣島內甚囂塵上的認同政治在現階段最真實的差別意義，乃是歷史記憶的發言之爭。如果說猶太人的傳承是依靠母系的宗教儀式實踐，台灣外省人的原罪則來自於擔負了父系中國近代歷史的記憶。自以為正統的台灣人想要父祖相傳下去的發展系譜是「原住民（南島語族→平埔族）→大海洋時代（荷葡）→明鄭→清領→日治→國民黨外來政權→台灣人出頭」，而外省人念念不忘的系列情節還是「中國歷朝→顛覆滿清→國民革命→軍閥割據→北伐→抗戰→剿匪→反攻大陸→中華民國在台灣」。（內地自然另有一套歷史記憶格套，此先不論。）1989年侯孝賢的電影「悲情城市」以二二八事件為核心，成功地將前一個台灣人發展系譜帶回到通俗歷史記憶的舞台中央，從此，後一個外省人的系列情節就在台灣的歷史文化教育場域裡節節敗退，晚近杜正勝領銜的去中國化政策不過是這個趨勢的下流氾濫而已。在這種主流文化氛圍易主的情況之下，在台灣，誰還敢去挑一個抗日戰爭時期愛國青年間諜暗殺漢奸的故事來拍成電影？或者，倒過來說，離開了上述台灣外省人的歷史記憶架構，在台灣，誰還會對「色｜戒」這樣深植於中國近代歷史之中的故事感興趣？

我猜，外省第二代出身的李安瞭解這點，甚至要刻意挑戰這點，所以才會對於「色｜戒」在台灣首映的觀眾反應如此在意。「色｜戒」在台灣放映所面臨的挑戰是三重的。第一，是要如何說服台灣人自我中心論者，「色｜戒」這樣一個「中國的」歷史故事跟他們不是絕對互斥的不相干。第二，李安必須要想盡辦法

青出於藍而勝於藍，如果只是重新訴諸台灣外省人受國民政府薰習的愛國主義史觀，講一個大時代裡熱血青年「獻身捐軀」的刻板故事，那麼李安海外飄零二十多年就真是白走一遭了！他一定得要告訴其他留在、或者出去又回到台灣的外省人一點新東西，但是這新東西又不能新到他的同胞們不能接受，這是難處。第三、威尼斯影展的大獎，證明了李安有辦法把「色｜戒」這樣一個「中國的」歷史故事說到洋人都感動的境界，如果反而回到故事所從出的歷史文化脈絡裡卻讓人不知所云，那豈不是當場落實了崇洋媚外、拍給洋人看的指控？這點，只怕也不是還不願意遺忘自己中國人背景的李安所能安心接受。

「色｜戒」在台灣是不是贏得了這些挑戰？還有待進一步觀察，不過李安至少可以得到安慰的，是到目前為止，票房還不錯。此外，民進黨政府的新聞局錦上添花的頒發獎金兩千萬給了李安（他又全數捐出），但是大小官員在祝賀之餘，針對「色｜戒」劇情題材上的一言不發是一個引人注意的空白：以台灣主體論機關報自許的《自由時報》，除了例行的影劇報導和一篇雞蛋裡挑骨頭的評論（說預告片中出現現代高樓）之外，也顯得異常的沉默。相對而言，國民黨總統參選人馬英九首映會後出來一番「讓我想起我父親那一代青年為國家奉獻、幾乎落淚」的談話，反而給了敵對陣營指責他非我族類（因為這種切身感想基本上只有外省第二代會有）、意圖復辟舊政權的說嘴機會。當然，馬英九並沒有多加說明自己落淚的思路，但我很好奇他怎麼面對李安光照下漏洞百出的中國近代愛國主義，那個在南郊採石場死刑執行過後鏡頭推移轉向的墨暗深淵，似乎就訴說著愛國主義的虛妄與不知伊于胡底。

就台灣之外，尤其是面對中國大陸的觀眾而言，為什麼要在

眾多中國近代史的題材中選擇上海與汪精衛政權呢？眞正的發生學理由當然得去問李安本人，但是這問題倒讓我想起十年前的一段往事。當時在美國讀書，系上來了一位北大歷史系出身的學弟，對寶島台灣的種種十分好奇，久了熟了成了朋友，有天不知怎麼談到「台灣主體性」的問題。即使一而再、再而三的說明歷史因果，他還是無法同情地瞭解爲什麼會有人想從祖國分裂出去自立門戶。（那是一個非常友善的談話過程，因爲兩人都沒有先行預設任何教條式主張，只是想要瞭解一個歷史現象的形成。）最後我只好冒著引喻失義的危險比方設問：要怎麼去理解近代史上東北滿州國、上海汪政權的建立呢？包含主其事者的高級知識分子，還有他們治下的順民百姓呢？說到這裡，歷史學家朋友才歎一口氣，承認對於這些忠奸之間的心理糾結的確比較缺乏研究，更別說深入理解。要是當年已經有了「色｜戒」，我也許就不必費那幾小時唇舌了。閒話這段往事，並不是說李安「色｜戒」有爲台灣主體論或任何其他形式「漢奸」張目的意思，而是說任何遺漏在既有歷史格套之外的邊緣現象（就像上海汪政權本來也不在台灣外省第二代以蔣介石爲主軸的歷史視野之中），隨著時空轉移，有時候反而可以拿來作爲突破自我中心藩籬的觸媒，不論這種自我中心是外省第二代、台灣主體論或其他種類。

不過，這倒不是說「色｜戒」中有對易先生之流的心路歷程多所著墨。相反的，「色｜戒」雖然是一個歷史性很強的故事，但是電影中對所有人物的生平、時空的細節、歷史事件的推演都沒有詳細交代。只看電影，誰兜得攏鄺裕民、王佳芝、易先生的出身背景？誰想到舊中國的香港上海建築、服飾、餐飲、生活，既洋化又傳統得如此之美？誰能解讀上海電影院裡「深閨疑雲」放映中插播的新東亞秩序宣導短片的脈絡意涵？李安有意識地

在特定歷史記憶架構中選擇了一個歷史故事，但是十分弔詭地，他賦予這個歷史故事新生命的方式卻是將所有歷史細節扁平化、背景化，或者更直接地說，李安是以擱置歷史的手法來回到歷史。請千萬不要誤會，這樣說不是指摘李安不懂歷史。他的寫實考古癖恐怕在當代導演中已經無出其右，所以他做了所有的功課，但是從不願意墮入職業歷史學家們好炫耀史料的毛病，他只是靜悄悄地在背景上這裡掛一點，那裡貼一塊，讓已經知道的人會心一笑，不知道但注意到的產生好奇。這個手法的最典型例子，我以為就是易先生那個秘密書房，裡面滿牆壁的孫文題字、國民黨政要合照、愛國主義條幅等等，余欲無言地讓「漢奸vs.愛國」的歷史漏洞及其想像既擱置又存在。

　　至於那些無論如何都對這些歷史線索視而不見的觀眾呢？至少還有剝除了所有歷史衣帽絲襪剩下的赤裸裸人體。這是李安的一步險著，一個台灣長大的外省第二代不僅要護持自己的歷史記憶，還要反省自己歷史記憶的漏洞，再進而創造性地改造這份歷史記憶，使之成為可與他者們（「台灣人」、大陸人、洋人）溝通的浮橋。於是身體的糾纏性愛成為所有人（角色與觀眾）的最大公分母，一場又一場的床戲所構成的特殊辯證過程。當易先生越是鑽入王佳芝的身體與心裡，由暴烈而溫柔，做為觀眾的我們也被震懾、閉氣、張嘴，而逐漸被拉扯出歷史長流之外，孤絕呆滯地存在，那一連串的纏綿時刻，是不需要台灣外省第二代的歷史背景就能夠（或者正得要拋棄這個包袱才能夠）被吸納進電影的實相效果(reality effect)裡面。相對於這三場床戲衝達的高潮，後來王佳芝的獻唱、縱敵、槍決，都只能算是反高潮的歷史交代罷了。

　　是的，歷史還是需要交代，尤其是對於李安這種現今歷史記

劇中湯唯飾演王佳芝一角。攝影／黃義書

憶多元社群裡的少數族裔而言，要不然他不會甘冒著明知道老外
能看懂一半就不錯的風險，還來拍這部「色｜戒」（10月初李安
在美國宣傳時一再毫不諱言的說明此點）。那洋人可能根本看不
懂的一半，我猜，就是李安向自己在台灣的父母、昆仲、同胞所
能做的一場歷史致意，所願盡的一點時代義務；至於世界上其他
華人的反應，在歷史走向與身體意願之間，究竟是連結的還是分

離的，還是像標題裡「色」、「戒」兩字之間那條分隔線般地藕斷絲連？還值得觀察。

宋家復，哈佛大學東亞系博士候選人，專攻十一世紀北宋中期史學發展，曾發表〈魔鬼就藏在細節中〉等文。

思想采風

阿畢雅的〈新新哲學〉

陸品妃

　　美國普林斯頓大學的哲學家阿畢雅教授，日前在紐約時報雜誌發表一篇題為〈新新哲學〉的文章[1]。開門不見山，阿畢雅一開始並不直接說明何謂新新哲學，而以兩個可能境況引人試作道德判斷，再逐步說明所謂的新新哲學。他如是問道：假設有一家公司的總裁要決定是否採取一項新的措施。該措施將增加公司收益，同時也對環境保育有利。總裁指出他並不關心環境保育，只在乎公司的收益要愈多愈好，盡其可能地大賺特賺，所以認為應該馬上開始實行這項新措施。在這種情形下，你會說總裁（意圖）**要**（intended）幫助環境保育嗎？第二個可能境況中，總裁的立場與第一個可能境況一樣，只是這回新的措施將會傷害環境。公司總裁仍然一點都不在乎環境保育，所以為了開始賺錢，他要立即施行新措施。如此，你會說總裁（意圖）**要**破壞環境嗎？

　　阿畢雅告訴我們，調查資料顯示，只有23%的人說，在第一個可能境況裡，總裁是要幫助環境保育的。而針對第二個可能境

1　Kwame Anthony Appiah, "The New New Philosophy," *The New York Times Magazine*（12/09/2007）. http://www.nytimes.com/indexes/2007/12/09/ magazine/index.html

況，整整有82%的人認爲，總裁是要破壞環境。他也告訴我們，光就此二不對稱的結果，當然有很多有趣的事情可以討論，但是其中最令人意外的也許在於這個研究是由哲學家主持，以哲學專業身分之名進行調查，而目的是爲了生產哲學！

這種生產方式是近來被稱爲「實驗哲學」（experimental philosophy）運動的一部分，大刺刺地挑戰了主流專業哲學家習慣的自我形象。阿畢雅活靈活現地爲讀者標舉主流哲學家工作的模式：哲學家不習慣於收集資料，不觀察、不作實驗、不測量、也不做算數。相反的，哲學家的方式是反思（reflect），喜歡的是「思想實驗」（thought experiments），並且關心的重點在**思想**。誠如哲學圈裡知名的英國亞里斯多德協會會長幾年前才說過的：「要有什麼事是能在一張安樂椅上完成的，哲學便是。」但事態有了變化，阿畢雅報導，現在終於有一些哲學家被說服，相信出去收集資料、看看世人想的究竟是什麼、對思想實驗有何意見，可以爲思考自古以來的哲學問題帶來新氣象。這個新生運動產生的效力，不僅可以在新興媒體如網頁、部落格等見到，老字號期刊乃至行之有年的哲學年會，也出現相關的特別主題。阿畢雅根據在學界多年的親身經驗指出，現在較常聽聞有些哲學系研究生爲了知道人類如何思考道德難題，開始學習解讀大腦的核磁共振攝影圖。此外，用圖表與問卷調查也可做哲學。前面提及關於一般人如何回應兩個可能境況的故事，正是美國教堂山北卡大學的哲學家Joshua Knobe所做的研究。我們或許認爲，比方說，一項行動是否應該被譴責（如上述總裁對新措施的決定），取決於這項行動是否爲行動者意圖要有的、是否爲有意的（intentional），而哲學家正職司意向性行動本性的研究。但是前述所謂的Knobe效應，卻導向一項一般會認爲奇怪的結論，那

就是，對我們而言，一項行動究竟是不是有意的，可能得等我們先決定了那項行動是好或是壞，才會清楚。

　　哲學家愛爭論，這點阿畢雅當然了然於胸。哲學家針對（研究主題的）事情是怎麼一回事（"what is" question）提出不同於彼此的對立解釋，因而引導出新一輪的實驗需求；繼而，哲學家需要提出新的論證，來解釋那些實驗到底展示了什麼意義。誠然如阿畢雅細道，意向性問題與語言之間的糾葛，或是Saul Kripke與羅素關於名稱如何指涉人與事物的大問題等，都可以有以實驗進行研究的部分。但是他同時也中肯指出，要清楚理解究竟發生什麼、事情是怎麼一回事，透過實驗而來的發現是不夠的。畢竟，就算有再多的發現，發現本身並不能解釋自己（發現本身不能等同解釋）。發現總是要被解釋，探究主題的來龍去脈才能清晰地被說明，而為了達成這樣的目的，就有賴那有力的工具——哲學 2 。

　　爭辯終究是要吵得漂亮、吵出結果、吵出真理。新一代的哲學家在得到阿畢雅的鼓勵後，或許可以放心地拾起實驗這項工具，而心胸寬大的專業哲學家有了阿畢雅的引介，容或也可將實驗產生的成果納入其思考的資料庫，那麼哲學擺脫與世界脫節的污名有望。在確認安樂椅所進行的哲學思辯仍然有用、以及如何有用的共識下，我們應該能夠預見，人類的文明進展在新新哲學的加入之後，可以走得既健康又長遠。

陸品妃：中央研究院人文社會科學研究中心博士後研究。

　2　例如仰賴思想用的工具如分析、綜和、推論、歸納、超驗、辯證等。

哲學家德沃金獲得2007年霍爾堡國際紀念獎

劉俊麟

　　目前任教於紐約大學、牛津大學與倫敦大學學院的美國哲學家德沃金，於2007年9月榮獲霍爾堡國際紀念獎（Holberg International Memorial Prize 2007）。霍爾堡國際紀念獎是挪威政府為了紀念挪威劇作家與文學作家路德維希・霍爾堡，在2003年所設立的獎項，以獎勵在藝術、人文、社會科學、法律與神學研究領域中有傑出成就與貢獻的學者[1]。之前的獲獎者包括了德國學者哈伯馬斯、以色列社會學家艾森斯塔特、法國思想家克莉斯蒂娃等。德沃金是獎項設立以來首位獲此殊榮的法律哲學家。

　　根據霍爾堡學術委員會的評語，「德沃金已發展出一套極具原創性與影響力的法律理論，他認為法律有其道德基礎，而且這種法律理論是經由某種特殊的方式，將抽象的哲學觀念與論證，連結到具體的日常法律、道德與政治關懷。」；「德沃金對20世紀兩個主要法律學派——法實證主義與自然法學派——之間難以解決的爭辯，提供了一個公允的解決之道。」不論德沃金是否真的「解決」

1　德沃金教授也因此獎項獲得大約75萬美元的獎金。霍爾堡紀念基金會同時邀請了幾位重要哲學家，針對德沃金的法律、道德與政治理論，舉辦向德沃金致敬的學術研討會。請詳閱網站內容：http://www.holbergprisen.no/HP_prisen/en_hp_2007_symposium.html

了兩個主要法律學派的爭議，他的法律理論至少有別於兩種學派，自成一家之言，而且其對於法律概念的詮釋也的確衝擊到一般人對於法律的看法。

「法律」對於一般人而言，會被認為就是一堆「規則」所組成的體系。例如，我們在路上看到交通號誌，如「禁止車速超過時速九十」，一般人只會認為這是一條命令規則；想用道德來證成這條規則是另外一回事，因為這與法律無關。法實證主義者如凱爾森（Hans Kelsen），即是採取這種法律即規則與命令的看法。他認為，法律與日常遵守的道德規範無關，法律只能被視為一種動態發展的產物，不同於相對上是屬於靜態的道德準則。所以，法律規則是一種因地或者因時制宜的結果，會隨著事態發展而有所變化。在國家憲法的授權之下，舉凡立法機關訂立的法律、法官的判決、行政體系行使權力的範圍等等，都會隨著事態的進展而有所不同。但是，道德原則卻不是這麼一回事。道德似乎是超越時空的規範原則，如「己所不欲，勿施於人」的道德原則，可隨時讓人們在面臨道德困境時給予指引，以便推導出應有的答案。因此，對於法實證主義者而言，法律與道德是兩種不同、有時甚至是相互對立的指導範疇。

德沃金對上述法實證主義的看法不以為然。他不認為法律與道德兩種指導範疇應該如此區分，因為這是誤解了法律與道德的關係。早在1970年代，德沃金在《認真對待權利》[2]一書中開始系統性地挑戰法實證主義的觀點。德沃金認為，法律其實是由規則與道德原則所組成的體系。特別在分析所謂的「艱難案件」（hard cases）時，德沃金發現「原則」與「價值」在法律詮釋（interpretation）活

2　Ronald Dworkin, *Taking Rights Seriously* （Cambridge : Harvard University Press, 1977）.

動中扮演了相當重要的角色。所以，對於德沃金而言，憲法本身其
實內涵了道德原則。至少在美國憲法中，「權利法案」其實深刻體
現了美國政體的道德視野。換言之，德沃金認為憲法不是單純地授
權給立法委員、法官以及其他行政官員與組織，僅僅要求他們遵循
條文上的字義規則來行事即可。因為條文上的字義規則的確需要進
行一番頗為複雜的意義詮釋，才有可能證成法律判決或者政府政
策。所以，德沃金認為我們會不可避免地將權利、平等或者自由等
「詮釋性概念」（interpretive concepts）置於道德架構中以供詮釋。
動態性的憲法，仍舊需要在有點靜態的道德秩序中來進行。

　　儘管德沃金主張法律判決的結果背後需要某種道德原則的支
持，而且，這種「支持」是需要詮釋的，但是，這並不表示法官可
以任意詮釋法律。德沃金在其重要代表作《法律帝國》[3]中，即進一
步清楚說明其法律哲學的中心概念——原則一貫性（integrity）——
來說明法律應有的詮釋方式。德沃金認為，因為憲法、其他法律以
及這些法律所欲保護的權利，在原始相關的法律文件中常常沒有清
楚的指示，以至於法官或者律師的法律判斷，也常常沒有一致的態
度。這使得個人或者國家重視的政治與道德價值，可能受到危害。
所以，德沃金認為，法官或者陪審團應該從相關尚未詮釋的法律文
件中，建構出最有可能、最有吸引力的原則，因為唯有這些原則才
能最佳說明法律文件或者相關決策的用意。一旦法官或者陪審團的
判決推翻了之前的判例，創造出新的判例，形成新的尚未被詮釋的
法律文件，對於德沃金而言，這其實彰顯了新的法律比起舊的法律
更能保障個人的權利與價值。新法律更能與美國政治社會重視的價

3　Ronald Dworkin, *Law's Empire*（Cambridge, MA.: Belknap Press,
　　1986）.

值產生一致性。德沃金於書中還進一步利用「連環小說」的比喻，
說明法官在創造法律所需顧及的一貫性與連續性[4]。當然，德沃金也
意識到在追求融貫性的法律詮釋過程中，即使是在那些有最佳詮釋
能力的人之間，對於深層的憲法原則也同樣可能產生合理的爭議。
但是，他不認為詮釋者就此應該陷入懷疑論。懷疑論者會認為沒有
哪個詮釋答案比另一個答案更為正確。德沃金認為，在法律裁量與
論證過程中，只要遵循原則一貫性，則必然會有「唯一正解」。法
官或者陪審團終究可以找到保障個人權利的判決結果。

　　一如霍爾堡學術委員會的評語，德沃金不會自滿於抽象的法律
哲學理論。他認為上述法律哲學的核心主張，可以延伸至實際具體
的政治與道德生活。在《生命的自主權》[5]、《自由的法》[6]、《至
上的美德》[7]等著作中，德沃金常常從一些極具爭議性的議題出發，
去證成一種平等主義式的自由主義理論，強調同等尊重與同等關懷
（equal respect and concern）的價值，而且，他也相當關心政治行動
或者政治制度是否真的有重視人類尊嚴的價值。例如，在美國社會
中，墮胎與安樂死是極具爭議性的議題，德沃金即主張應該讓自尊

4　德沃金運用「連環小說」的概念來說明法律應有的連續性與一貫
　　性，事實上不僅影響到法律學界，在文學界也有人對德沃金的作法
　　深感興趣。無怪乎在最近一篇關於德沃金的評論文章中，也認為德
　　沃金的筆法是一種文學式的筆法，有更增加其論證說服性的可能。
　　請參閱 Neil MacCormick, "Ronald Dworkin － Mr. Justice," *Times
　　Literary Supplemen*, Dec. 5, 2007.

5　Ronald Dworkin, *Life's Dominion*（New York: Knopf, 1993）.

6　Ronald Dworkin, *Freedom's Law*（New York: Oxford University Press,
　　1996）.

7　Ronald Dworkin, *Sovereign Virtue*（Cambridge, MA: Harvard
　　University Press, 2000）.

的個人來自由選擇是否該墮胎或者安樂死。

　　由此看來，德沃金是一個不甘於躲在象牙塔中純粹作學問的哲學家，他也想當個積極的公共知識份子，願意對於時下顯著的政治或者社會事件發表意見。例如，德沃金先前對於丹麥漫畫風波發表了捍衛言論自由的文章；美國911事件的相關問題也在德沃金新進著作——《民主可能嗎？》[8]中做了相當詳盡的發揮。德沃金警告說，當前布希政府所頒訂的政策與措施，已經嚴重侵害憲法價值，但是，他也驚訝這些令人懷疑的施政與法律竟然沒有引發學界或者一般美國人去發起應有的抗議行動。德沃金認為，儘管美國受到恐怖主義的威脅，自然會讓人特別注重國家安全或者愛國主義的論證，但是，這並不代表美國過往所珍視的政治價值，就該被犧牲。因為這種犧牲不僅可能不符正義，而且剛好落入恐怖份子的盤算。德沃金主張，在對抗恐怖主義的過程中，即便需要犧牲重要的政治價值，如人權價值，努力找到保障人權的可能方式同樣也不該被忽略，這才是美國所需要的愛國主義。

　　劉俊麟：中正大學哲學研究所博士班學生，目前研究興趣是當代共和主義與公共證成的關係。

8　Ronald Dworkin, *Is Democracy Possible?*（Princeton, N.J.: Princeton University Press, 2006）.

麥克・瓦瑟思考政治

陳瑋鴻

　　在這個泛政治化、或者避政治唯恐不及的年代，該如何**政治地**思考公眾生活？面對政治領域的紛亂、多元價值彼此間的齟齬，我們又如何採取一適當的姿態介入其間，以能更審慎卻不失熱情地採取政治行動？普林斯頓大學高等研究院教授及著名的左派刊物《異議》(*Dissent*)的主編——麥克・瓦瑟，出版其近30多年來的論文集：《政治思維》[1]，從中可以窺視一位雄辯滔滔、不以學術門派自限的政治哲學家，介入現實政治的身影。

　　瓦瑟一直是政治哲學界裡難以定位的思想家。他特立獨行的風格，是學界認知歸類的難題，例如當別人急著貼給他「社群主義者」的標籤時，他卻說社群主義本身並不具備實質的綱領，只不過是對自由主義的一種矯正的學說；而當他口口聲聲說「我們自由主義者」時，又大談一般自由主義者所亟欲避開的尷尬議題，包括群體身份、政治熱情、團結一致...等等；他也自居左派，然而當大部分左派人士把「反戰」視為神聖不可侵犯的象徵，他卻大聲疾呼，必須明辨義戰與不義之戰，並思索人道干預在目的與手段間的緊張性。如今，

1　Michael Walzer, *Thinking Politically: Essays in Political Theory* (New Haven: Yale University Press, 2007).

將他歷年的政治論文選編成冊，正爲檢視其多樣性思想提供了一條
捷徑。著名的評論家科許最近對瓦瑟此本論文集的書評：〈在自由
主義與左派之間〉，值得讀者參考[2]。

　　科許認爲，貫穿於瓦瑟思想裡，有一項主要的理論動機和政治
關懷：如何調解自由主義珍視個人自由、與左派──強調人的社會
屬性和文化多元主義信念──之間的緊張關係。在一篇著名的論文
〈自由主義與區分的藝術〉（1984）中，瓦瑟準確且生動地闡述了自
由主義的意涵：「自由主義是個樹立分界圍牆的世界，每一道牆都
創生一套新的自由。」政教之分早已是自由主義最爲人知的政治信
念，而瓦瑟特別點出國家與市場、教會與學校、王室和政府、公職
與財產、公與私領域的區別，其每一道牆都擴大了個人自由的領域，
這是自由主義爲我們現代政治社會所描繪出的圖景。相對於一般左
派人士，瓦瑟更加珍視自由主義所構築的成果。他認爲左派或馬克
思主義者，若無法共享自由主義對個人自由的重視，而僅單純將上
述「區分的藝術」所帶來的成果視爲是自由主義者的自私與自欺，
那麼左派所渴望的平等也可能喪失，例如宗教自由消除了政治和神
職人員的權力，使人能平等地爲自己的靈魂負責；學術自由造就了
人們在眞理面前的平等；私人或家庭生活的自由使得國家權力不得
進入，不分貴賤在私領域裡一概適用。對瓦瑟而言，自由與平等是
如影隨形的。

　　然而，作爲一位左派人士，瓦瑟又是如何違逆一般人認知的自
由主義呢？科許認爲瓦瑟將自由主義的價值融入左派政治之道，有
其二法：經濟上，調解自由市場與福利國家；價值原則上，奉自由

2　*The New York Sun*（December 12, 2007），可見：http://www.nysun.com/
　　article/67946

信念但濟之以道德相對主義[3]。前者關鍵在於國家的角色與功能上，瓦瑟不像自由主義者對國家的管理顧忌再三；相反，他認為在資本主義的社會中，自由市場的成敗皆可能侵入其它的生活領域，影響家庭、教育、宗教與政治領域中的相對獨立，並且剝奪窮人在各種領域的自由，此時自由主義的允諾也消失殆盡；因此，國家的管理恐怕不能是消極的，它必須維護各領域的獨立與自主。對此，科許詰難瓦瑟：矯治不正義的代價或許必須是擴大國家權力，然而國家權力的使用又是如何增益自由？人們又如何得知擴張國家權力到何種地步，同時不讓它反過來侵害個人自由？

　　另外，自由主義的價值原則在跨文化的對話上，瓦瑟從相對主義的前提出發，認為我們無法將任何文化所茁生出的價值信念視為普遍與客觀的道德標準。在〈客觀性與社會意義〉一文裡，他提出，任何社會的批判都端視於社會內部意義的詮釋而定，非能以外在的通則來進行涵蓋或約束；但在〈民族與普世〉中，他試圖提出另一種普遍主義，他稱為「不斷實踐的權利」（rights of reiteration），用以說明任何人權都依賴於人們在其所屬社會中不斷創新自身的善惡判準，而不受他人干涉，此處可能體現的普遍原則在於：每一個群體都共同追求其自我的主張。科許認為上述的道德原則看似價值中立，但事實上瓦瑟所強調的「道德動能」（moral agency）卻來自於非常特殊的哲學傳統：康德式的自主性，而瓦瑟也預設所有文化都

3　科許以「道德相對主義」言稱瓦瑟的立場，恐怕有待商榷。在 *Spheres of Justice* 的中文版序，瓦瑟明言：他為多元主義與平等的辯護，並不帶任何相對主義的色彩（《正義諸領域》，褚松燕譯，南京：譯林出版社）；另外，多元主義是否必然是道德相對論，中文的討論，可參見：江宜樺，〈價值相對主義的時代〉，《思想1：思想的求索》（台北：聯經出版公司，2006），頁1-16。

能趨向以「自我立法的個人」作為最終的價值基準。科許對此提出質疑：這中間，是否隱藏著以自身西方文明的特殊立場來看待其他的文化？更重要的是，會不會令其人道干預陷入進退維谷？瓦瑟的確擔憂人道干預可能會成為自由主義揮舞刀劍擴張其自由觀的結果，不過他對未來仍充滿樂觀。

　　科許對瓦瑟的定位是否準確，恐怕見仁見智，畢竟自由主義源遠流長，而當代也有諸種變異，至於何謂左派則有其地域與議題之別。另外，科許的評論是否適切，有待讀者進一步地思索。瓦瑟位居各項論戰烽火的前線，是其思想最迷人之處。這位異議者介入各種政治爭辯的熱情，使得他有別於營造大理論的哲學家，更能掌握現實政治的艱危；同時，因為他清晰的哲學思路，使得他能對紛雜的現實事務洞見觀瞻。早在20年前，當瓦瑟出版其《詮釋與社會批判》小書時，他希冀能思索出一條「社會批判」的進路，並在未來出版一本政治專論；轉眼間20年已過，或許我們可以在瓦瑟這些年來與現實政治的搏鬥中，從這位異議者如何思考政治獲得某些啟發。

　　陳瑋鴻：現就讀台灣大學政治研究所博士班。主要研究興趣包括當代政治哲學、政治理論、台灣政治論述。

致讀者

　　《思想》前一期以「解嚴以來：二十年目睹之台灣」為專輯；本期《思想》又邀請四位作者，針對「後解嚴的台灣文學」展開討論。論者會質疑：這份刊物為甚麼對「解嚴」如此喋喋不休？

　　我們所關心的，當然不是解嚴這個具體事件本身，而是這個社會一旦擺脫了威權政治所施加的束縛禁錮，前路操之在己，成敗得失要由自己負責了，其成果就格外值得理解和檢討。特別就思想、文化而言，了解解嚴前後的變化得失，更有助於彰顯台灣的思考主體，究竟具有多少思想資源與自我意識。

　　本期關於文學狀況的幾篇檢討，都明確指出，文學與解嚴的關係並不是簡單的創作自由問題。解嚴以前，台灣的文學意識之澎湃，已經預告了新的多元主體正在浮現；解嚴之後，社會的多元自覺與運動，更為這種意識提供了莫大的動力。解嚴前後，張錦忠先生所謂的「後浪新潮」自西方湧到，與島內自發的身份認同潮流匯合，一時之間構成了具有高度同質性的眾聲喧嘩。但是，喧嘩之後留下了甚麼樣的作品，幾位評論家的評價，似乎仍是期待多於肯定。

　　文學領域的經驗顯示，解嚴固然帶來了較為開放的氛圍，但即使加上外來觀念的刺激，還需要有社會的動能來支撐鼓動，才能共同構成文學的熱鬧局面。不過，即使局面已經成形，若是作家本身沒有能力善用局面，一個時代的文學成就還是有限。解嚴云云，對於文學的意義不會很大。

　　解嚴當然滿足了自由主義的長期期待，可是實情說來諷刺，在台灣，解嚴居然構成了自由主義的致命考驗：隨著解嚴，自由主義也就喪失了動力；而在中國大陸，雖然無所謂戒嚴解嚴，自由主義作為思潮也提前宣告式微。這個情況，本身便需要理解說明。「自由主義的處境與未來」筆談，在上一期發表四篇台灣與大陸學者的觀察分析之後，引起了海內外的矚目。本期繼續刊登同題另外五篇筆談文章，分別由大陸、香港及台灣學者執筆。有興趣的讀者，無妨將前期及本期的文章並觀，認識問題的全貌。中文自由主義的衰落，當然有外在肇因，不過其本身的體質羸弱、視野狹窄、與社會動態隔絕，也是必須承認的缺失。這個情況，是不是會隨著大家的相關討論增加而改善，只能拭目以待。無論如何，我們歡迎讀者加入這場筆談。

　　自然，解嚴並不是我們關切的唯一議題。論及本期的精彩文章，要請讀者注意「思想鉤沈」這個欄目裡面的四篇珠璣之作，各自把我們的視野向著意外的方向開展。台灣知識份子為甚麼不曉得許壽裳這個人物？台灣的咖啡豈是始自星巴克？自由主義者豈能不細讀嚴搏非先生所談的波蘭尼《大轉型》（即是唐諾先生筆下的博蘭尼《鉅變》）？而廖美小姐生動呈現的赫緒曼，為甚麼能夠出入於經濟發展、政治經濟學、政治思想、以及繪畫之間？（廖美提供赫緒曼的自畫像照片，把其人與其藝同時帶到讀者眼前。）這些話題與思路的出現，令《思想》所涵蓋的景觀超出了台灣的逼仄當下，眼界陡然寬敞、繁複、明亮了許多。

　　更有助於開闢新視野的作品，當推黃宗潔小姐對台灣動物書寫狀況的介紹。這個主題的重要性日增，可是相關的研究還很少。有此一篇在手，讀者可以掌握台灣動物寫作領域的狀況與得失，甚至於認識到所謂的「混和共同體」如何容納著各類人等與

動物、植物乃至於生態系統。一如「思想」通常侷限於人類，文學對這個共同體的重現與理解，顯然還有著嚴重限制。

　　本期《思想》還有兩篇有關二二八事件的重要文章，卻都不是直接談論當年那場事件，而是探討今天有關二二八的三種主要論述、以及針對葛超智《被出賣的台灣》這本大有影響的二二八見聞錄的批評。吳乃德先生一本一貫的關懷，檢討族群衝突論、國家暴力論、以及冷戰結構論三種關於二二八事件的詮釋。吳乃德文章的動人與儡人，正在於他為這個議題開拓了一個關鍵的道德面向。郭譽先生的書評或許不能說服每一位讀者，不過他所提出來的問題卻不能迴避。這兩篇文章性質迥異，卻都屬於一種「後設」性質的討論，即檢討我們如何理解與敘述二二八事件，是有其獨特的意義的。

　　最後，感謝余英時先生和高行健先生，兩位在華人學術與藝文領域廣受敬重的人物，願意在本刊發表他們的新作。他們的賜稿，相信會鼓勵更多的作者與讀者參與本刊的努力，促進中文世界思想的蓬勃發展。

　　敬祝所有的朋友
新年順利快樂

編者
2007轉2008年

《思想》求稿啓事

1. 《思想》旨在透過論述與對話，呈現、梳理與檢討這個時代的思想狀況，針對廣義的文化創造、學術生產、社會動向以及其他各類精神活動，建立自我認識，開拓前瞻的視野。

2. 《思想》的園地開放，面對各地以中文閱讀與寫作的知識分子，並盼望在各個華人社群之間建立交往，因此議題和稿源並無地區的限制。

3. 《思想》歡迎各類主題與文體，專論、評論、報導、書評、回應或者隨筆均可，但請言之有物，並於行文時盡量便利讀者的閱讀與理解。

4. 《思想》的文章以明曉精簡爲佳，以不超過1萬字爲宜，以1萬5千字爲極限。文章中請盡量減少外文、引註或其他妝點，但說明或討論性質的註釋不在此限。

5. 惠賜文章，由《思想》編委會決定是否刊登。一旦發表，敬致薄酬。

6. 來稿請寄：reflexion.linking@gmail.com，或郵遞110台北市忠孝東路四段561號4樓聯經出版公司《思想》編輯部收。

《思想》各期選文請上聯經網站 linkingbooks.com.tw

第1期：思想的求索（2006年3月出版）

第2期：歷史與現實(2006年6月出版)

第3期：天下、東亞、台灣（2006年10月出版）

第4期：台灣的七十年代(2007年1月出版)

第5期：轉型正義與記憶政治(2007年4月出版)

第6期：鄉土、本土、在地(2007年8月出版)

第7期：解嚴以來：二十年目睹之台灣

(2007年11月出版)

思想8
後解嚴的台灣文學

2008年1月初版　　　　　　　　　　　　　　定價：新臺幣360元
有著作權・翻印必究
Printed in Taiwan.

編　　著　思想編委會	
發 行 人　林　載　爵	

出 版 者　聯 經 出 版 事 業 股 份 有 限 公 司　　叢書主編　沙　淑　芬
台 北 市 忠 孝 東 路 四 段 5 5 5 號　　校　　對　陳　瑋　鴻
編 輯 部 地 址：台 北 市 忠 孝 東 路 四 段 5 6 1 號 4 樓　封面設計　陳　玉　嵐
叢 書 主 編 電 話：(0 2) 2 7 6 3 4 3 0 0 轉 5 2 2 6
發 行 所：台北縣新店市寶橋路235巷6弄5號7樓
　　　電話：(0 2) 2 9 1 3 3 6 5 6
台北忠孝門市：台 北 市 忠 孝 東 路 四 段 5 6 1 號 1 樓
　　　電話：(0 2) 2 7 6 8 3 7 0 8
台北新生門市：台 北 市 新 生 南 路 三 段 9 4 號
　　　電話：(0 2) 2 3 6 2 0 3 0 8
台 中 門 市：台 中 市 健 行 路 3 2 1 號
　　　電話：(0 4) 2 2 3 7 1 2 3 4 e x t . 5
高 雄 門 市：高 雄 市 成 功 一 路 3 6 3 號
　　　電話：(0 7) 2 2 1 1 2 3 4 e x t . 5
郵 政 劃 撥 帳 戶 第 0 1 0 0 5 5 9 - 3 號
郵 撥 電 話： 2 7 6 8 3 7 0 8
印 刷 者　世 和 印 製 企 業 有 限 公 司

行政院新聞局出版事業登記證局版臺業字第0130號

本書如有缺頁，破損，倒裝請寄回發行所更換。　　ISBN　978-957-08-3241-9（平裝）
聯經網址：www.linkingbooks.com.tw
電子信箱：linking@udngroup.com

國家圖書館出版品預行編目資料

後解嚴的台灣文學/思想編委會編著．
初版．臺北市：聯經；2008 年（民 97）．
344 面，14.8×21 公分．（思想：8）
ISBN　978-957-08-3241-9（平裝）

1.哲學　2.台灣文學　3.期刊

105　　　　　　　　　　　　　　　97000926